세계 무기 도감

Original Japanese title:
HIFUKI DRAGON BUSOTEN SOUKO NO BUKI MOKUROKU
Copyright ⓒ Kasakura Publishing Co., Ltd. 2017

Japanese edition published by Kasakura Publishing Co., Ltd.
Korean translation rights arranged with Kasakura Publishing Co., Ltd.
through The English Agency (Japan) Ltd. and Danny Hong Agency

이 책의 한국어판 저작권은 대니홍 에이전시를 통한 저작권사와의 독점 계약으로 제이펍에 있습니다.
저작권법에 의해 한국 내에서 보호를 받는 저작물이므로 무단 전재와 부단 복제를 금합니다.

세계 무기 도감

1판 1쇄 발행 2024년 10월 14일

지은이 환상무구연구회
옮긴이 구수영
펴낸이 장성두
펴낸곳 주식회사 제이펍

출판신고 2009년 11월 10일 제406-2009-000087호
주소 경기도 파주시 회동길 159 3층 / **전화** 070-8201-9010 / **팩스** 02-6280-0405
홈페이지 www.jpub.kr / **투고** submit@jpub.kr / **독자문의** help@jpub.kr / **교재문의** textbook@jpub.kr

소통기획부 김정준, 이상복, 안수정, 박재인, 송영화, 김은미, 배인혜, 권유라, 나준섭
소통지원부 민지환, 이승환, 김정미, 서세원 / **디자인부** 이민숙, 최병찬

진행 및 교정·교열 나준섭 / **내지 편집** 이민숙 / **표지 디자인** 스튜디오 글리
용지 타라유통 / **인쇄** 해외정판사 / **제본** 일진제책사

ISBN 979-11-93926-74-1(03900)
책값은 뒤표지에 있습니다.

※ 이 책은 저작권법에 따라 보호를 받는 저작물이므로 무단 전재와 무단 복제를 금지하며,
 이 책 내용의 전부 또는 일부를 이용하려면 반드시 저작권자와 제이펍의 서면 동의를 받아야 합니다.
※ 잘못된 책은 구입하신 서점에서 바꾸어 드립니다.

제이펍은 여러분의 아이디어와 원고를 기다리고 있습니다. 책으로 펴내고자 하는 아이디어나 원고가 있는 분께서는
책의 간단한 개요와 차례, 구성과 지은이/옮긴이 약력 등을 메일(submit@jpub.kr)로 보내 주세요.

세계 무기 도감

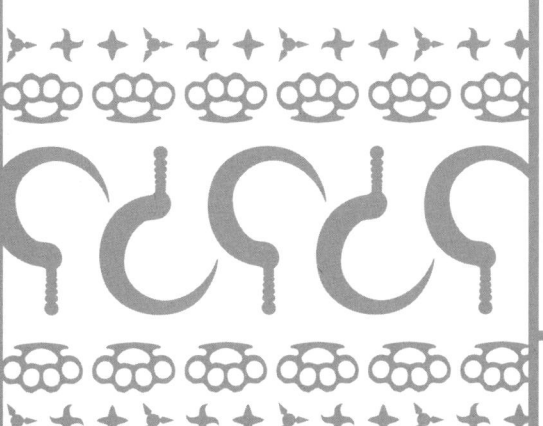

환상무구연구회 지음
구수영 옮김

창작자의 작업실 02

jpub
제이펍

※ 드리는 말씀
- 이 책에 등장하는 무기 이름 표기는 유튜브, 소수민족의 언어 발음 사전 등을 확인해 표기하였고, 표기를 찾기 어려운 경우에는 원서의 일본어 표기를 바탕으로 표기하였습니다.
- 로마자 표기는 원서의 로마자 표기를 기본으로 삼았고, 원서의 로마자 표기보다 더 통용되는 로마자 표기가 있는 경우에는 병기하였습니다.
- 이 책은 지은이가 조사한 결과를 바탕으로 집필되었습니다.
- 이 책의 내용 중 일부는 한국의 정서나 상황에 맞도록 편집·현지화·의역하였습니다.
- 책의 내용과 관련된 문의사항은 출판사로 연락해주시기 바랍니다.
  - 출판사: help@jpub.kr

차례

이 책을 보는 방법 ······ 6

1장 도검 ······ 7
　도검 도해 ······ 86

2장 단검 ······ 87
　단검 도해 ······ 126

3장 장병기 ······ 127
　장병기 도해 ······ 172

4장 타격 무기 ······ 173
　타격 무기 도해 ······ 212

5장 원거리 무기 ······ 213
　원거리 무기 도해 ······ 252

6장 특수 무기 ······ 253

참고문헌 ······ 280
찾아보기 ······ 281

이 책을 보는 방법

1 무기 일러스트를 살펴보고 내 캐릭터에 맞는 매력적인 무기를 찾는다.

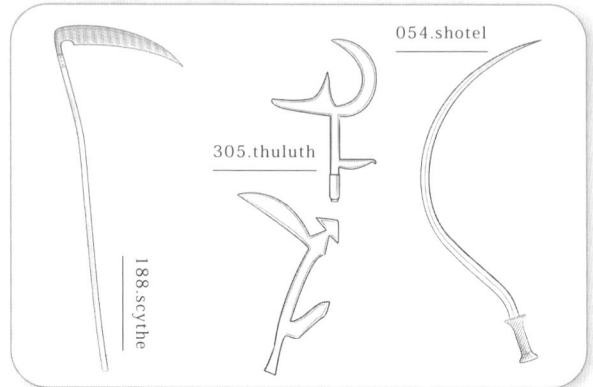

2 디테일한 무기 정보를 꼼꼼히 읽는다.
- ❶ 무기 제원
- ❷ 무기 설명

001 바이킹 소드

viking sword

◆ 길이: 60~80cm
◆ 중량: 1.2~1.5kg
◆ 시대: 5~12세기
◆ 지역: 유럽

바이킹 소드는 중세 시대 북유럽의 전사들이 즐겨 사용하던 무기다. 한 손으로 잡기 쉽도록 칼자루를 짧게 만들어졌다. 제강 기술이 없었기 때문에 넓고, 두꺼운 도신을 만들어 강도를 높였다. 칼을 가볍게 하기 위해 도신에 큰 홈을 만들었다. 강도를 높이고자 고탄소강, 저탄소강을 두들겨 단조, 접합하여 하나의 검으로 만들었으며, 검의 표면에는 비늘 문양이 나타나 이로 인해 독사처럼 보이기도 한다. 단순한 무기 이상의 신비한 힘을 가진 것으로 여겨졌다. '검에 의지가 깃들어 있다', '검이 적의 피를 빨아들이면 위력이 강해진다' 등의 다양한 미신이 있다.

3 어려운 무기 용어는 도해를 참고한다.

도검 도해

검
Sword

- ❶ 칼자루 | 힐트(hilt)
- ❷ 도신(=검신, 칼몸) | 블레이드(blade)
- ❸ 칼자루 끝 장식(=검파두식) | 폼멜(pommel)
- ❹ 손잡이 | 그립(grip)
- ❺ 날밑(=코등이, 칼밑) | 가드(guard)
- ❻ 포르테(forte)
- ❼ 포이블(foible)
- ❽ 칼끝(=도망) | 포인트(point)

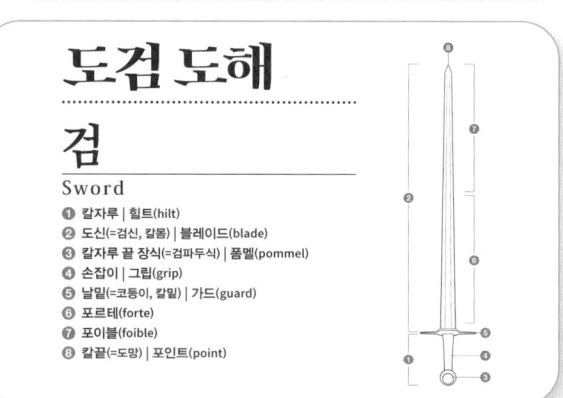

1장
도검

001 바이킹 소드

viking sword

- 길이: 60~80cm
- 중량: 1.2~1.5kg
- 시대: 5~12세기
- 지역: 유럽

바이킹 소드는 중세 시대 북유럽의 전사들이 즐겨 사용하던 무기다. 한 손으로 잡기 쉽도록 칼자루가 짧게 만들어졌다. 제강 기술이 없었기 때문에 도신을 넓고 두껍게 만들어 강도를 높였다. 칼의 무게를 줄이기 위해 도신에 큰 홈을 만들었다. 강도를 높이고자 고탄소강, 저탄소강을 두들겨 단조, 접합하여 하나의 검으로 만들었으며, 검의 표면에는 비늘 문양이 나타나 이로 인해 독사처럼 보이기도 한다. 단순한 무기 이상의 신비한 힘을 가진 것으로 여겨졌다. '검에 의지가 깃들어 있다', '검이 적의 피를 빨아들이면 위력이 강해진다' 등의 다양한 미신이 있다.

002 우치가타나

uchigatana

- 길이: 70~90cm
- 중량: 0.7~0.9kg
- 시대: 무로마치~에도(14~19세기)
- 지역: 일본

우치가타나(打刀)는 무로마치 시대 이후에 보급된 무기다. 현대 일본도는 이 우치가타나를 가리킨다. 전투 양상이 보병전으로 변화하자 크고 무거운 다치(18p)보다 다루기 쉬운 우치가타나가 더 많이 사용되었다. 휴대성을 높이고 쉽게 뽑을 수 있도록 칼날을 위쪽으로 향하게 하고, 칼집을 허리끈에 끼워 휴대했다. 다치와 도신 구조에 큰 차이가 없어 다치의 도신을 잘라 우치가타나로 변형한 것도 있다. 초기에는 다치와 마찬가지로 도신이 휘어져 있었지만, 죽도로 검술 수련을 하는 시대가 되면서 휘지 않은 것을 선호하게 되었다.

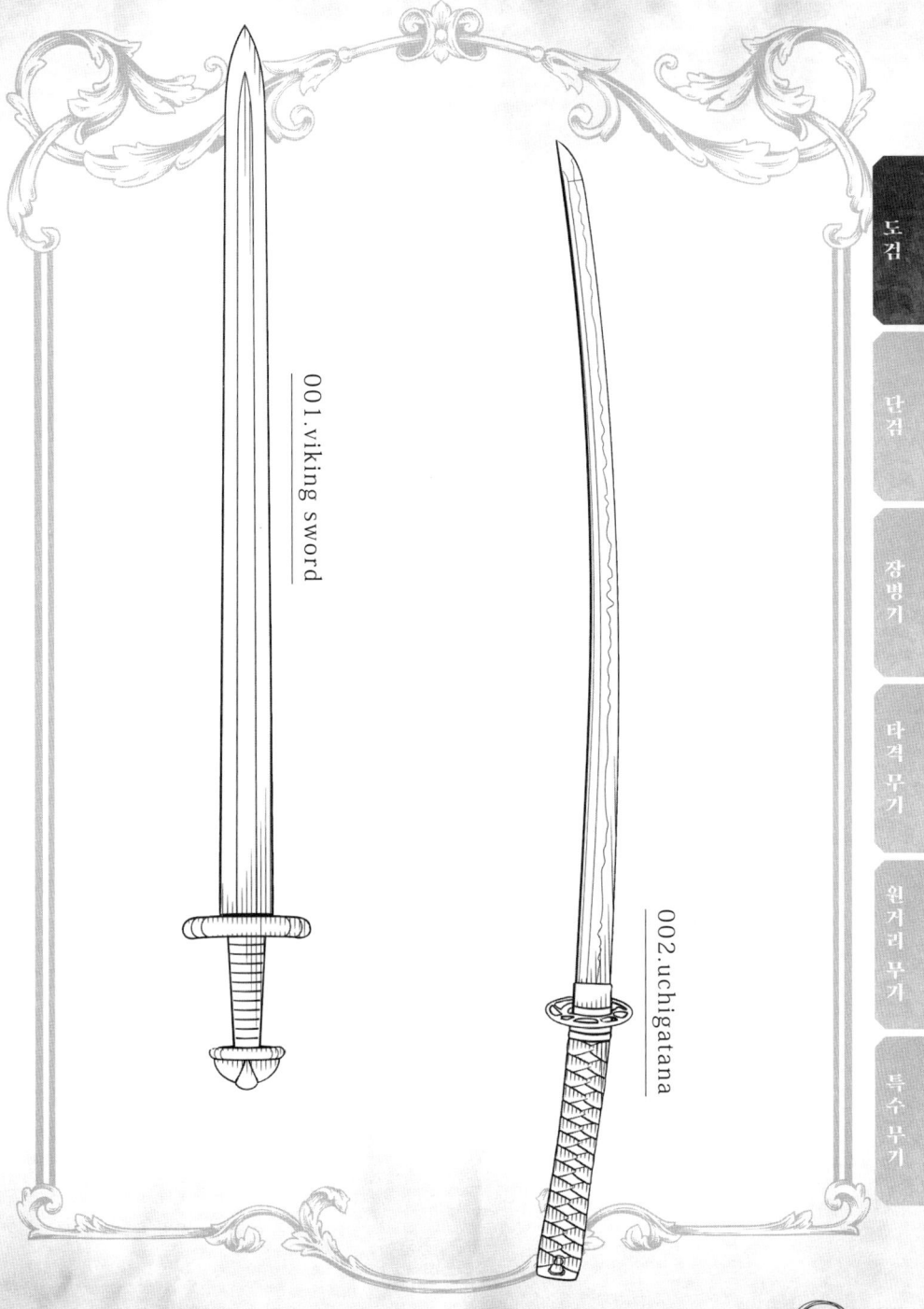

003 에스톡

estoc

- 길이: 80~130cm
- 중량: 0.7~1.1kg
- 시대: 14세기~현재
- 지역: 유럽

에스톡은 찌르기에 특화된 무기다. 날이 없고, 마름모꼴로 긴 도신이 특징이다. 초기에는 주로 기병을 상대로 사용했다. 사슬을 엮은 체인 메일에 매우 효과적이어서 독일에서는 '갑옷 분쇄기(Panzerbrecher)'라는 이름으로 불렸다. 하지만 전신을 판금으로 덮은 플레이트 아머의 등장으로 쇠퇴했다. 이후 전장에 화기가 사용되기 시작하면서 플레이트 아머 활용이 감소하고, 방어구가 단순화, 경량화되자 보병들이 다시 에스톡을 사용하게 되었다. 투우사가 사용하는 칼 '에스토크(estoque)'가 이와 유사하다.

004 카츠발거

katzbalger

- 길이: 60~70cm
- 중량: 1.4~1.5kg
- 시대: 15~17세기
- 지역: 서유럽

카츠발거는 이탈리아 전쟁에서 활약한 독일 용병단 '란츠크네히트(Landsknecht)'가 즐겨 사용하던 무기다. 짧지만 굵고 묵직한 검으로, 'S'자 모양의 날밑과 물고기 꼬리처럼 생긴 칼자루 끝 장식이 특징이다. 카츠발거라는 이름의 유래에는 2가지 설이 있다. 하나는 화려하고 기이한 복장을 좋아했던 란츠크네히트가 고양이 가죽을 칼집 대신 감아 사용했다 하여 '고양이 가죽(katze balg)'으로 불렀다는 설, 또 다른 설은 란츠크네히트가 혼전, 전장 밖 싸움에 이 검을 사용했기 때문에 들고양이끼리의 싸움, 즉 '고양이(katze)'와 '쌈박질(balgen)'이라는 단어를 합쳐 불렀다는 설이다.

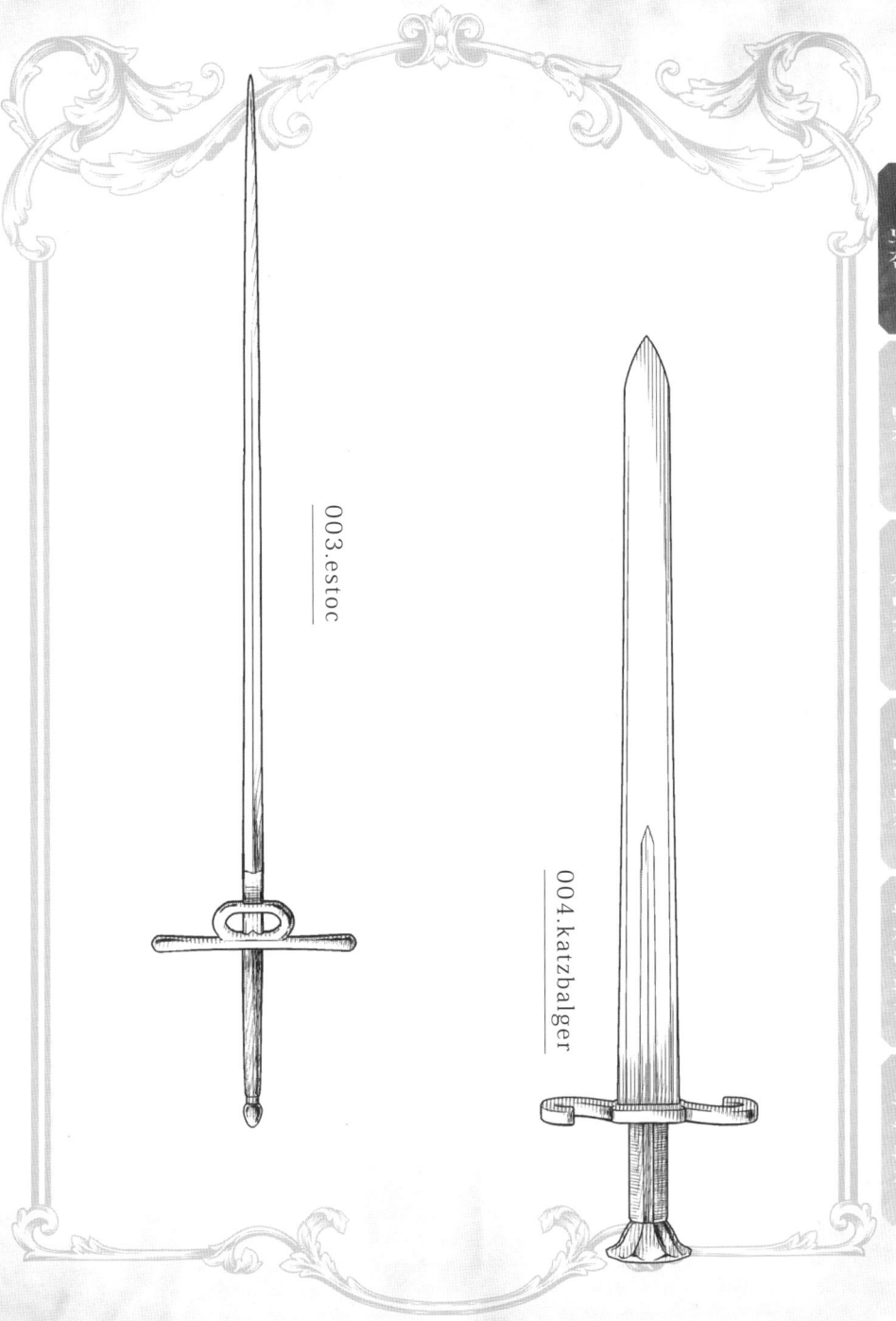

005 글라디우스

gladius

- 길이: 50~75cm
- 중량: 0.9~1.1kg
- 시대: BC 7~AD 4세기
- 지역: 서유럽

글라디우스는 로마군의 대표적인 검으로, 글라디우스는 라틴어로 '검'을 뜻한다. 양날 직검(直劍)으로, 베기에 적합하다. 손잡이는 나무, 상아, 뼈 등으로 만들어졌다. 역사가 매우 오래되었고, 날밑, 손잡이, 칼자루 끝 장식 구성은 후대에 들어 검 형태의 표준으로 자리 잡았다. 초창기에는 한쪽에만 날이 존재하였으나, 히스파니아 원정에서 양날의 위력을 눈여겨 본 로마군은 이후에 양날 구조로 무기를 개편했다. 기병은 말 위에서 찌르기 쉽도록 보병보다 가늘고 긴 검을 사용했는데, 이 검은 '스파타(spatha)'라고 불렸다.

006 클레이모어

claymore

- 길이: 100~190cm
- 중량: 2~4.5kg
- 시대: 15~18세기
- 지역: 서유럽

양손검의 대명사 클레이모어는 게일어로 '거대한 검'을 뜻한다. 용맹하기로 소문난 스코틀랜드 북부 하이랜드 지방의 전사들이 즐겨 사용했다. 가장 긴 것은 길이가 2m에 달하고, 휘두르기 쉽도록 칼자루도 매우 길게 만들어졌다. 날밑 끝에 네잎클로버를 형상화한 고리 장식이 달린 것도 특징이다. 스코틀랜드 북부는 빈곤한 산악지대였기 때문에 용병업이 하나의 산업처럼 발달했었다. 근대에 들어 전장에 화기가 사용되기 시작하면서, 이름만 같은 세이버 형태의 한손검도 등장했다.

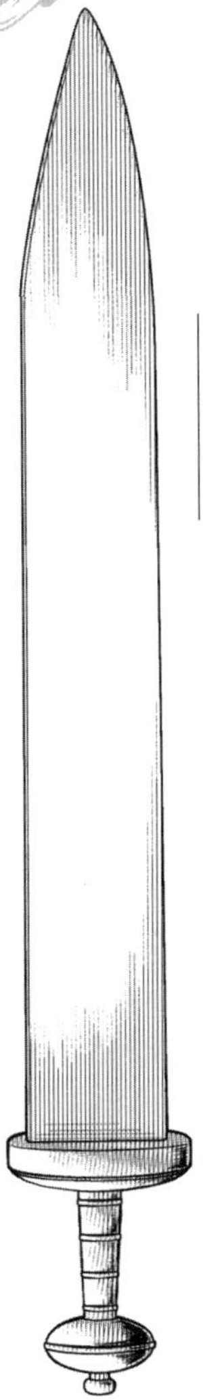

005.gladius

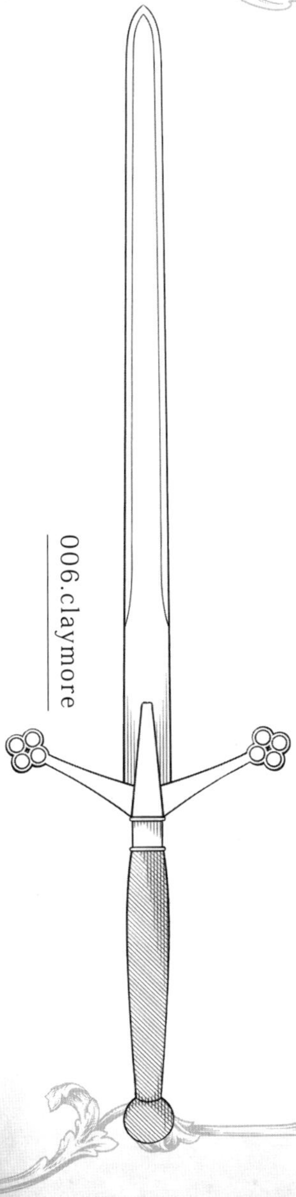

006.claymore

1장 | 도검

007 게누키가타 다치

kenukigata tachi

- 길이: 80~100cm
- 중량: 0.9~1.1kg
- 시대: 헤이안~남북조(8~14세기)
- 지역: 일본

게누키가타 다치는 헤이안 시대 중기에 나타난 도신과 칼자루가 일체화된 검으로, 고대의 직도(58p), 후대의 다치(18p)와 우치가타나(8p)를 잇는 과도기적 검이다. 손잡이에 독특한 모양의 구멍이 있는데, 이 구멍이 당시 게누키(毛抜)라고 하는 족집게 모양을 닮았다고 해 이런 이름이 붙었다. 이 구멍은 단순한 장식이 아니라 베었을 때의 충격을 흡수, 완화하기 위한 장치였다고 한다. 다만 헤이안 후기에 이르러서는 족집게 모양의 쇠붙이를, 도신과 칼자루를 연결하는 고정 핀처럼 붙여서 사용했다. 기병이 사용한 게누키가타 다치는 말 위에서 상대를 베기 쉽도록 칼자루 부분이 크게 휘어져 있다.

008 고다치

kodachi

- 길이: 30~66cm
- 중량: 0.4~0.7kg
- 시대: 가마쿠라~에도(12~19세기)
- 지역: 일본

고다치는 2척(약 60cm) 이하의 일본도를 말한다. 도검과 단검의 중간에 해당하는 검이다. 무사가 아닌 귀족의 호신용 검으로 여성과 어린이를 지키는 데 사용되었다. 와키자시(84p)나 오와키자시(大脇差)도 여기에 포함된다는 설도 있지만, 다치는 엄밀하게 날을 아래로 향하게 하고 칼집을 쇠붙이로 매달아 놓은 형태의 검을 지칭하는 것이므로 따로 구분한다.

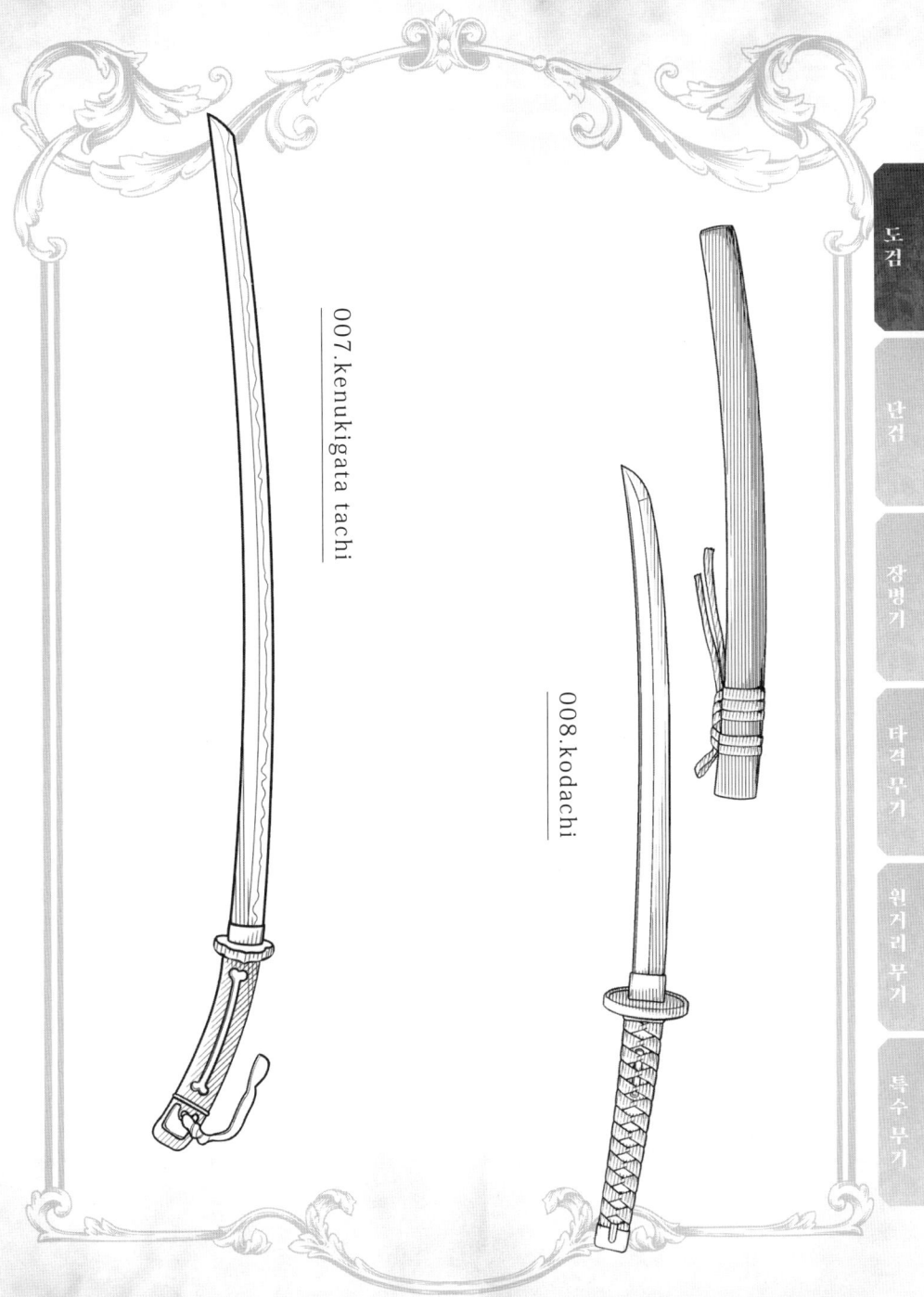

009 세이버

sabre, saber

- 길이: 70~120cm
- 중량: 1.7~2.4kg
- 시대: 16~20세기
- 지역: 전 세계

세이버는 한 손으로 다루는 가벼운 검이다. 직검과 곡검(曲劍), 외날과 양날 등 다양한 형태가 있다. 근대에 들어와서는 군용 검의 총칭으로 사용된다. 역사가 오래되었으며, 9세기경 중앙아시아의 유목민들이 말 위에서 사용하던 검이 중동을 거쳐 유럽의 헝가리에서 현재의 형태로 발전했다고 전해진다. 현대에도 각국의 군인이나 경찰이 의례용으로 사용하고 있다. 펜싱의 세부 종목인 '사브르'는 이 검을 이용한 싸움이 그 기원이며, 펜싱 중 유일하게 베기가 허용된다.

010 샴쉬르

shamshir

- 길이: 80~100cm
- 중량: 1.5~2.0kg
- 시대: 13~20세기
- 지역: 중동

샴쉬르는 페르시아를 대표하는 검이다. 샴쉬르는 사자의 꼬리, 사자의 발톱, 사자의 송곳니 등으로 불리는데 휘어진 도신을 의미한다는 설도 있고, 단순히 도검류 전체를 지칭하는 것이라는 설도 있다. 베기에 적합하다. 한자어로는 신월도(新月刀), 반월도(半月刀) 등으로 불리며, 비슷한 모양의 검이 인도와 아시아 국가에도 널리 분포되어 있다. 고대 페르시아의 검은 직검이 주를 이루었는데, 이러한 곡검은 몽골계 유목민에게서 전해져 온 것으로 추정된다.

009.sabre, saber

010.shamshir

1장 | 도검

011 다치

tachi

- 길이: 75~120cm
- 중량: 0.6~1.5kg
- 시대: 가마쿠라~남북조(12~14세기)
- 지역: 일본

다치(太刀)는 일본도의 일종으로 2척(약 60cm) 이상의 검을 말한다. 주로 기병이 사용했다. 날을 아래로 향하게 하여 칼을 허리끈에 매달아 휴대하는데, 이때 검을 '찬다'라고 해 칼집을 허리에 '끼워' 휴대한 우치가타나(8p)와 구별했다. 이 외에도 다치와 우치가타나를 도신만 보고 판단할 때는 휴대할 때 검의 이름이 새겨진 위치를 보고 구분할 수 있다. 이후에는 옻칠, 가죽끈, 매듭, 쇠사슬 등으로 칼자루와 칼집 등을 장식한 것이 나타나면서 권위를 상징하는 미술품의 성격이 강해졌다.

012 노다치

nodachi

- 길이: 90~300cm
- 중량: 2.5~8kg
- 시대: 가마쿠라~아즈치모모야마(12~16세기)
- 지역: 일본

노다치는 '커다란 타치'라는 뜻의 오오타치(大太刀)라고도 불리며, 다치(18p) 중에서도 3척(약 90cm) 이상의 검을 가리킨다. 매우 길기 때문에 어깨에 얹은 채로 다녔다. 가마쿠라 시대에 무사가 정권을 잡게 되면서 우아함보다 강인함을 중시하게 되었고, 무사는 노다치를 다룸으로써 자신의 힘을 과시했다. 긴 도신과 무게중심을 맞추기 위해 칼자루도 길어진 것이 특징이다. 현존하는 가장 긴 노다치는 3m가 넘는 것도 있지만, 이는 봉납용이며 실제로 사용되지는 않았다.

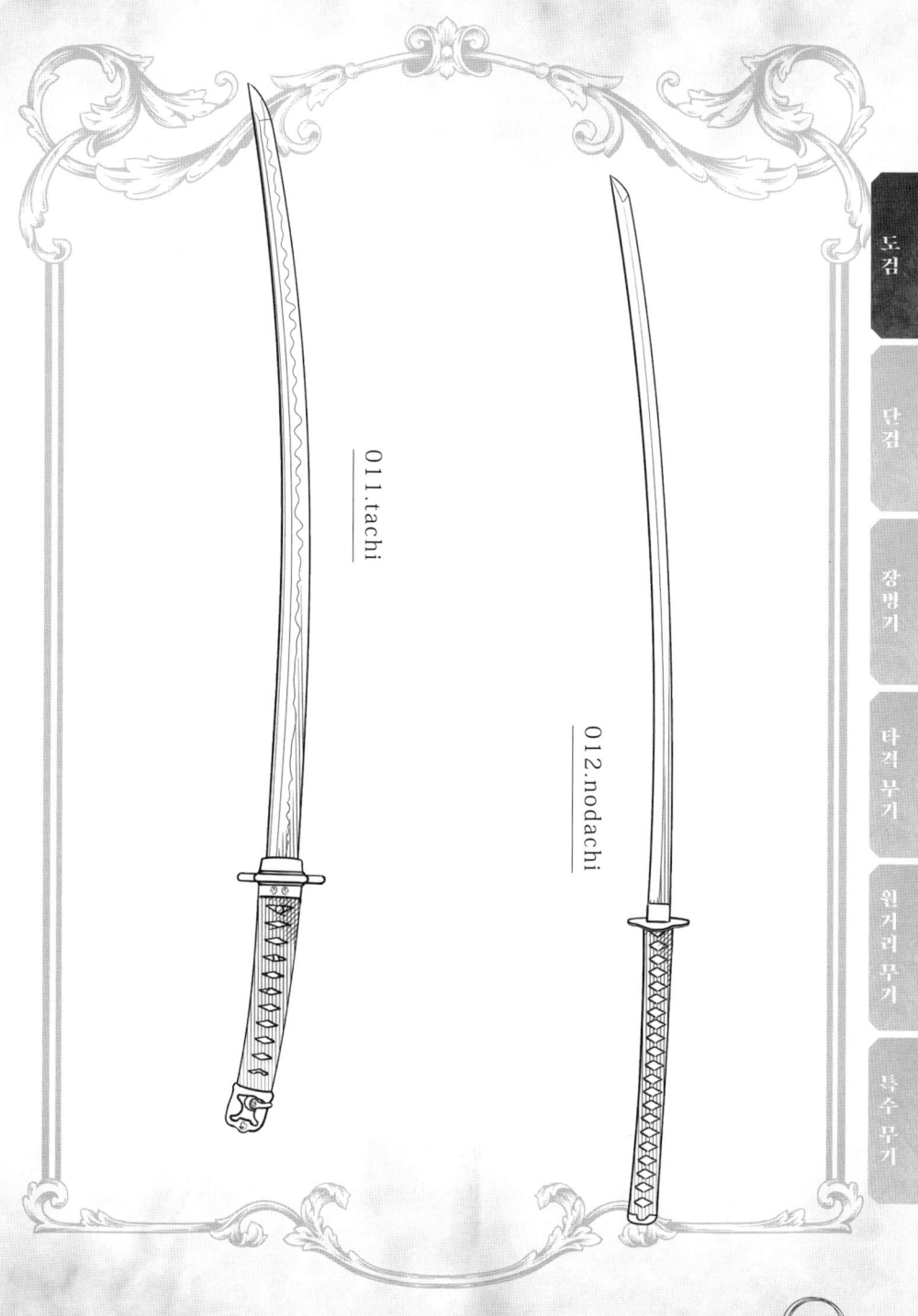

013 바스타드 소드

bastard sword

- 길이: 115~140cm
- 중량: 2.5~3.0kg
- 시대: 15~16세기
- 지역: 서유럽

바스타드 소드는 15세기 스위스 용병들이 사용하던 검이다. 도신 끝 3분의 1 정도가 양날로 되어 있다. 칼자루의 길이가 기존 검보다 주먹 하나 반 정도 더 길며, 이 때문에 한 손 반 검(hand and a half sword)이라고도 불린다. 칼자루가 길어 한 손으로 베고, 양손으로 찌르거나 돌진하는 등 다양한 응용이 가능했다. 바스타드 소드의 어원은 정확하지 않으나 당시에는 베기 위주의 검을 게르만계, 찌르기 위주의 검을 라틴계로 분류했는데, 모든 공격이 가능해 '잡종(bastard)'으로 불렸다는 이야기가 있다.

014 파타

pata

- 길이: 100~120cm
- 중량: 1.0~2.5kg
- 시대: 17~19세기
- 지역: 인도

파타는 검에 손등을 보호하는 건틀릿이 달린 공방 일체형 검이다. 건틀릿 안쪽의 금속 로프를 잡고 사용한다. 착용하면 손목이 완전히 고정되기 때문에 공격 시 팔과 몸통에 힘을 실어 상대를 벨 수 있다. 실전 무기이지만, 건틀릿 부분에 호랑이, 사자, 사슴 등 동물을 모티브로 한 장식이 새겨진 경우도 있다. 이 무기를 만든 것은 인도 마라타 제국(Maratha Empire)의 전사들로 알려져 있다. 그들은 용맹하고 호전적이었으며, 이러한 무기를 사용해 고대에는 무굴 제국, 근대에는 영국과 싸웠다. 비슷한 구조의 무기로는 자마다르(90p)가 있는데, 이 무기가 파타의 원형으로 추정된다.

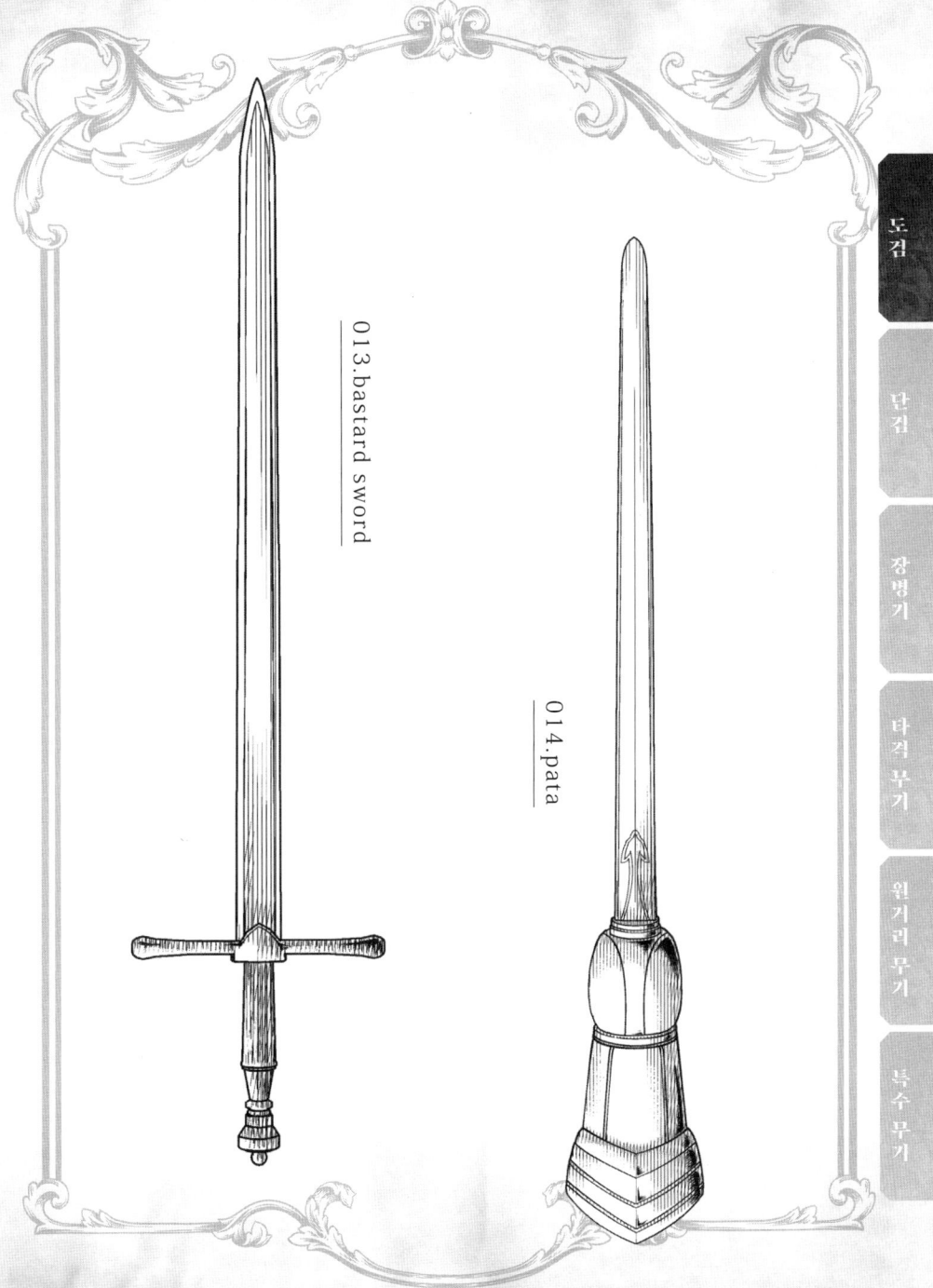

015 펄션

falchion, fauchon

- 길이: 70~80cm
- 중량: 1.5~1.7kg
- 시대: 10~17세기
- 지역: 유럽

펄션은 짧고 무거운 외날검이다. 영어로는 팔치온이라고도 부른다. 도신이 넓고 날은 완만한 호를 그리지만, 대부분의 곡검과 달리 칼등은 직선으로 만들어진 경우가 많다. 낫처럼 내리쳐서 상대의 갑옷을 통째로 끊는 용도로 사용했다. 주로 백병전에서 위력을 발휘했다. 유럽에 널리 보급되었으며 중세에 그려진 그림에서 이 검을 들고 있는 병사를 쉽게 찾아볼 수 있다. 기원은 북유럽의 단검인 색스(108p)가 원형으로 알려져 있지만, 곡검처럼 휘어진 펄션도 발견되어 아랍 국가에서 넘어왔다는 설도 있다.

016 플랑베르주

flamberge

- 길이: 130~150cm
- 중량: 3.0~3.5kg
- 시대: 17~18세기
- 지역: 서유럽

플랑베르주라는 이름은 프랑스어로 '불꽃 모양'이라는 뜻의 'flamboyant'에서 유래했다. 불꽃처럼 물결치는 칼날이 특징이며, 이를 통해 상처를 넓게 벌릴 수 있었다. 한손검 플람베르크(72p)를 참고하여 만들어졌다는 설이 있다. 살상력이 매우 높은 검이지만, 물결치는 칼날은 외형적으로도 아름다워 나중에는 의례용으로 사용되었다. 프랑스의 기사 문학에 등장하는 영웅 르노 드 몽토방(Renaud de Montauban)이 사용하는 '푸스베르타'는 플랑베르주를 이탈리아어로 옮긴 것이다.

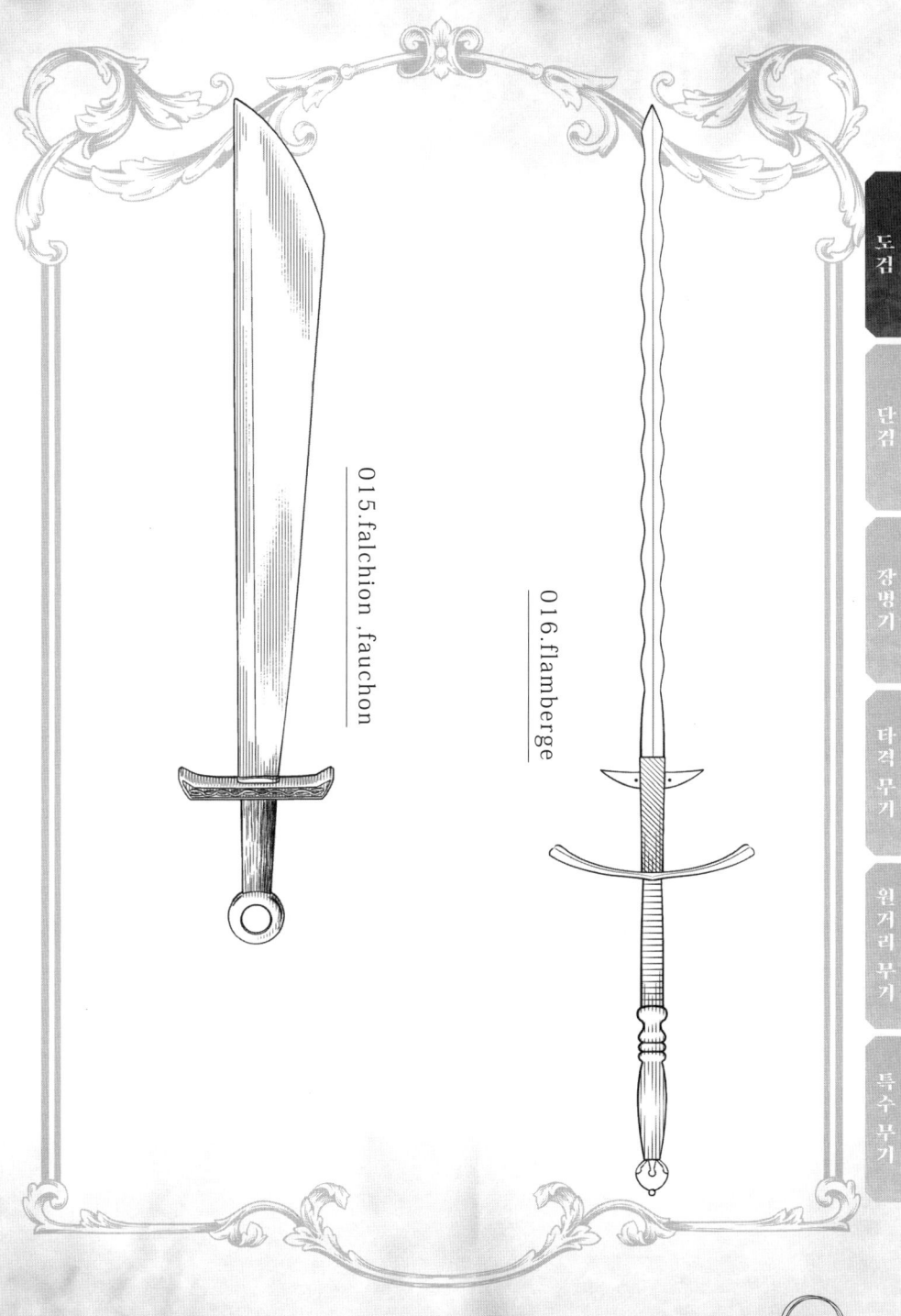

017 브로드 소드

broad sword

- 길이: 70~80cm
- 중량: 1.4~1.6kg
- 시대: 17~19세기
- 지역: 서유럽

브로드 소드는 도신이 넓은 도검류를 지칭함과 동시에, 17세기경부터 사용되기 시작한 군용 검의 총칭이기도 하다. 다만 여기서 '도신이 넓다'는 것은 결투 등에 사용되던 일반적인 찌르기용 검을 기준으로 볼 때 넓다는 의미이며, 실제로 도신의 폭은 그리 넓지 않다. 베기 위주의 공격이 주였다는 점, 보병과 기병 모두 사용했다는 점 등이 세이버(16p)와 유사한 부분이 많다. 브로드 소드와 세이버는 칼자루에 주먹을 감싸도록 만들어진 너클 가드의 유무로 구분할 수 있다. 참고로 17세기는 화기의 발달로 플레이트 아머가 쇠퇴하고, 다양한 백병전에서 활약하기 좋은 한손검이 탄생하고 발달한 시기이기도 하다.

018 레이피어

rapier

- 길이: 80~90cm
- 중량: 1.5~2.0kg
- 시대: 16~17세기
- 지역: 유럽

레이피어는 찌르기용 검이다. 가볍지만 내구성이 떨어져 전장에서는 사용되지 않고 주로 귀족들의 결투에서 사용되었다. 레이피어 하나로만 싸우기도 하지만, 왼손에 외투나 단검 망고슈(100p)를 들고 방어와 견제를 하는 것이 일반적이었다. 근대에 들어 화기의 발달로 플레이트 아머가 없어지면서 전장에서 사용되기 시작했다. 현재는 펜싱의 세부 종목인 '플뢰레'에서 활용하기 위해 레이피어 검술을 배우는 사람이 많다.

019 아자 카티

ayda katti, ayudha katti

- 길이: 60~70cm
- 중량: 1.5~1.8kg
- 시대: 5~12세기
- 지역: 인도

아자 카티는 인도 남서부 쿠르그(Coorg) 지방의 검이다. 다양한 종교와 문화가 혼합된 마이소르 왕조(Kingdom of Mysore)에서 발달했다. 낫과 도끼의 중간 형태를 띠고 있다. 칼자루 끝 장식에 달린 끈을 '둔가'라고 부르는 갈고리가 달린 벨트에 매달아 휴대했다. 칼자루 끝 장식은 은으로 만들어졌으며, 정교한 세공이 새겨져 있다. 고귀한 신분의 상징으로, 귀족이나 왕족 등이 소지할 수 있던 검이다.

020 아다

ada

- 길이: 80~100cm
- 중량: 1.5~2.0kg
- 시대: 14~19세기
- 지역: 아프리카 남부

아다는 서아프리카 나이지리아 남부에서 한때 번성했던 베냉(Bénin) 왕국에서 사용하던 의례용 검이다. 소유자의 지위나 역할에 따라 다양한 모양의 아다가 발견된다. 도신에는 그들의 신화와 우주관을 모티프로 한 문양이 새겨져 있으며, 이는 그들의 조상신인 '오기소(Ogiso)'와의 관계와 왕실의 권위, 정통성을 상징한다고 한다.

021 일룬

ilwoon

- 길이: 60~80cm
- 중량: 0.9~1.2kg
- 시대: 16~20세기
- 지역: 중앙아프리카

일룬은 콩고 자이르 중부에 있던 쿠바 왕국(Kuba Kingdom)의 중심이었던 부송(Bushong)족이 사용하던 검이다. 도신에는 기하학 패턴이 있다. 뾰족하고 넓게 퍼진 독특한 도신은 영양을 모티브로 한 디자인이다. 목재로 만든 의례용과 금속으로 만든 전투용이 있으며, 이쿨(102p)도 비슷하게 나누어 사용하였다.

020.ada

019.ayda katti, ayudha katti

021.ilwoon

1장 | 도검　27

022 엑시큐셔너즈 소드
executioner's sword

- 길이: 100~120cm
- 중량: 0.8~1.3kg
- 시대: 17~18세기
- 지역: 서유럽

엑시큐셔너즈 소드는 '집행자의 검'이라는 이름에서 알 수 있듯이 처형에 사용된 검으로, 특히 높은 신분의 죄인을 참수할 때 사용되었다. 고귀한 자의 최후에 걸맞게 도신에 정교한 장식이 새겨져 있다. 처형에 특화된 구조로 칼끝이 둥글고, 양 주먹이 맞닿을 정도로 칼자루가 짧아 검을 휘두를 때 힘을 쉽게 줄 수 있었다.

023 에페
épée

- 길이: 100~110cm
- 중량: 0.5~0.8kg
- 시대: 17세기~현재
- 지역: 서유럽

에페는 프랑스에서 발달한 찌르기용 검이다. 에페는 프랑스어로 '검'을 뜻한다. 그릇 모양의 날밑과 손등을 보호하기 위해 칼자루에 달린 너클 가드가 특징이다. 동시대 검인 레이피어(24p)와 마찬가지로 전장보다는 귀족들의 결투에서 사용되었다. 펜싱 세부 종목에는 이를 이용한 '에페'가 있다. 펜싱에서의 에페는 공격과 수비의 순서가 없어 자유로운 공격과 방어가 허용된, 결투에 가까운 형식이다.

024 엔토 다치
entou dachi

- 길이: 70~110cm
- 중량: 0.6~0.9kg
- 시대: 고훈~나라(3~8세기)
- 지역: 일본

엔토 다치는 고대 일본의 검이다. 귀족이 주로 사용한 것으로 추정된다. 둥근 칼자루 끝 장식(円頭)이 이름의 유래가 되었으며, 단순한 것이 대부분이지만 일부는 끈을 끼울 수 있는 구멍이 있는 것도 있다. 동시대 검은 칼자루 끝 장식으로 분류되는 경우가 많은데 둥근 칼자루 끝 장식의 환두대도(環頭太刀), 5각 장식의 규두대도(圭頭太刀), 망치 모양 장식의 추두대도(槌頭太刀) 등이 있다. 이러한 검들은 시대가 지남에 따라 의례용 검으로 용도가 점차 바뀌었다.

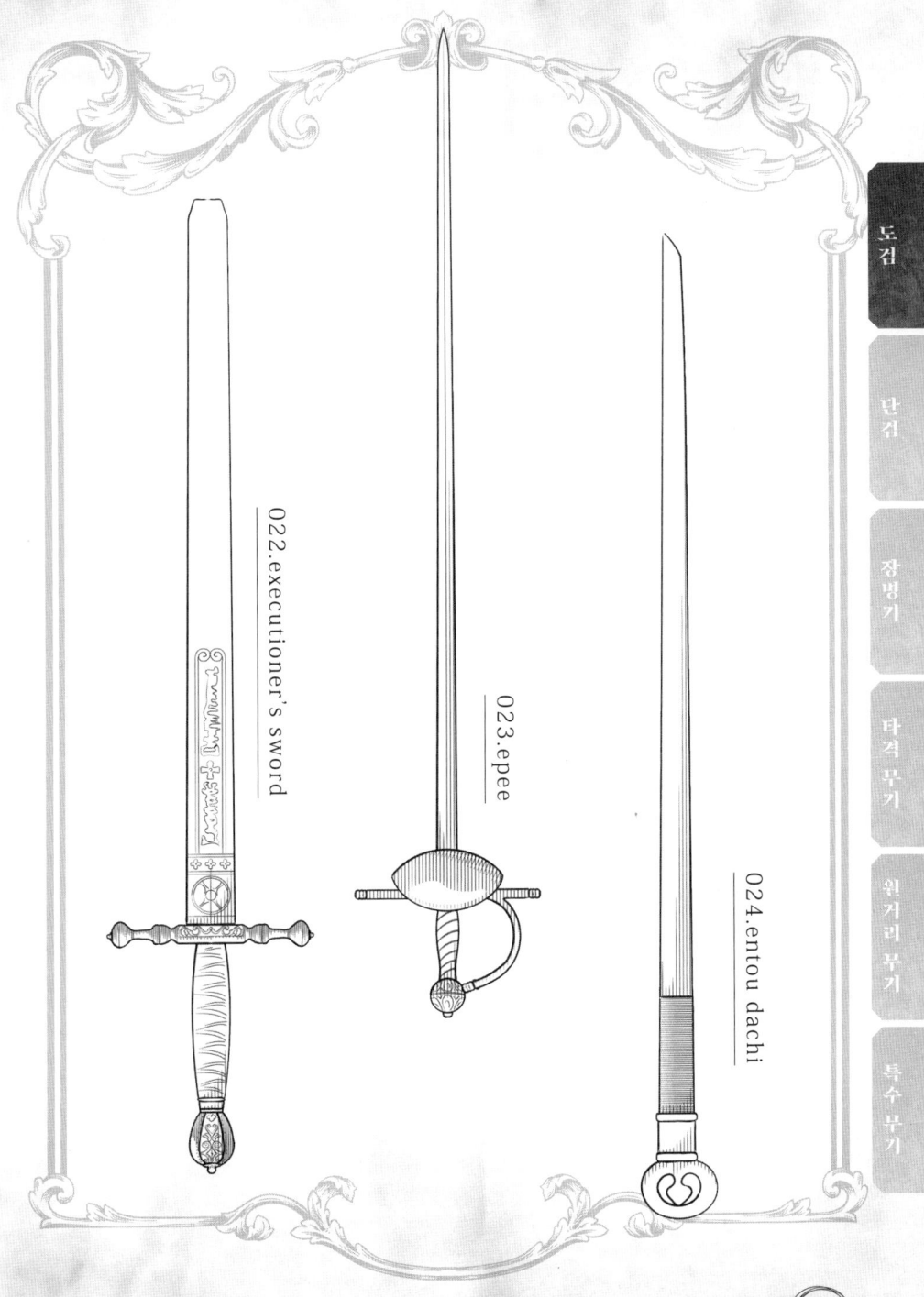

025 올 알렘
ol alem

- 길이: 70~80cm
- 중량: 0.8~0.9kg
- 시대: 17~20세기
- 지역: 아프리카 남부

올 알렘은 케냐와 탄자니아의 중간에 있는 사바나 지역에 사는 마사이(Maasai)족이 사용하는 검이다. 장식이 거의 없고, 손잡이에 가죽끈을 감았을 뿐인 아주 단순한 검이다. 휴대할 때는 칼집을 허리춤에 띠로 감았다. 포르테(forte)는 가늘지만 포이블(foible)이 굵고 무게중심이 모여 있어 절삭력이 있다. 칼끝 부분은 강도를 높이기 위해 산처럼 볼록하다.

026 가사다치
kasadachi

- 길이: 75~80cm
- 중량: 0.7~0.8kg
- 시대: 헤이안(8~12세기)
- 지역: 일본

가사다치는 금, 상어 가죽, 자개 등을 아낌없이 사용한 화려한 검으로 '장식검'이라는 별칭이 있다. 헤이안 시대 귀족이 소지한 것으로, 직위가 높은 사람일수록 많은 장식을 할 수 있기에 신분의 상징이기도 했다. 도신은 약간 휘어진 일본식이지만, 날밑은 중국식이다. 이 검은 '가는 검'이라는 의미의 호소다치(細太刀)로 불릴 정도로 가늘어 무기로는 사용할 수 없었다고 한다.

027 카스카라
kaskara

- 길이: 50~100cm
- 중량: 0.6~1.5kg
- 시대: 16~19세기
- 지역: 아프리카 북부

카스카라는 16세기 이슬람 국가인 다르푸르(Darfur) 왕국과 바기르미(Baguirmi) 왕국에 보급된 검이다. 단순한 양날 직검으로, 악어 도마뱀 가죽으로 만든 칼집에 넣어 어깨에 메고 다녔다. 허리춤에 차는 타입은 타코바(takoba)라고 부른다. 원래 아랍인들이 사용하던 검이 교역을 통해 전해진 것으로 알려져 있다.

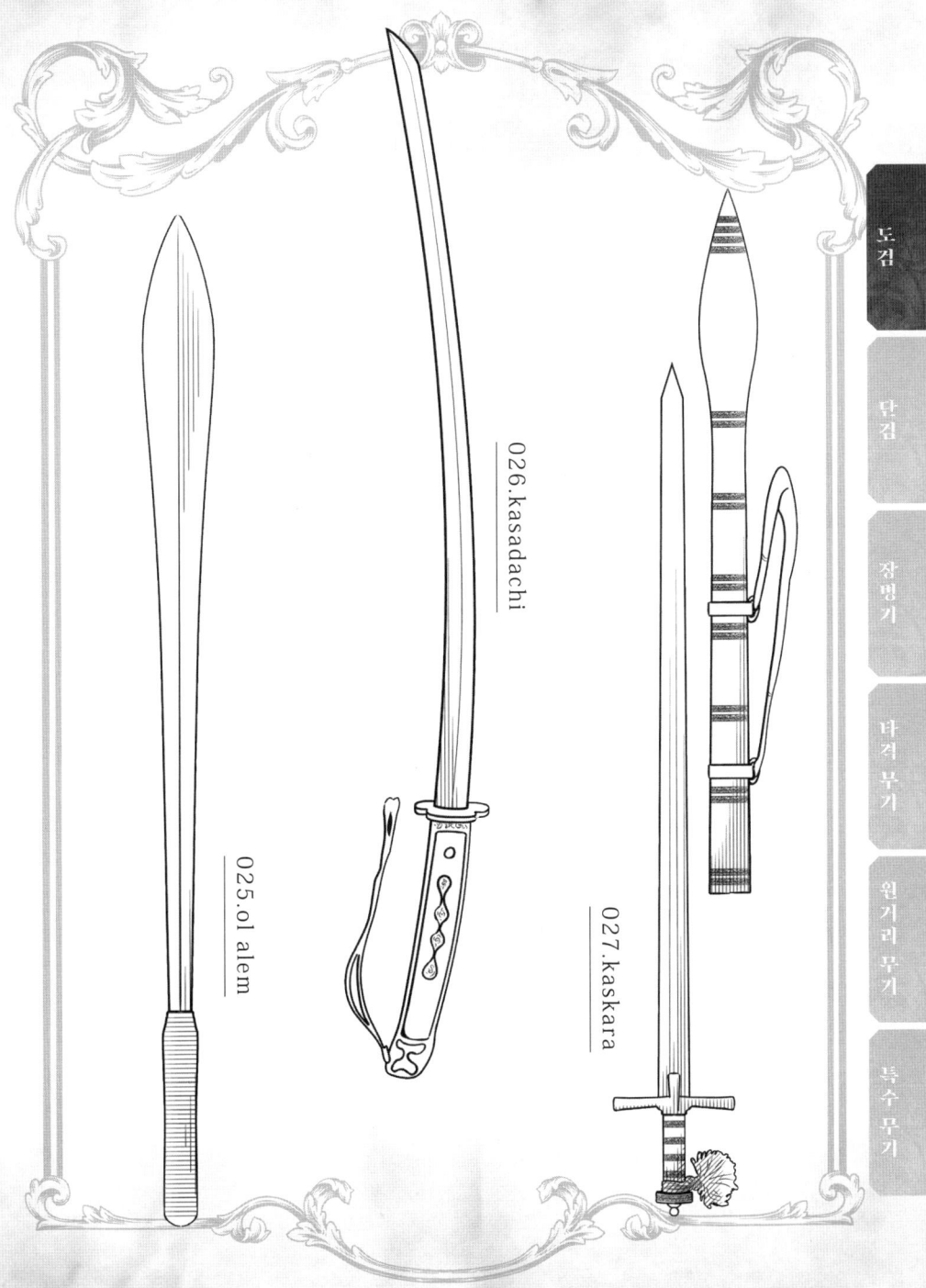

028 카스타네
kastane

- 길이: 40~100cm
- 중량: 0.5~1.2kg
- 시대: 15~18세기
- 지역: 남아시아

카스타네는 칼자루 끝 장식에 괴물 머리 장식이 달린 스리랑카의 검이다. 길이가 다양하고 외날이며, 직검과 곡검이 모두 발견되나 모두 베기 위주의 무기였다는 공통점이 있다. 무기 외에도 칼자루 끝 장식에 보석을 끼우거나, 칼집을 금이나 은으로 장식하는 등 예술적 가치가 매우 높은 검이기도 하다.

029 콰다라
quaddara

- 길이: 80~100cm
- 중량: 0.9~1.1kg
- 시대: 16~18세기
- 지역: 중동

콰다라는 페르시아 귀족과 장군이 소지한 값비싼 검이다. 도신이 넓은 양날검으로, 베기와 찌르기 모두 가능했다. 도신에는 금으로 된 문양, 대장장이의 이름, 알라를 향한 기도 등이 새겨져 있다. 칼자루는 동물의 뿔을 사용했고 귀금속으로 장식했다. 칼집에도 마찬가지로 장식이 새겨졌다. 콰다라를 작게 만든 킨드자르(104p)도 있다.

030 커틀러스
cutlass

- 길이: 50~60cm
- 중량: 1.2~1.4kg
- 시대: 15~19세기
- 지역: 서유럽

커틀러스는 근세 유럽에서 선원들이 애용하던 검이다. 선원들이 사랑한 이유는 넓고 두꺼우며, 다소 짧은 도신 때문이다. 짧은 칼자루 덕에 선상 위 백병전에서 위력을 발휘했고, 도신은 내구성이 좋아 격렬한 베기를 반복해도 잘 망가지지 않았다. 베는 것뿐만 아니라 칼끝을 날카롭게 만들어 찌르기에 사용할 수 있도록 한 것도 많다.

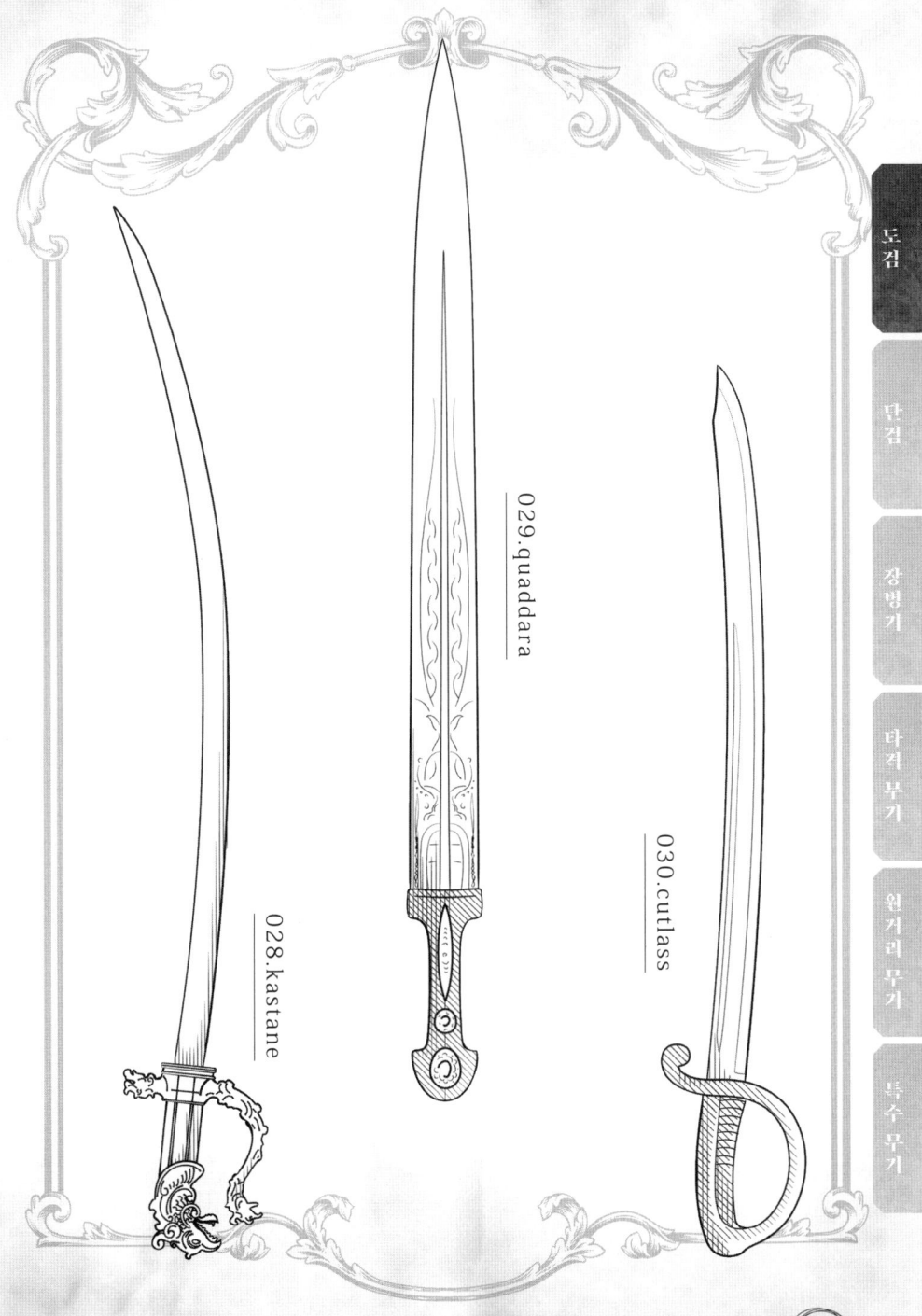

031 카프스 텅 소드
carp's tongue sword

- 길이: 60~90cm
- 중량: 0.7~1.0kg
- 시대: BC9~BC5세기
- 지역: 유럽

카프스 텅 소드는 켈트족이 초기 철기 문명에서 남긴 검이다. 도신이 시작하는 숄더(shoulder) 부근부터 일정한 폭으로 뻗다가 포인블만 뾰족해지는 독특한 모양 때문에 고고학자들은 '잉어의 혀(carp's tongue)'라고 이름 붙였다. 켈트 유적지에서는 이 밖에도 숄더는 가늘고 끝부분이 두꺼운 '앤틀러 소드(antler sword)'라는 검도 출토됐다. 그들이 어떤 의도로 이런 검을 만들었는지는 현재로서는 알 길이 없다.

032 카라벨라
karabela

- 길이: 90~100cm
- 중량: 0.8~1.0kg
- 시대: 17~20세기 초반
- 지역: 중동

카라벨라는 17세기부터 근대까지 중동을 중심으로 인도, 북아프리카 등 광범위한 지역에서 사용하던 검이다. '독수리 머리'라고 불리는 칼자루 끝 장식이 직각으로 튀어나온 것이 특징이다. 유럽에서는 나폴레옹 1세가 이끈 프랑스의 군대가 카라벨라를 사용했다. 근대에는 특히 폴란드에서 널리 보급되어 20세기 초까지 군용 검으로 사용되었다.

033 칸다
khanda

- 길이: 110~150cm
- 중량: 1.6~2.0kg
- 시대: 17~19세기
- 지역: 인도

칸다는 17세기 인도 마라타(Maratha)족이 사용하던 검이다. 방패와 함께 사용했고, 둥근 칼끝과 칼자루 끝 장식에서 튀어나온 돌출부가 특징이다. 이 돌출부는 또 다른 마라타족의 무기인 피랑기(70p)에서도 볼 수 있다. 건틀릿과 검이 일체화된 파타(20p), 원형 방패에 동물의 뿔을 붙인 마루(264p) 등 마라타족의 장비는 공방 일체형 무기가 많다.

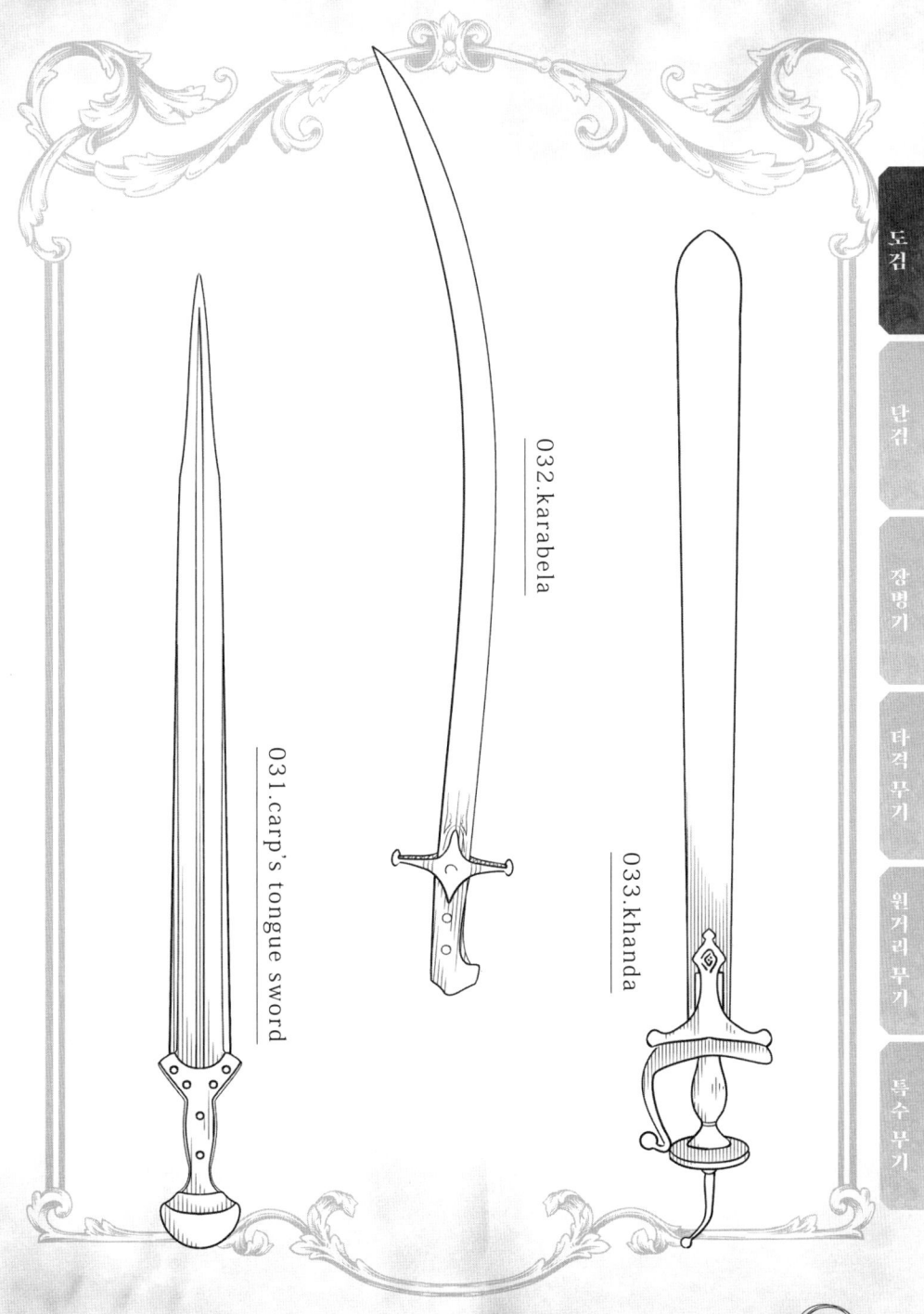

034 캄필란

campilan, kampilan

- 길이: 70~110cm
- 중량: 0.9~1.6kg
- 시대: 16~20세기
- 지역: 동남아시아

캄필란은 보르네오섬 원주민의 일부인 이반(Iban)족이 사용하는 검이다. 날 쪽으로 휘어진 칼자루 끝 장식이 특징인데, 이는 동남아시아, 특히 술루 제도의 사마-바자우(Sama-Bajau)족이 사용하는 검인 바롱(68p)이 원형이라는 설이 있다. 과거 이반족은 적의 목을 베는 풍습이 있었는데, 이때 캄필란을 이용했다. 지금도 필리핀 무술인 에스크리마(Eskrima), 아르니스(Arnis), 칼리(Kali)에서는 캄필란을 바탕으로 연습이 이루어지고 있다.

035 킬리지

kilij, kilig, qillij

- 길이: 80~90cm
- 중량: 1.1~1.5kg
- 시대: 16~19세기
- 지역: 중동/동유럽

킬리지는 17세기 오스만 튀르크와 그 주변 국가에서 유행한 곡검이다. 외날이지만, 포이블이 양날로 가공된 '예르만(yelman)'이라는 검도 있다. 크게 휘어진 도신은 같은 중동의 검인 샴쉬르(16p)와도 비슷하다. 제정 러시아의 코사크 병사들도 킬리지를 휴대하기 시작하면서 러시아 남부나 우크라이나에도 보급되기 시작했다.

036 쿠디 트란창

kudi tranchang

- 길이: 60~70cm
- 중량: 1.5~1.7kg
- 시대: 15~20세기
- 지역: 동남아시아

쿠디 트란창은 자바와 말레이시아에서 사용하던 독특한 모양의 검으로 'S' 자 모양, 새의 머리 모양, 칼등에 작은 날이 튀어나온 모양 등이 있다. 도신에 용이 새겨진 것도 발견된다. 칼자루는 나무로 만들어졌고, 전체에서 차지하는 비율이 크다. 독특한 모양을 살려 다양한 곳에 사용되는 다용도 검이다.

037 구바사

gubasa

- 길이: 70~80cm
- 중량: 1.1~1.3kg
- 시대: 17~20세기
- 지역: 아프리카 서부

구바사는 17세기 아프리카 베냉 남부에 있던 다호메이(Dahomey) 왕국의 검이다. 왕국에서 고위 관직에 오른 사람만이 소지할 수 있었다. 도신에는 장식을 위해 구멍이 뚫린 것이 많다. 이 장식은 요루바(Yoruba) 신화의 창조신인 마우 리사(Mawu-Lisa)에게 철의 신의 가호를 기원하며 새긴 것이라 한다.

038 클레왕

klewang, lamang

- 길이: 70~80cm
- 중량: 0.9~1.1kg
- 시대: 15~20세기
- 지역: 동남아시아

클레왕은 술라웨시섬 북부 평원에 사는 부족 연합인 리마 파할라 사람들이 주로 사용하던 검이다. 인도네시아나 수마트라에도 비슷한 검이 발견된다. 큰 칼자루 끝 장식은 도신과 무게중심을 맞추면서 베는 반동을 흡수하도록 만들어졌다. 이 칼자루 끝 장식은 다양한 형태가 있다. 도구로도 사용되는 다용도 검이다.

039 구로즈쿠리노타치

kurozukurinotachi

- 길이: 70~80cm
- 중량: 0.7~0.8kg
- 시대: 나라(8세기)
- 지역: 일본

구로즈쿠리노타치는 화려한 장식을 배제한 실전용 검이다. 칼자루와 날밑 등은 철이나 구리로 간단하게 만들고, 칼집은 가죽으로 감싸고 그 위에 흑칠, 즉 검은 빛깔의 옻을 발라 보강했다. 구로즈쿠리노타치는 무인의 상징이 되었고, 다치(18p)가 주류가 된 이후에도 '흑칠검 제검 방식'으로 전해 내려왔다. 도쿠가와 이에야스도 흑칠을 한 간단한 제조법을 선호했다고 한다.

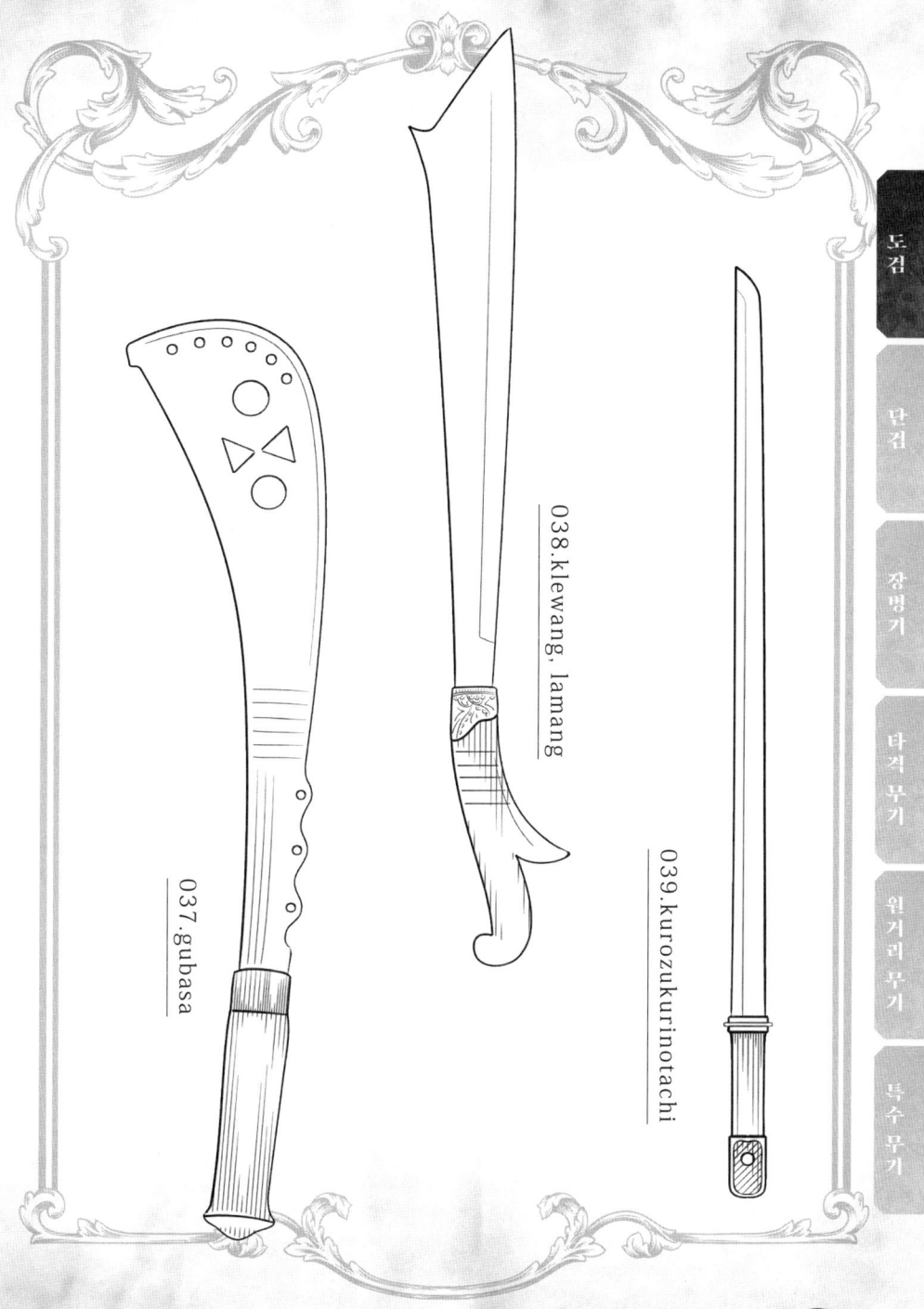

040 검(劍)

ken, jian

- 길이: 70~140cm
- 중량: 0.7~2.5kg
- 시대: 상~청(BC 16~AD 20세기)
- 지역: 중국

검은 중국에서 양날 직검을 부르는 총칭이다. 가장 오래된 무기이기도 하며, 청동으로 만든 것이 상나라 유적에서 출토되기도 하였다. 고급스러운 무기로 여겨져 문관이나 도사들도 선호하였으며 한나라 시대에 가장 유행한 무기다. 탄성이 강한 연검과 그렇지 않은 경검이 있다. 긴 것은 등에 메고 다닐 정도였지만, 가벼운 것은 여성도 쉽게 다룰 수 있었다.

041 고가라스

kogarasu

- 길이: 100cm
- 중량: 0.8kg
- 시대: 나라(8세기)
- 지역: 일본

고가라스는 전설적인 도공 중 한 명인 아마쿠니(天国)의 작품으로 여겨지며, 일본의 검이 독자적인 형태를 갖추기 시작한 과도기에 탄생한 검이다. 칼끝 쪽 도신 절반이 양날로 되어 있다. 헤이케(平家) 가문의 가보로, 단노우라 전투에서 잃어버린 것으로 여겨졌으나 다시 발견되어 메이지 일황에게 헌상되었다. 황실과 인연이 깊은 양식으로 제국군 원수의 패도(佩刀)도 고가라스 양식으로 만들어져 있다.

042 오구(吳鉤)

gokou, wugou

- 길이: 80~100cm
- 중량: 0.7~1.9kg
- 시대: 춘추전국~청(BC 8~AD 20세기)
- 지역: 중국

오구는 춘추전국시대에 중국 오나라 왕이 만든 곡검이다. 도신과 칼자루 모두 휘어져 있고 폭이 넓어 자르기에 적합했다. 오나라 지방은 풀과 관목이 빽빽해 벌목도가 발달하였다. 또한 해전에서도 곡검이 더 유용했던 것으로 보인다.

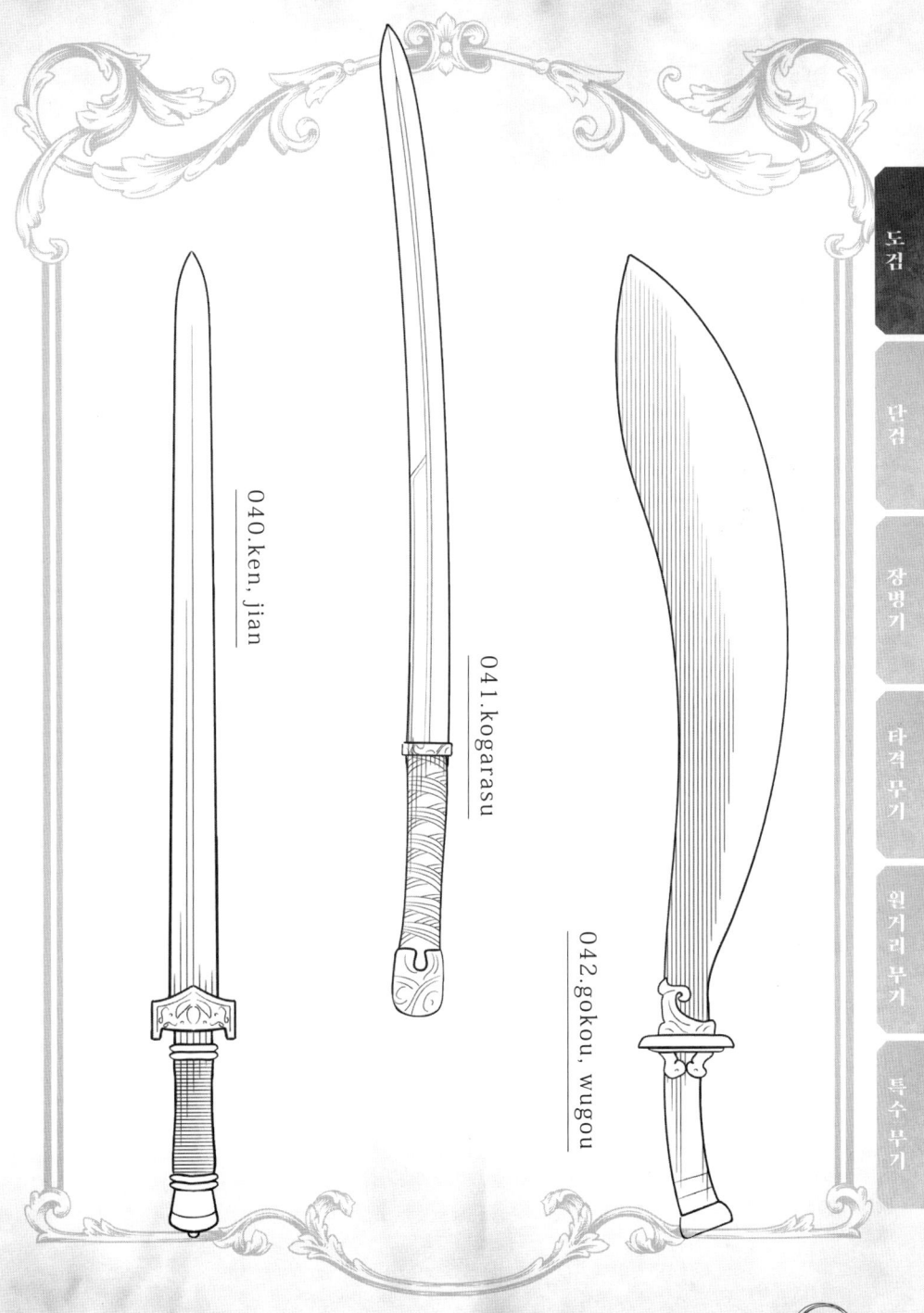

043 코페시

- 길이: 40~60cm
- 중량: 0.8~1.2kg
- 시대: BC 20~BC 10세기
- 지역: 중동

kopsh, khopesh

코페시는 'S' 자형 검의 일종이다. 낫처럼 생긴 도신을 가지고 있지만, 바깥쪽에 날이 붙어 있다. 고대 이집트에서 사용되었으며, 방패를 함께 들고 사용했다고 한다. 칼끝이 둥근 검도 발견되는 것으로 보아 코페시를 낫처럼 내리친 것으로 보인다. 비슷한 형태의 무기로 고대 메소포타미아의 검인 사파라(46p)가 있다.

044 코피스

- 길이: 50~60cm
- 중량: 0.8~1.0kg
- 시대: BC 10~BC 2세기
- 지역: 고대 그리스

kopis

코피스는 기원전 그리스에서 사용하던 곡검이다. 코피스는 '자르다'라는 뜻의 그리스어 kopto에서 유래한 것으로, 이름 그대로 자르기에 적합한 구조로 되어 있다. 곡선형 도신 안쪽에 날이 달려 있으며, 시대가 지날수록 끝부분의 칼날 폭이 커져서 절삭력이 높아졌다. 페니키아 사람들에 의해 다른 나라에 전해져 지중해 지역 전역으로 퍼져 나갔다.

045 코라

- 길이: 70cm
- 중량: 1.4kg
- 시대: 9~19세기
- 지역: 네팔

kora, cora, khora

코라는 네팔에서 9~10세기에 탄생한 곡검이다. 네팔 고산 지대에 사는 민족의 전사들이 주로 사용했다. 이들은 훗날 영국군에 징집되어 구르카(Gurkha) 용병이라고 불렸다. 이들은 백병전에 뛰어났고, 근대에도 검을 계속 사용했다. 날의 형태는 코피스(42p)의 영향을 받았다고 한다. 포이블 무게가 상당해 검이라기보다 도끼나 둔기에 가깝고, 상대의 갑옷이나 검을 통째로 파괴하는 위력을 지녔다.

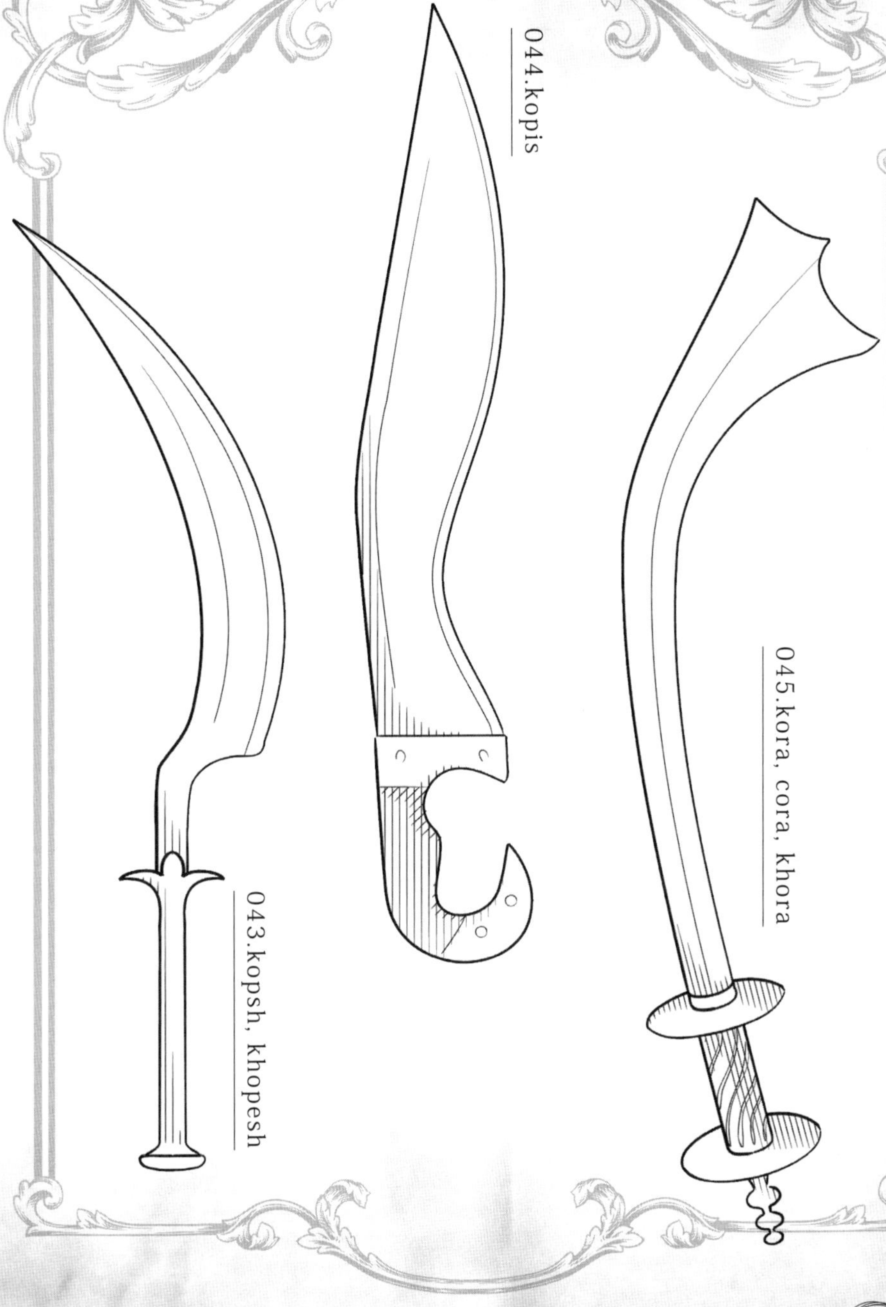

044.kopis

045.kora, cora, khora

043.kopsh, khopesh

1장 | 도검　43

도검

단검

장병기

타격무기

원거리무기

특수무기

046 콜리슈마르드
colichemarde

- 길이: 70~100cm
- 중량: 0.8~1.0kg
- 시대: 17~18세기
- 지역: 서유럽

콜리슈마르드는 프랑스에서 탄생한 찌르기용 한손검이다. 양손으로 다뤄야 하는 에스톡(10p) 등 찌르기 검과 달리 콜리슈마르드는 한 손으로 자유롭게 다룰 수 있도록 만든 것이 특징이다. 가늘게 만들어 경량화했고, 칼자루도 한 손으로 잡기에 적합한 형태이다.

047 사이프
saif, sayf

- 길이: 75~95cm
- 중량: 1.2~1.8kg
- 시대: 13~19세기
- 지역: 중동

사이프는 아라비아의 한손검이다. 휘어진 도신과 '십자(十)'형 날밑, 그리고 곡선형 칼자루와 칼날 방향으로 구부러진 칼자루 끝 장식 등이 페르시아의 검과 유사한 특징을 가지고 있다. 사이프는 아랍어로 도검류를 가리키는 말로, 보통 'Saif Anith(철-검)', 'Saif Fulath(강철-검)'와 같은 식으로 단어를 연결해서 종류를 구별한다.

048 크시포스
xiphos

- 길이: 35~60cm
- 중량: 1.2~1.7kg
- 시대: BC 15~BC 3세기
- 지역: 고대 그리스

크시포스는 도신 중앙 부분이 볼록하고, 포르테가 잘록한 양날 직검이다. 날밑은 가로 폭이 좁고, 칼자루 끝 장식은 평평한 원형이다. 전체가 청동으로 만들어졌다. 고대 미케네 문명에서 유래한 것으로 알려져 있으며 매우 오랜 기간 사용되었다.

046.colichemarde

047.saif, sayf

048.xiphos

1장 | 도검　45

049 사파라

sapara

- 길이: 70~80cm
- 중량: 1.8~2.0kg
- 시대: BC 16~BC 7세기
- 지역: 중동

사파라는 고대 아시리아 제국에서 사용하던 외날검이다. 거푸집에 금속을 붓는 주조로 만들어진 청동검으로, 도신이 안쪽으로 휘어진 낫 모양으로 되어 있다. 낫과 다르게 날은 도신의 바깥쪽에 붙어 있다. 칼자루는 가운데가 움푹 들어가 있고, 날밑은 없다. 사파라는 낫 모양 검(sickle sword) 중 가장 오래된 검 중 하나이다.

050 자파르 타키에

zafar takieh

- 길이: 40~60cm
- 중량: 0.6~0.8kg
- 시대: 15~18세기
- 지역: 인도

자파르 타키에는 인도 귀족들이 의례 등에 참석할 때 휴대하던 검이다. 칼집에 넣었을 때 지팡이처럼 보이도록 만들어졌다. 도신은 가늘고 길며, 외날, 양날 모두 발견된다. 칼자루 끝 장식이 'T' 자인 것이 특징이다. 원형은 무굴 제국의 통치자들이 호신용으로 사용했던 '굽티 아가(gupti aga)'라는 지팡이로 모양이 비슷하다.

051 살라와

salawar, khyber, charay

- 길이: 50~90cm
- 중량: 0.6~1.0kg
- 시대: 14~20세기
- 지역: 남아시아

살라와는 파키스탄과 아프가니스탄 사이의 카이베르 고개(Khyber Pass) 주변 부족이 사용하던 한손검이다. '카이베르 나이프'라고도 불렸다. 외날 직검으로, 도신은 날카로운 삼각형 모양이다. 칼자루가 언뜻 부엌칼과 비슷해 보인다. 카이베르 고개는 많은 민족이 왕래하는 곳이었기 때문에 살라와는 무굴 제국 등 타국의 검 형태에 영향을 미쳤다.

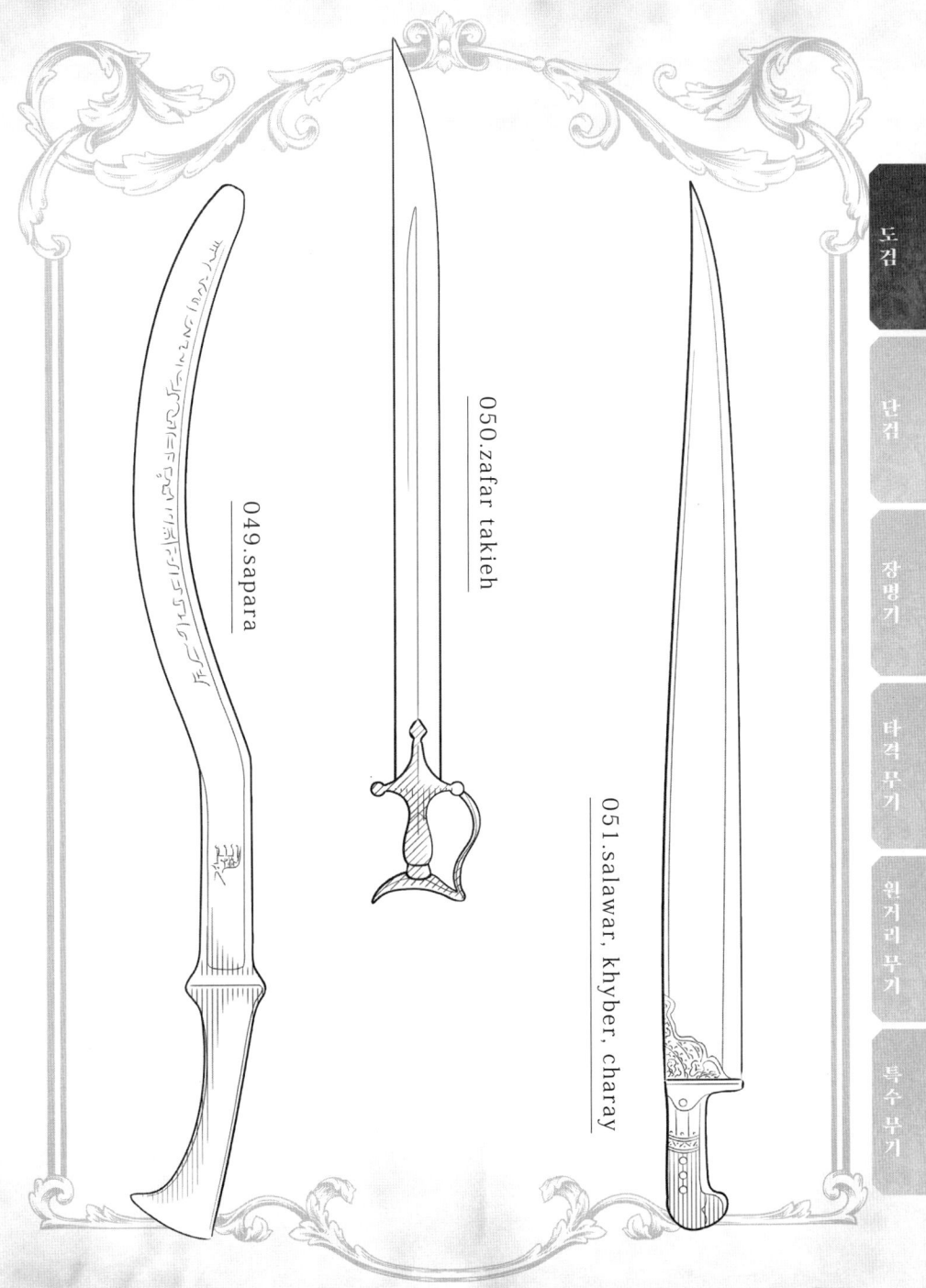

052 칠지도

- 길이: 83.9cm
- 중량: 1.2kg
- 시대: 연대 불명
- 지역: 백제

shichishitou, chiljido

칠지도는 이소노카미 신궁에 소장된 백제 시대의 검이다. 철로 만들었으며, 도신의 좌우에 각각 3개의 가지 형태의 날이 달려 있다. 발견 당시 칼집이나 날밑이 없어 창으로 보고 '육차모(六叉鉾)'라는 이름으로 전해지기도 했다. 도신에 새겨진 글자는 대부분 판독이 되었지만, 그 해석을 둘러싸고 한일 학자 간에 의견 차이가 있다.

053 샤스크

- 길이: 80~100cm
- 중량: 0.9~1.1kg
- 시대: 17~20세기
- 지역: 동유럽

shashqa, chacheka

샤스크는 코카서스 지방의 체르케스인(Cherkess)이 만든 검이다. 도신이 완만하게 휘어진 외날로, 끝부분만 양날이다. 칼자루는 나무로 만들어졌고, 칼자루 끝 장식이 크다. 날밑은 없다. 코카서스 지방은 19세기 제정 러시아에 의해 정복되었기 때문에 이 검은 러시아 군대에서도 사용하게 되었다. 코사크 기병은 제2차세계대전 중에도 이 검을 계속 사용했다.

054 쇼텔

- 길이: 75~100cm
- 중량: 1.4~1.6kg
- 시대: 17~19세기
- 지역: 아프리카 북부

shotel

쇼텔은 17세기경부터 에티오피아에서 사용하던 양날검이다. 극단적으로 휘어진 도신은 'S' 자형 또는 반원에 가까운 형태도 있다. 칼자루는 나무로 만들어졌으며, 날밑은 없다. 이 독특한 모양은 상대의 방패를 넘어 공격할 수 있도록 고안된 것으로 기병을 말에서 끌어내리는 데도 효과적이었다. 하지만 칼집에 넣을 수 없고 부피가 크다는 단점이 있었다.

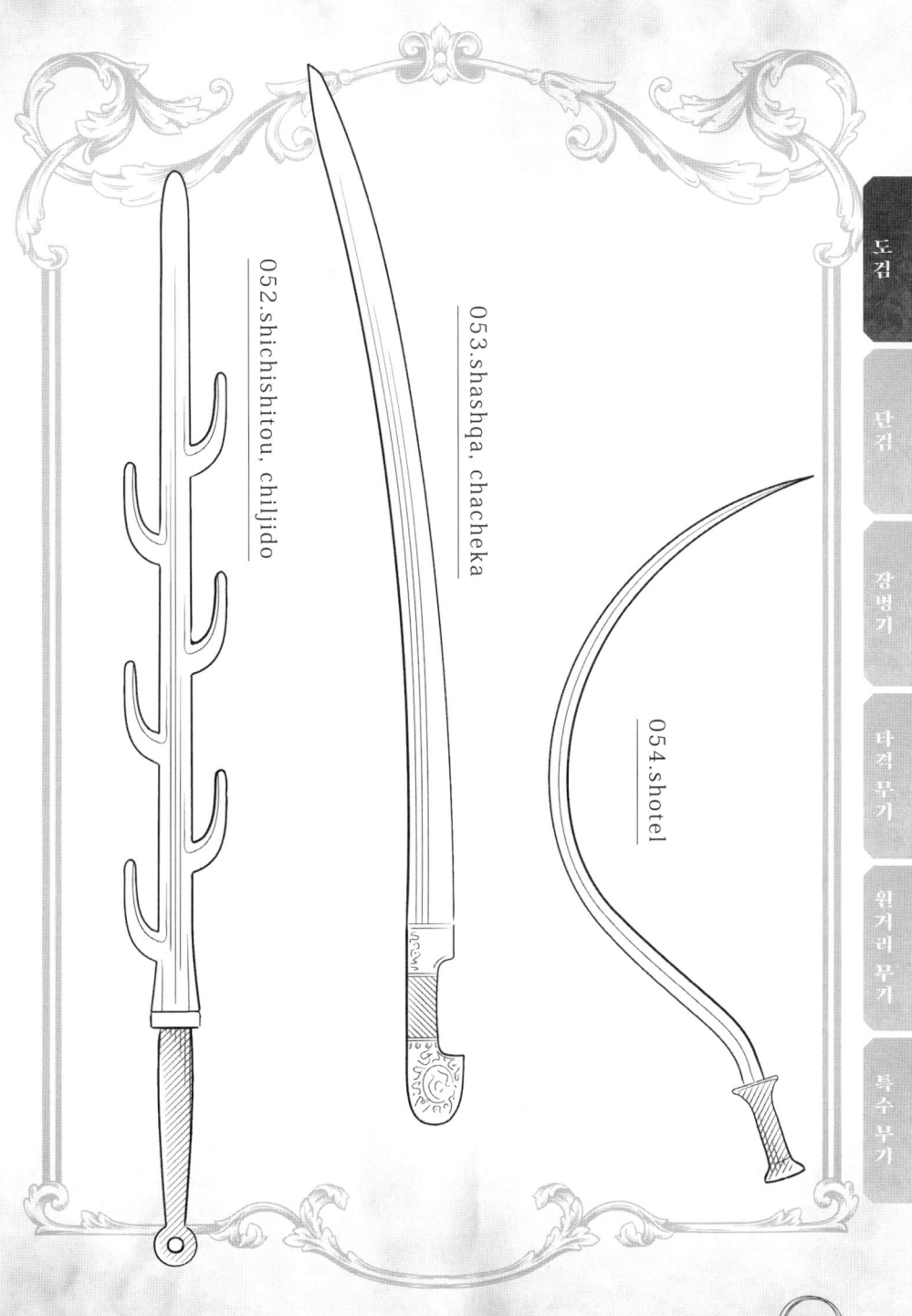

055 쇼트 소드
short sword

- 길이: 70~80cm
- 중량: 0.8~1.8kg
- 시대: 14~16세기
- 지역: 서유럽

쇼트 소드는 유럽에서 보병이 사용하던 한손검의 총칭이다. 기병이 사용하는 한손검을 롱 소드(82p)라고 불렀기 때문에 그 반대어로 붙여진 이름으로, 실제 길이와는 관계없다. 튼튼하고, 끝이 날카롭다는 특징이 있다. 영국의 주요 전술인 중무장한 보병을 이용한 전술에서 쇼트 소드는 중요한 역할을 했다.

056 스키아보나
schiavona

- 길이: 70~85cm
- 중량: 1.5~1.7kg
- 시대: 16~18세기
- 지역: 서유럽

스키아보나는 베네치아 공화국의 원수 친위대가 착용하던 검이다. 스키아보나는 '슬라브의'라는 뜻으로, 친위대가 슬라브인으로 구성되었다는 데서 유래한다. 날의 모양은 브로드 소드(24p)와 거의 비슷하다. 주먹을 감싸는 듯한 바구니 모양의 날밑이 매력적이다. 고양이 귀를 닮은 칼자루 끝 장식에는 꽃무늬가 있다.

057 스크라마색스
scramasax, scramma scax

- 길이: 50~70cm
- 중량: 0.6~0.8kg
- 시대: 6~11세기
- 지역: 유럽

스크라마색스는 북유럽에서 유럽으로 퍼진 외날 직검이다. 색스(108p)를 전투에 맞게 대형화한 것으로, 칼끝이 매우 날카롭다. 기존 외날검과 달리 반대 방향으로 사선이 있다는 특징이 있다. 색스는 '검' 또는 '나이프'를, 스크라마는 '소형의' 또는 '상처를 입히다'라는 의미를 가지고 있다.

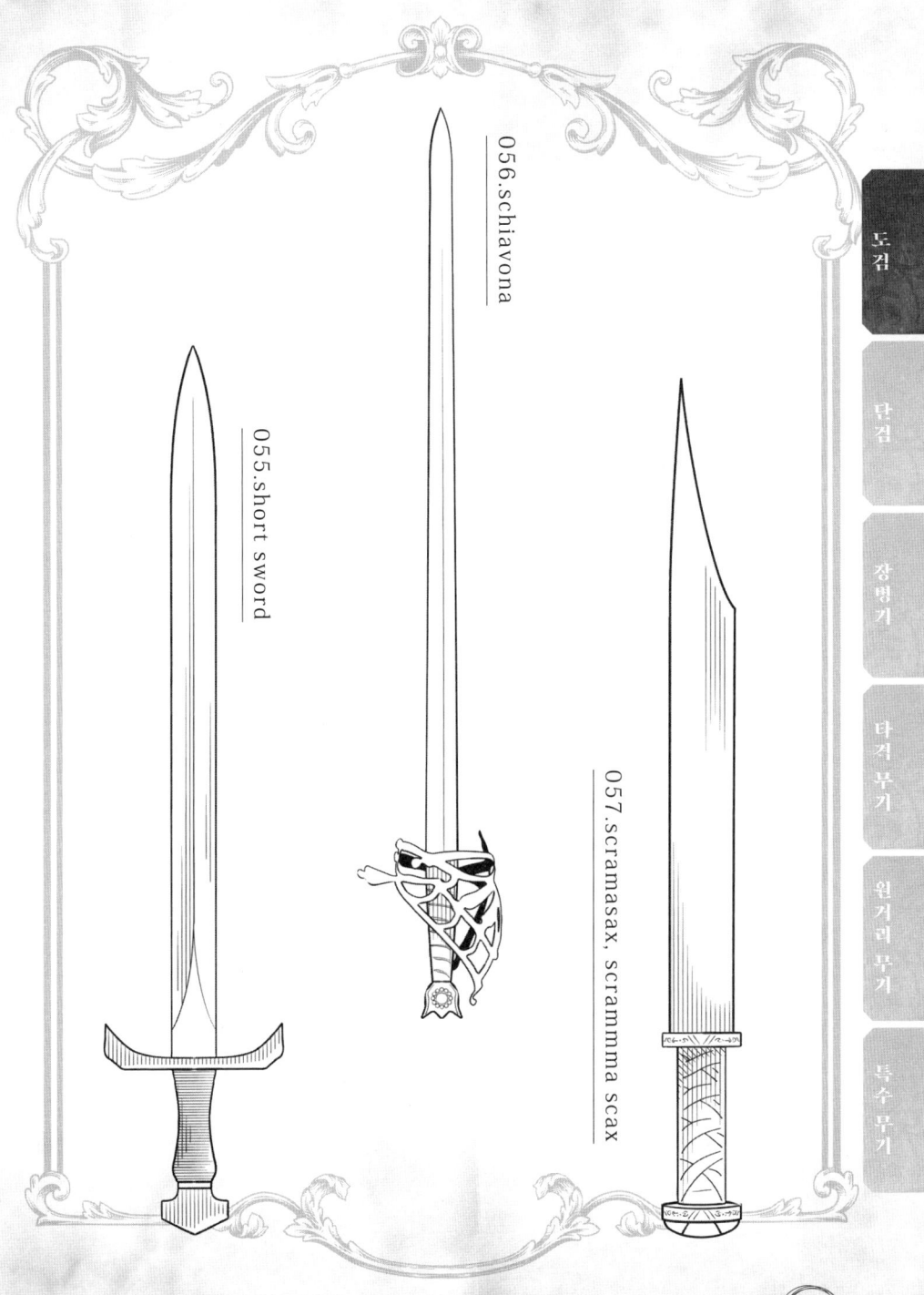

058 스몰 소드
small sword

- 길이: 60~70cm
- 중량: 0.5~0.7kg
- 시대: 17~20세기
- 지역: 서유럽

스몰 소드는 17세기 이후 유럽에서 사용하던 경량 한손검이다. 소형화된 레이피어(24p)로 귀족이나 신사의 장신구로 유행했다. 18세기 이후에는 검을 아름답게 장식하는 것이 유행하여 스몰 소드에 금, 은, 보석 등을 박아 넣기도 했다. 또한 '스웹트 힐트(swept Hilt)'(86p)라고 불리는 복잡한 곡선을 그리며 주먹에 달라붙는 듯한 날밑을 가진 것도 있다.

059 세미
seme

- 길이: 50~65cm
- 중량: 0.6~0.8kg
- 시대: 17~20세기
- 지역: 아프리카 남부

세미는 사바나 마사이족이 사용하는 양날 직검이다. 도신은 포르테에서 칼끝으로 갈수록 날이 넓어진다. 강도를 높이기 위해 도신 중앙 부분의 칼등이 산처럼 솟아 있는 것이 특징이다. 날밑이나 칼자루 머리가 없고, 손잡이에는 간단한 미끄럼 방지용 가죽끈이 감겨 있다. 벌목도로도 사용되었다. 비슷한 검으로 올 알렘(30p)이 있다.

060 소순 파타
sosun patta

- 길이: 80~100cm
- 중량: 1.2~1.5kg
- 시대: 8~19세기
- 지역: 인도

소순 파타는 인도 라지푸트(Rajput)족이 사용하던 외날검이다. 도신은 'ㅅ' 자 모양으로 휘어져 있고, 칼날은 휘어진 안쪽에 있다. 칼끝은 날카롭고 양날로 가공되어 있다. 찌르기, 베기 모두 뛰어나 매우 오랜 기간 사용된 검이다. 원형은 고대 그리스의 코피스(42p)로 추정된다. 이름은 산스크리트어로 '백합잎'이라는 뜻이다.

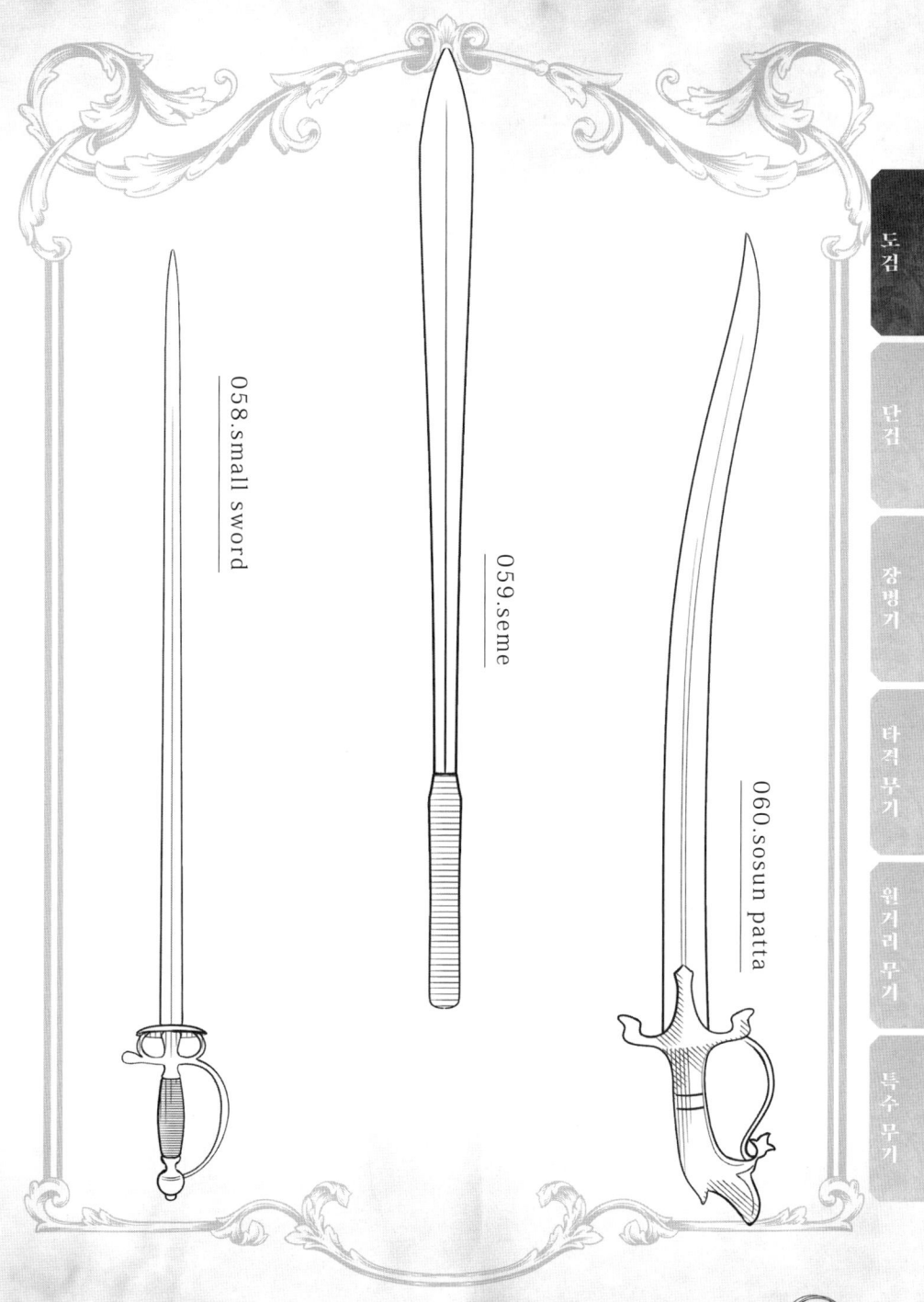

061 다

dha

- 길이: 80~90cm
- 중량: 0.9~1.0kg
- 시대: 16~20세기
- 지역: 동남아시아

다는 미얀마에서 사용하던 외날검이다. 날밑이 없는 일본도와 비슷한 모양으로, 도신이 휘어져 있다. 도신 측면에 조각이나 장식이 있고, 나무, 상아로 만든 손잡이에 백금을 입히거나 양각으로 화려하게 장신한 것도 발견된다. 도신보다 길게 만들어 끝이 휘어져 있는 칼집은 장식적인 의미였던 것으로 보인다.

062 다오(아삼)

dao

- 길이: 100~130cm
- 중량: 3.0~4.0kg
- 시대: 15~20세기
- 지역: 남아시아

아삼(Assam) 스타일의 다오는 인도 아삼 구릉지대에 사는 카시족이 사용하던 양날 직검이다. 길고 커서 양손으로 들고 다루었다. 날밑이 2개 있는 것이 특징인데, 하나는 일반 검처럼 칼자루에 달려 있고, 다른 하나는 도신의 중간쯤에 있다. 전체적으로 유럽의 츠바이헨더(58p)와 비슷하게 만들어졌으나 관련성은 불분명하다.

063 다오(나가)

dao

- 길이: 50~80cm
- 중량: 0.7~1.0kg
- 시대: 16~20세기
- 지역: 남아시아/동남아시아

나가(Naga) 스타일의 다오는 인도의 나가족과 징포족이 사용하던 한손검이다. 칼끝이 뾰족하고, 도신은 일그러진 직사각형처럼 보인다. 칼등은 곧게 뻗어 있지만 날은 물결치는 모양이다. 손잡이는 나무이며, 날밑은 없다. 위에 나온 아삼 스타일의 다오와 외형상 공통점이 없어 보인다. 전장에서는 다른 부족의 목을 베기 위해 사용했지만 평소에는 손도끼로 사용했다.

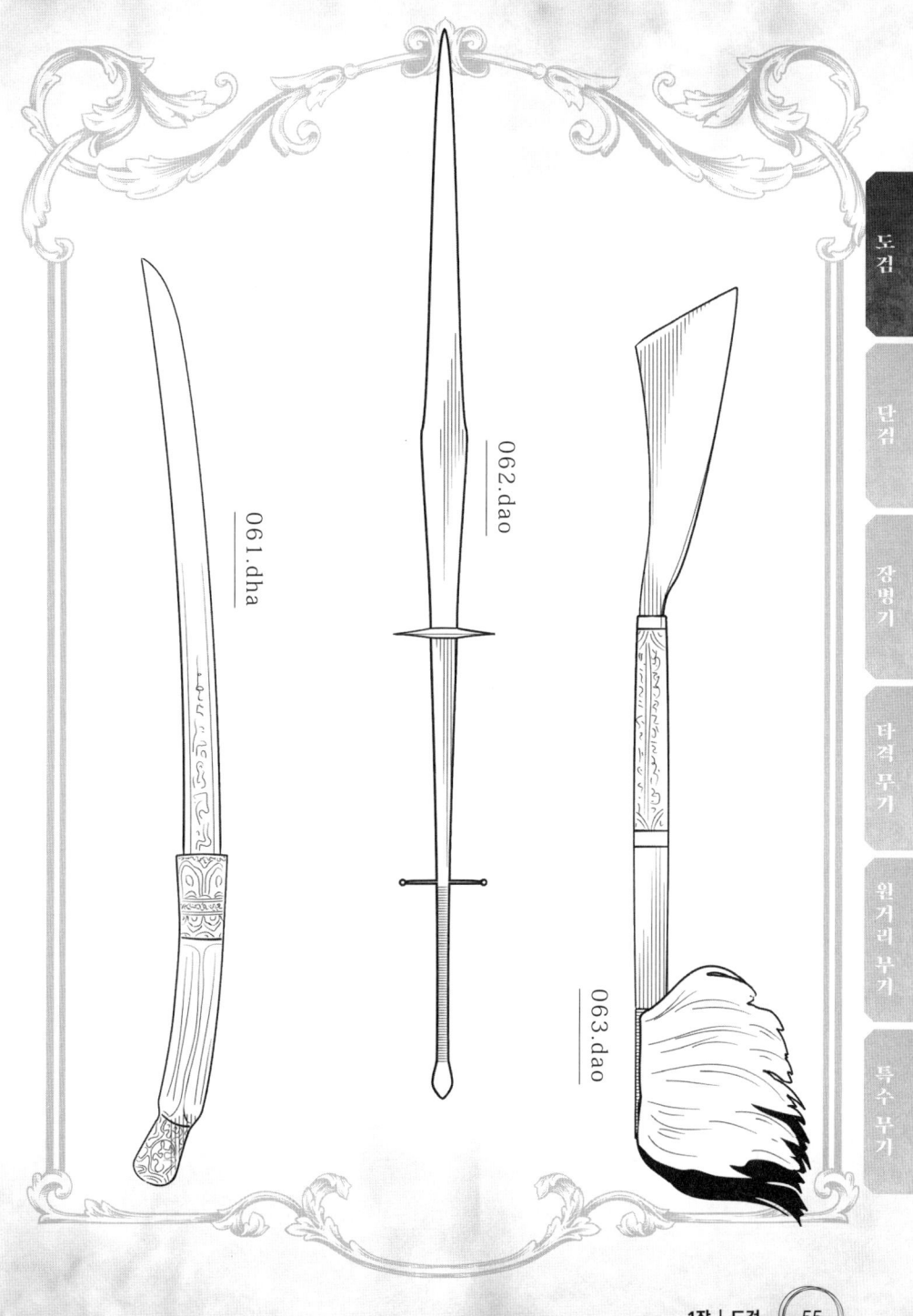

064 탈리본

talibon

- 길이: 50~65cm
- 중량: 0.25~0.4kg
- 시대: 19~20세기
- 지역: 남아시아/동남아시아

탈리본은 필리핀의 기독교 집단이 혁명에 사용하던 외날검이다. 원래는 일상에서 도끼처럼 사용되었다. 도신 중앙 부분이 볼록하고 칼끝으로 갈수록 가늘어진다. 손잡이는 칼날 방향으로 크게 휘어져 있으며, 손목의 스냅만으로 절삭력을 높일 수 있도록 만들어져 있다. 방어에는 그다지 적합하지 않은 형태이다.

065 탈와르

talwar, tulwar, tarwar

- 길이: 70~100cm
- 중량: 1.4~1.8kg
- 시대: 16~19세기
- 지역: 인도

탈와르는 16세기 인도에서 탄생한 외날 곡검이다. 외형적으로 눈에 띄는 특징은 없고, 사이프(44p)나 샴쉬르(16p)와 같은 곡검의 도신에 인도 전통 양식의 칼자루를 붙인 것이다. 무난하고 사용하기 쉬워 계급에 상관없이 애용되었다. 귀족이나 왕족이 사용한 것에는 화려한 조각과 장식이 새겨져 있다.

066 차쿠

chaqu

- 길이: 70cm
- 중량: 1.0kg
- 시대: 16~17세기
- 지역: 인도

차쿠는 인도에서 사용하던 특수한 형태의 검이다. 도신이 갈라져 물고기 뼈처럼 좌우대칭으로 배열되어 있다. 이 때문에 유럽 연구자들은 '물고기 등뼈'라는 뜻의 피쉬 스파인 소드(fish spine sword)라고 부른다. 이 형태는 유럽의 소드 브레이커(92p)처럼 적의 검을 날 사이에 끼워 방어하거나, 비틀어 부러뜨리기 용이하다.

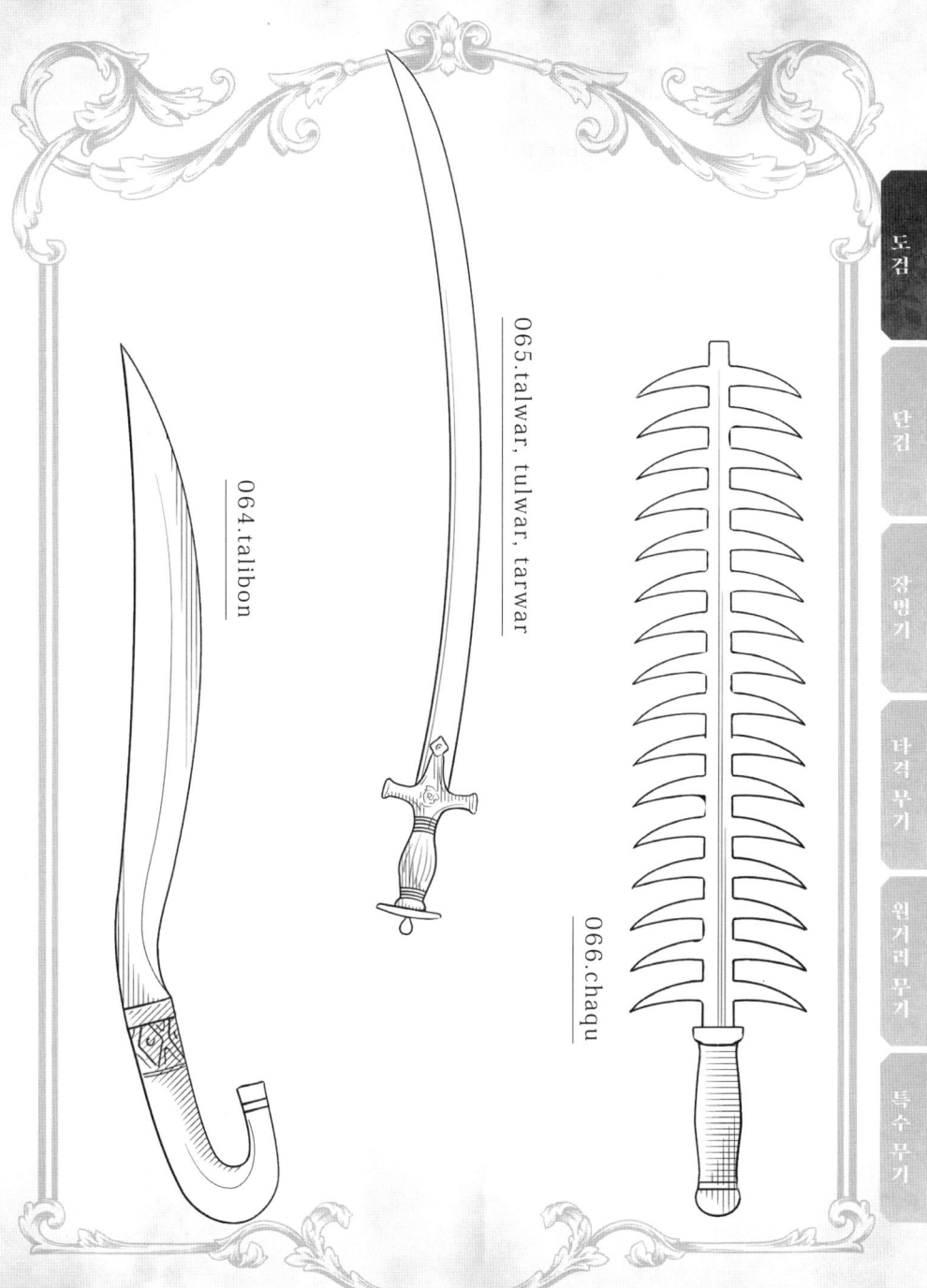

067 직도(直刀)
chokutou, zhidao

- 길이: 80~130cm
- 중량: 0.5~1.0kg
- 시대: 전한~남송(BC 3~AD 13세기)
- 지역: 중국

직도는 중국 전한 시대에 탄생한 외날 직검이다. 거푸집에 금속을 붓는 주조로 만들어졌으며, 칼자루에는 동물이나 상어 가죽을 감았다. 칼자루 끝 장식이 고리 모양으로 되어 있어 '환수도(環首刀)'라고도 불렸다. 날밑은 없다. 중국에서 날밑은 찌를 때 손이 미끄러지는 것을 방지하기 위한 것이었기에 이 칼은 베기를 목적으로 한 검으로 추정된다.

068 츠바이헨더
zweihander

- 길이: 200~280cm
- 중량: 3.5~9.0kg
- 시대: 13~17세기
- 지역: 유럽

츠바이헨더는 13세기 독일에서 만들어진 투 핸디드 소드(60p)의 일종이다. 도신이 시작되는 숄더가 길고 옆으로 튀어나온 돌출부를 가지고 있다. 이는 공격할 때 손을 얹어 휘두르거나 상대의 공격을 받아 내거나 등이나 어깨에 메고 다니기 좋았다고 한다. 독특한 모양 때문에 영어권에서도 츠바이헨더로 불렸다.

069 쓰루기
tsurugi

- 길이: 70~90cm
- 중량: 0.3~0.5kg
- 시대: 야요이~에도(BC 3~AD 19세기)
- 지역: 일본

쓰루기는 고대 일본의 무기다. 거푸집에 금속을 붓는 주조로 만든 양날 직검으로, 초기에는 청동, 나중에는 철로 만들어졌다. 베기, 찌르기 모두 가능한 무기로 귀족이 사용하였으나, 일본도의 등장 이후 거의 자취를 감추고 영적 상징으로 숭배되거나 제례용으로 사용되었다.

067.chokutou.zhidao

068.zweihander

069.tsurugi

1장 | 도검　59

070 테그하
tegha

- 길이: 90~100cm
- 중량: 1.6~2.2kg
- 시대: 16~17세기
- 지역: 튀르키예/인도/페르시아

테그하는 튀르키예에서 만들어진 한손검의 일종이다. 도신 중앙 부분까지는 곧게 뻗은 외날이며, 칼끝으로 갈수록 크게 휘어지고 양날로 되어 있다. 몽골에서 전래된 것으로, 튀르키예의 곡검 중 가장 심하게 휘어져 있다. 주변국인 인도와 페르시아까지 보급되었다. 튀르키예에서는 일찍이 유행이 끝났지만 인도와 페르시아에서는 이후에도 계속 사용되었다.

071 테붓제
tebutje

- 길이: 40~100cm
- 중량: 0.3~1.0kg
- 시대: 18~20세기
- 지역: 오세아니아

테붓제는 키리바시(Kiribati) 제도에서 사용하던 원시적인 검이다. 이 검에는 금속이 사용되지 않았으며, 톱날 모양의 날은 나무 도신에 상어 이빨을 끈으로 묶어 만든 것이다. 일정한 크기나 모양은 없으며 측면에 이빨이 달린 것, 구부러진 것, 심지어 도신이 3갈래로 갈라진 것도 있다. 이 무기가 어떻게 탄생했는지는 아직 밝혀지지 않았다.

072 투 핸디드 소드
two handed sword

- 길이: 180~250cm
- 중량: 2.9~7.5kg
- 시대: 13~16세기
- 지역: 서유럽

투 핸디드 소드는 이름에서 알 수 있듯이 양손으로 사용하는 대검의 총칭이다. 길이는 건장한 남성의 키 정도 되었으며, 칼자루와 날밑, 도신이 모두 길고 크다. 등이나 어깨에 메고 다녔다. 독일과 스위스의 용병들이 즐겨 사용했으며, 기사들도 결투용으로 사용했다. 칼자루가 긴 무기의 칼자루를 자르거나, 칼자루나 날밑으로 때리는 등 투 핸디드 소드만의 독특한 전법이 있다.

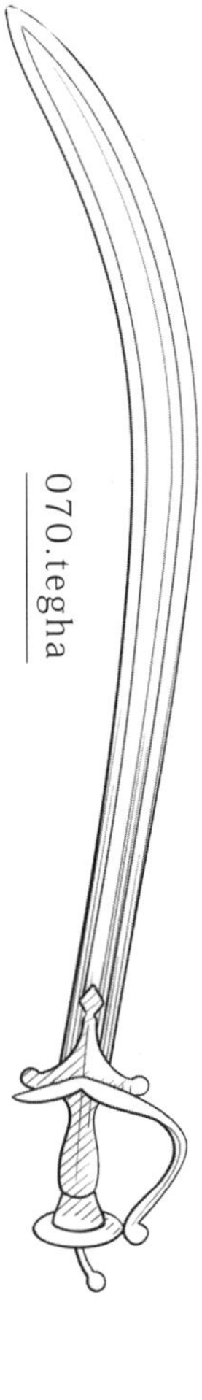

070.tegha

071.tebtje

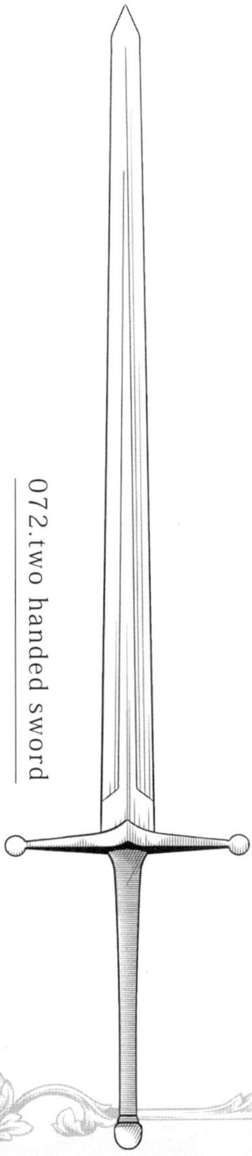

072.two handed sword

1장 | 도검

073 두사크

dusack

- 길이: 50~70cm
- 중량: 1.5~1.7kg
- 시대: 17세기
- 지역: 유럽

두사크는 16세기 보헤미아 지방에서 탄생한 외날의 짧은 곡검이다. 날밑과 칼자루 끝 장식이 없고 바로 도신으로 이어지는 매우 단순한 형태다. 17세기 이후 군대에서도 사용하기 시작했으며, 총과 총검을 사용할 수 없을 때를 대비한 보조 무기로 지급되었다. 유럽의 검술 지침서에는 두사크의 용법을 설명한 것이 많다.

074 투핸드 펜싱 소드

two-hand fencing sword

- 길이: 130~150cm
- 중량: 2.0~2.5kg
- 시대: 17세기
- 지역: 서유럽

투핸드 펜싱 소드는 17세기 유럽에서 사용하던 양손검이다. 날은 매우 무뎠다. 칼끝이 둥근 이유는 이 검이 양손검 연습용으로 사용되었기 때문이다. 당시의 검술 교본이나 기술서에는 가느다란 검이나 단검에 관한 기술 외에도 투핸드 펜싱 소드를 이용한 다양한 훈련이 그려져 있다.

075 드레스 소드

dress sword

- 길이: 60~70cm
- 중량: 0.5~0.6kg
- 시대: 18~20세기
- 지역: 유럽

드레스 소드는 유럽 궁정 귀족들이 허리에 차고 다니던 검이다. 매우 가볍고, 장식용으로뿐만 아니라 결투에도 사용되었다. 당시 결투에는 '칼의 대화'라는 독특한 예법이 있었는데 공격을 실패한 자는 상대가 공격하기 전까지 다음 공격을 할 수 없었다. 이러한 규칙 때문에 승부가 길어져 드레스 소드 같은 오래 휘두를 수 있는 가벼운 검이 필요했다.

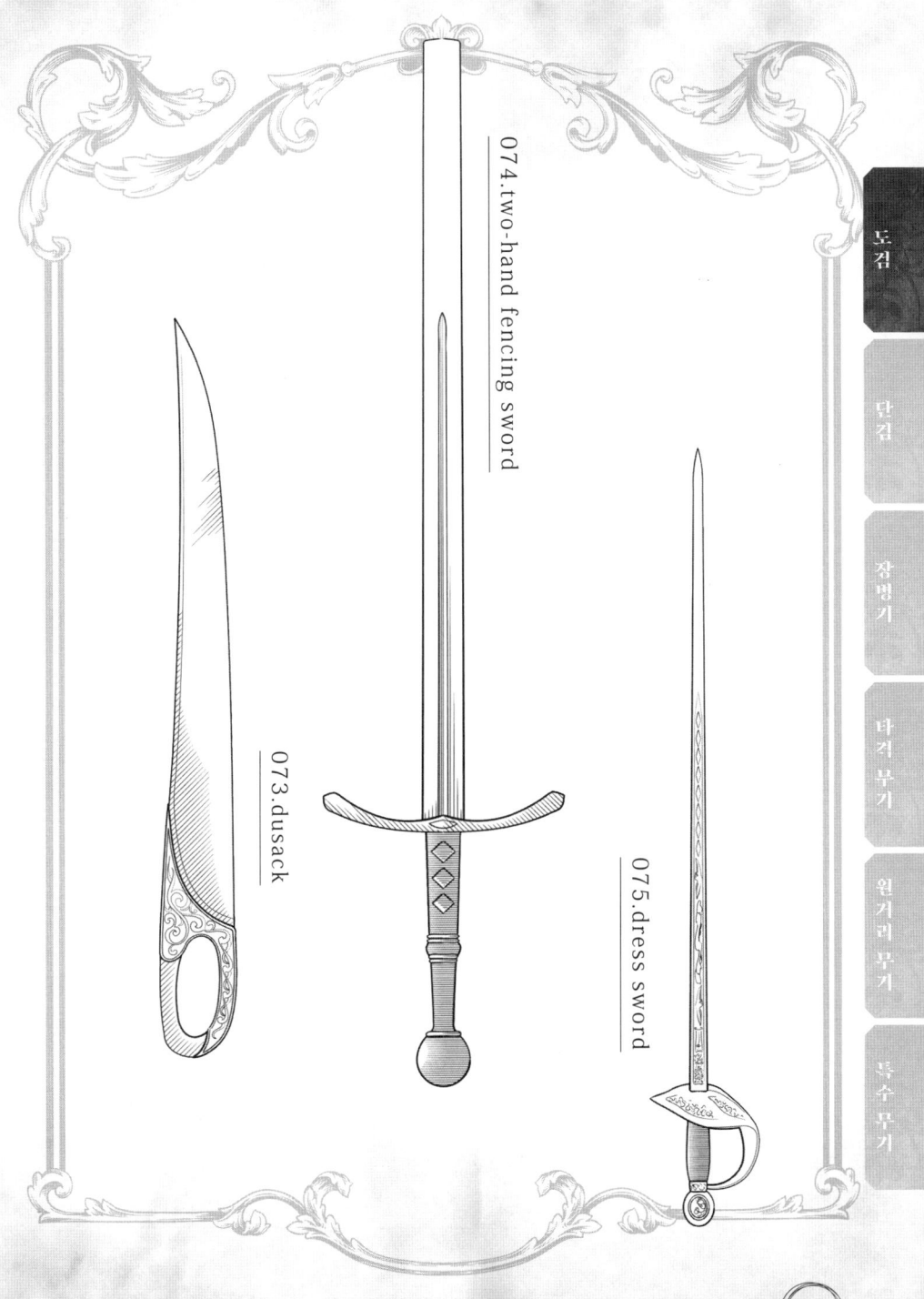

076 응고딥

ngodip

- 길이: 50~65cm
- 중량: 0.7~0.8kg
- 시대: 17~19세기
- 지역: 아프리카 북부

응고딥은 17세기 콩고 자이르에 있던 쿠바 왕국의 니임족이 사용하던 검이다. 도신은 도신 중앙 부분과 포르테가 볼록한 표주박 모양이다. 나무와 금속으로 만든 2가지 종류가 있다. 의례용으로도 사용되었으며, 족장이나 그와 가까운 권력자가 왼손에 쥐었다. 의례용 응고딥은 전투용보다 크고 복잡한 장식을 가지고 있다.

077 흐위

hwi

- 길이: 60~70cm
- 중량: 0.8~0.9kg
- 시대: 17~19세기
- 지역: 아프리카 서부

흐위는 베냉의 다호메이 왕국의 고위 여성 사제가 들고 다니던 검이다. 모양은 칼등에 톱날이 달린 것, 칼끝에 얼굴 모양의 장식이 있는 것 등 매우 다양하다. 다호메이 왕국의 여성 사제는 장관과 국왕의 접견에 동행하고 왕의 발언을 기억하는 비서관 같은 역할로, 지위는 장관보다 높았다. 흐위는 권위의 상징이기도 했다.

078 파카윤

pakayun

- 길이: 70~90cm
- 중량: 0.7~0.8kg
- 시대: 18~20세기
- 지역: 동남아시아

파카윤은 말레이계 무룻(Murut)족이 사용하는 검이다. 2갈래로 갈라진 칼자루는 무룻족 고유의 것이지만, 완만하게 구부러진 칼자루와 홈이 파인 휘어진 도신은 유럽의 검과 흡사하다. 이러한 스타일은 오래전부터 이어진 브루나이 왕국과의 교류를 통해 유럽 문화를 흡수한 결과라고 전해진다.

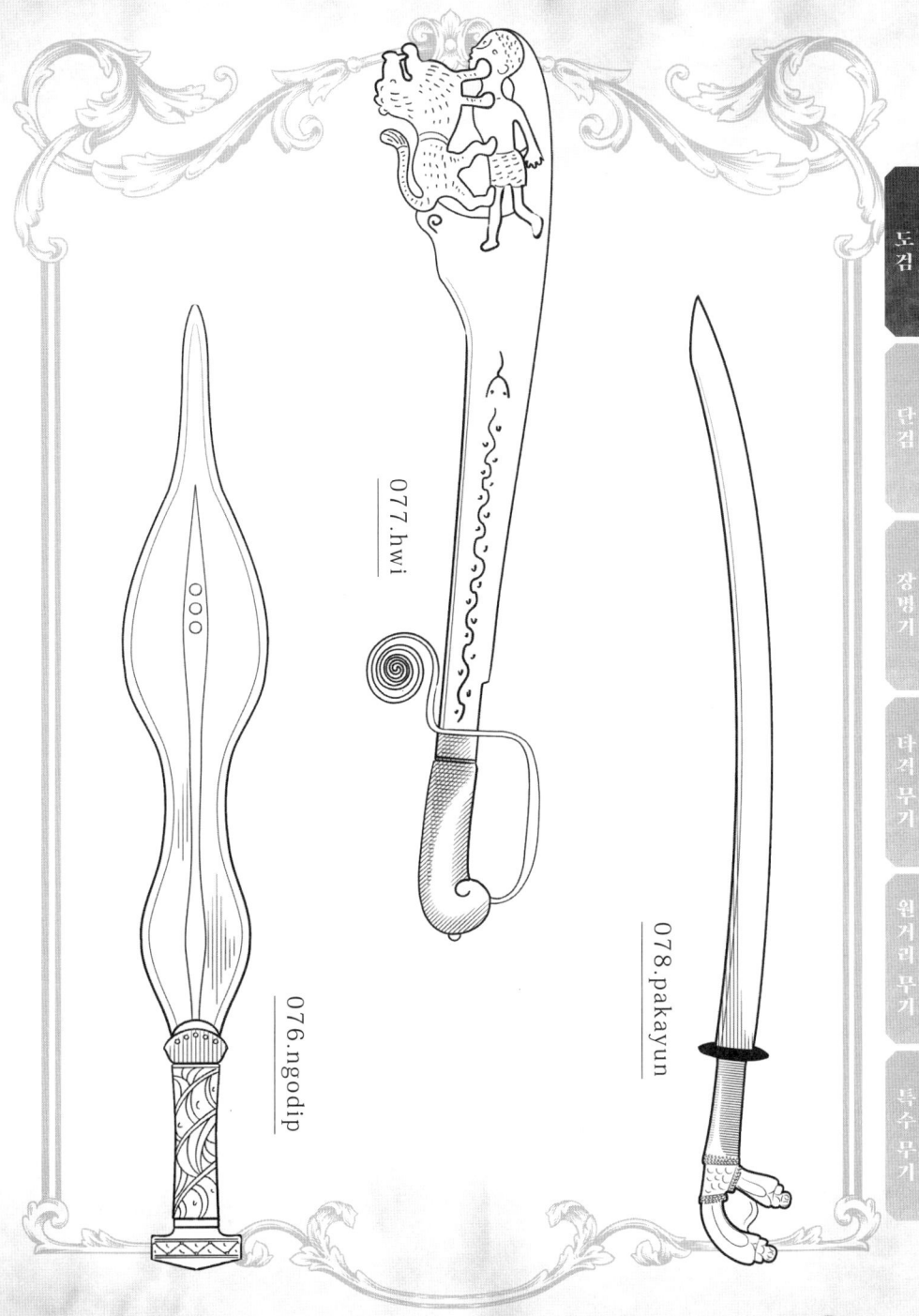

079 파티사

pattisa

- 길이: 110~130cm
- 중량: 1.5~1.8kg
- 시대: 17~18세기
- 지역: 인도

파티사는 인도 중앙부와 남부 인도에서 사용하던 양날검이다. 칼끝이 둥글고, 도신이 날밑 쪽으로 갈수록 가늘어지는 특징이 있다. 칼끝이 그다지 날카롭지 않아 찌르기에는 적합하지 않고, 내리치는 데 적합한 검이다. 날밑에는 작은 갈고리가 달려 있어 상대의 검을 쉽게 받아낼 수 있었다. 칼자루 끝 장식에는 줄기처럼 생긴 돌출부가 튀어나와 있다.

080 바들레르

badelaire

- 길이: 50~60cm
- 중량: 1.2~1.5kg
- 시대: 16~17세기
- 지역: 서유럽

바들레르는 16세기경 서유럽에서 주로 해병들이 사용하던 검이다. 완만한 곡선의 외날로, 도신의 폭이 넓고 칼끝이 날카롭다. 좁은 선상에서도 위력을 발휘했다. 소형이지만 무게가 있어 내리치는 데 적합했다. 날밑 끝이 좌우로 서로 다른 방향으로 뻗어, 'S' 자를 옆으로 눕힌 듯한 모양이 특징이다. 바들레르는 프랑스어로 '휘어진 검'이라는 뜻이다.

081 팔라쉬

pallasch

- 길이: 100~110cm
- 중량: 0.9~1.0kg
- 시대: 17~20세기
- 지역: 동유럽

팔라쉬는 기병용 한손검의 일종이다. 도신의 폭이 넓고 끝이 뾰족한 직검으로, 찌르기에 적합했다. 헝가리, 폴란드 등 동유럽에서 널리 사용되었다. 중무장한 폴란드의 중기병은 허리에 뒤쪽으로 휘어진 세이버를 차고, 말 안장에는 팔라쉬를 장착했다. 이를 통해 그들은 2개의 검을 상황에 따라 사용했을 것으로 추정된다.

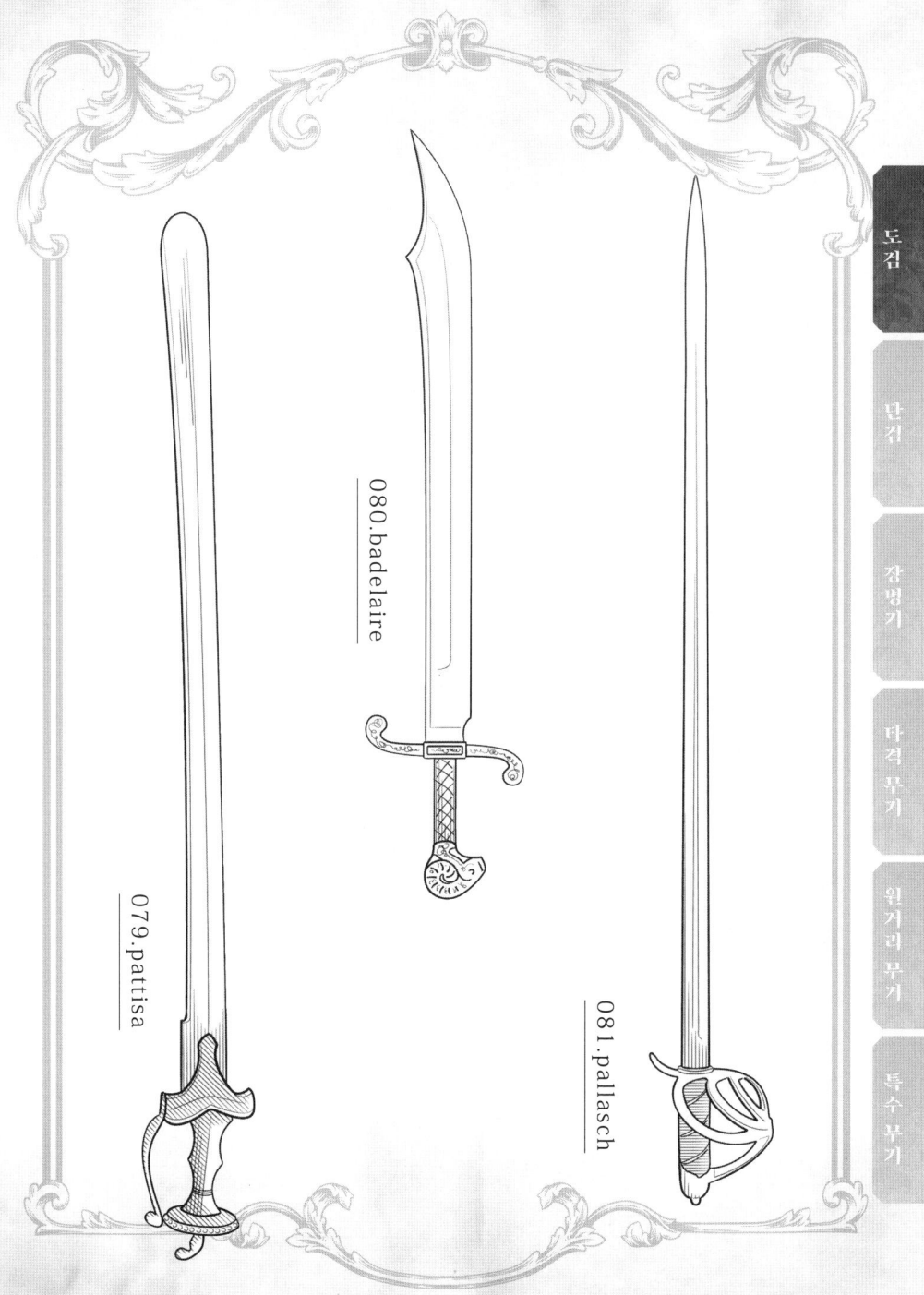

082 하르페

harpe

- 길이: 40~50cm
- 중량: 0.3~0.5kg
- 시대: BC 7~BC 3세기
- 지역: 그리스

하르페는 고대 지중해 지역에서 사용하던 무기로, 도신이 안쪽으로 휘어진 낫 모양 검이다. 도신과 칼자루가 이어진 일체형 구조이며, 칼자루는 쥐기 쉽게 울퉁불퉁하다. 칼날을 걸어서 자르기 위한 목적으로 만들어졌으며, 날카로운 날이 달려 있다. 그리스 신화에서 페르세우스가 메두사의 목을 베는 데 사용한 것으로도 알려져 있다.

083 바롱

barong

- 길이: 30~60cm
- 중량: 0.4~0.8kg
- 시대: 14~20세기
- 지역: 동남아시아

바롱은 동남아시아, 특히 술루 제도의 사마-바자우(Sama-Bajau)족이 사용하는 검이다. 도신의 폭이 넓고, 일반적으로는 외날이지만, 포이블이 양날로 되어 있는 것도 있다. 칼자루 끝 장식은 미끄러지는 것을 방지하기 위해 바깥쪽으로 넓게 퍼진 은행잎 모양이며 주먹 쪽으로 휘어져 있다. 이는 미끄럼뿐만 아니라 무게중심을 고려한 구조로, 사용자가 느끼는 무게감이 줄어 더 가볍게 휘두를 수 있다.

084 필로 소드

pillow sword

- 길이: 60~70cm
- 중량: 0.5~0.6kg
- 시대: 17~20세기
- 지역: 유럽

필로 소드는 유럽 귀족 및 왕족이 사용하던 검이다. 이름 그대로 침대나 베개 밑에 숨겨 두고 호신용으로 사용했다. 도신은 가늘고, 날밑은 단순한 '십자(十)'형인 경우가 많다. 구조상 별다른 특징이 없는 직검이지만, 신분이 높은 사람이 소지하는 경우가 많아 보석이나 조각 등으로 화려하게 장식한 것이 많았다.

085 팔카타

falcata

- 길이: 35~60cm
- 중량: 0.5~1.2kg
- 시대: BC 6~AD 2세기
- 지역: 고대 로마

팔카타는 고대 히스파니아인이 사용하던 한손검이다. 이후 로마군에서도 사용되었다. 도신이 안쪽으로 휘어진 외날검이지만, 포이블은 양날로 되어 있다. 도신의 모양은 마카이라(76p)와 코피스(42p)의 영향을 받은 것으로 추정된다. 새나 말의 머리처럼 생긴 칼자루 끝 장식이 특징이다. 날밑과 칼자루 끝 장식이 쇠사슬로 연결된 것도 있다.

086 팔크스

falx

- 길이: 120cm
- 중량: 4kg
- 시대: 1~2세기
- 지역: 고대 로마

팔크스는 다뉴브강 하류에 거주하던 다키아(Dacians)인이 사용하던 양손검이다. 거푸집에 금속을 붓는 주조로 만들었다. 도신이 낫 모양으로 휘어져 있고 칼끝이 날카롭다. 로마는 여러 차례 다키아 지역을 침략했는데, 팔크스의 위력이 워낙 강해 팔이 잘려 나가는 로마 병사가 속출했다. 이 때문에 로마 병사들은 금속으로 만든 손목 가리개를 착용하게 되었다고 한다.

087 피랑기

firangi, phirangi, farangi

- 길이: 110~150cm
- 중량: 1.6~2.0kg
- 시대: 17~18세기
- 지역: 인도

피랑기는 인도 마라타족이 사용하던 한손검이다. 원형 방패를 함께 사용하는 것이 일반적이었다. 외날 직검이지만, 포이블이 양날로 되어 있다. 그릇 모양의 칼자루 끝 장식 아래에는 줄기 같은 돌출부가 있고, 날밑과 연결된 부분은 주먹을 보호한다. 피랑기는 '외국'이라는 뜻으로, 모양이 유럽의 검을 닮았다고 해서 붙여진 이름이다.

088 포사르

- 길이: 100~120cm
- 중량: 3.0~4.0kg
- 시대: 12~14세기
- 지역: 유럽

faussar, faussal, faus

포사르는 유럽에서 사용하던 한손검의 일종이다. 외날 곡검으로, 포사르는 '구부러진 것'이라는 뜻이다. 날밑이 없고, 거대한 낫 같이 생겼다. 칼끝 쪽 칼등에 날카롭고 뾰족한 지그재그 모양의 톱니가 있어 이 부분을 이용한 공격도 가능했다. 어깨에 멘 자세에서 휘두르는 공격이 강력해 말의 다리를 자를 수도 있었다고 한다.

089 플람베르크

- 길이: 70~80cm
- 중량: 0.8~0.9kg
- 시대: 17~18세기
- 지역: 서유럽

flamberg

플람베르크는 독일의 플랑베르주(22p)이다. 독일에서는 한 손으로 사용하는 레이피어(24p)의 일종으로 만들어졌다. 만들어진 시대는 플람베르크 쪽이 더 오래되었고, 양손검인 플랑베르주의 모태가 되었다고 한다. 플랑베르주와 마찬가지로 물결치는 듯한 양날의 도신이 특징이지만, 플람베르크는 장식적인 의미가 더 컸던 것으로 보인다.

090 플리사

- 길이: 90~120cm
- 중량: 1.4~1.8kg
- 시대: 18~20세기
- 지역: 아프리카 북부

flissa, flyssa

플리사는 알제리 북동부의 베르베르계 민족인 카빌(Kabyle)족이 사용하던 외날검이다. 전체적으로 가늘고 날렵하며 칼끝이 매우 날카롭다. 도신의 중앙 부분이 약간 볼록해 칼끝이 휘어 절삭력이 강하다. 날밑은 없고, 칼자루는 금속으로 만들어졌다. 거푸집에 금속을 붓는 주조로 만들어진 것도 있다. 비슷한 검으로 튀르키예의 검인 야타간(yatagan)이 있다.

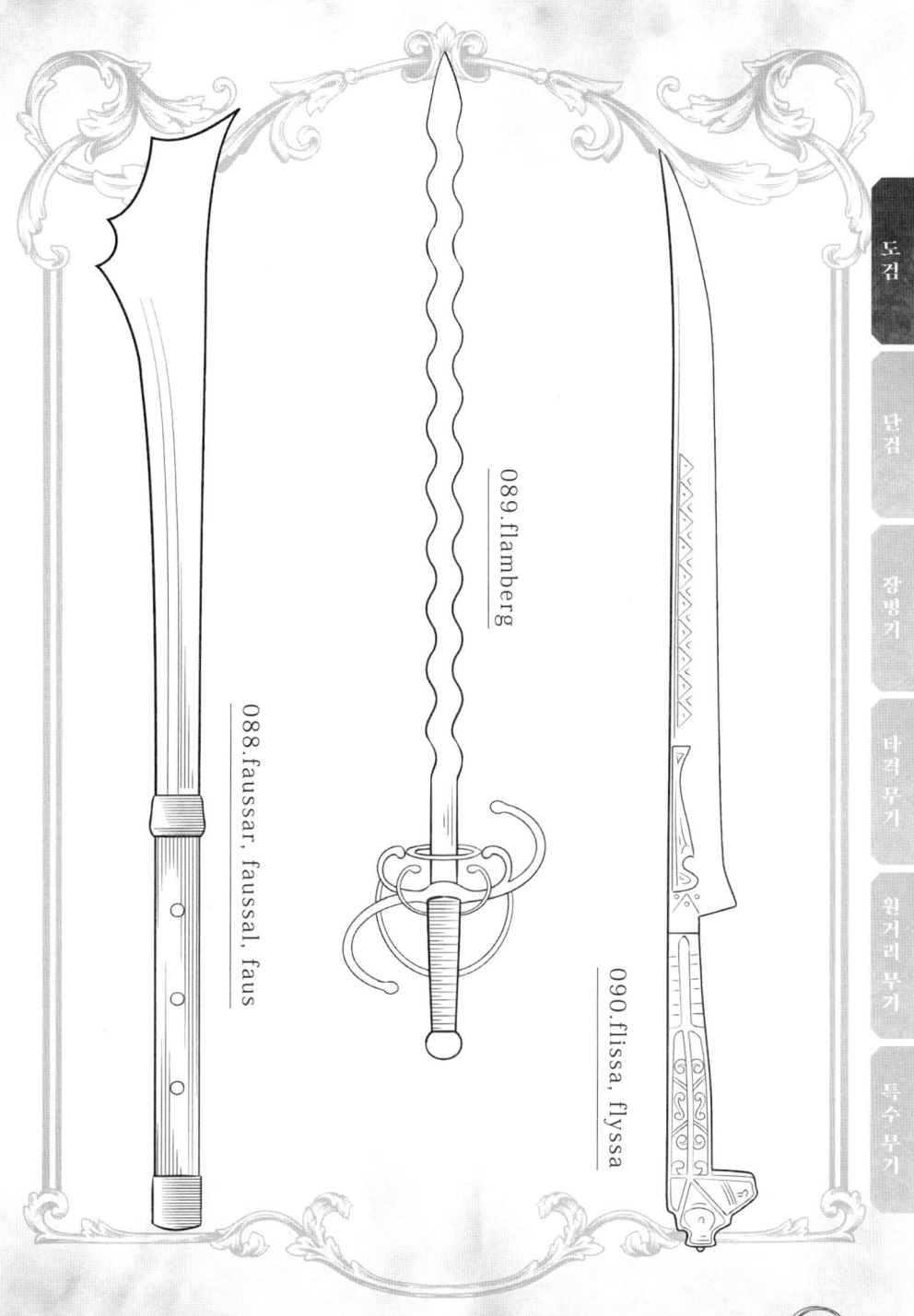

091 플뢰레

fleuret

- 길이: 100~110cm
- 중량: 0.3~0.5kg
- 시대: 17세기~현재
- 지역: 서유럽

플뢰레는 1630년대부터 사용하기 시작한 유럽의 대표적인 검이다. 가늘고 날렵한 양날검으로 상대를 찌르기에 용이했다. 날밑은 그릇 모양인 것이 많다. 당시 귀족들이 교양 수업의 일환으로 검술을 많이 연습했는데 플뢰레 끝이 뾰족해 부상이 많았다. 그래서 1750년대부터 칼끝을 둥글게 만든 플뢰레를 사용한 연습이 유행했고 그것이 지금까지 이어져 현대 펜싱의 기초가 되었다.

092 풀와르

pulouar, pulwar

- 길이: 80~90cm
- 중량: 1.2~1.6kg
- 시대: 18~20세기
- 지역: 아프가니스탄

풀와르는 18세기에 탄생한 아프가니스탄의 외날 곡검이다. 기병끼리 전투를 할 때 사용되었다. 포이블 쪽은 양날이다. 날밑의 좌우 끝이 위를 향하고 있는 것이 특징이다. 칼자루 끝 장식은 그릇 모양으로 거기에서 돌출부가 튀어나와 있다. 풀와르는 날밑과 칼자루를 거푸집에 금속을 붓는 주조로 만들어졌으며, 이러한 형식을 펀자브 양식이라고 불렀다.

093 베이다나

beidana

- 길이: 50~75cm
- 중량: 0.8~1.3kg
- 시대: 15~18세기
- 지역: 서유럽

베이다나는 이탈리아 농민들이 사용하던 외날검이다. 도끼와 비슷한 모양으로 원래는 벌목도였다. 길이와 크기는 제각각이지만 손잡이는 모두 10cm 정도이며 한 손으로 잡는다는 공통점이 있다. 중앙 알프스 일대에서 봉기한 농민 중에는 '베이다나'를 자칭하는 무리도 있었다는 점에서 농민들과 밀접한 물건이었던 것으로 보인다.

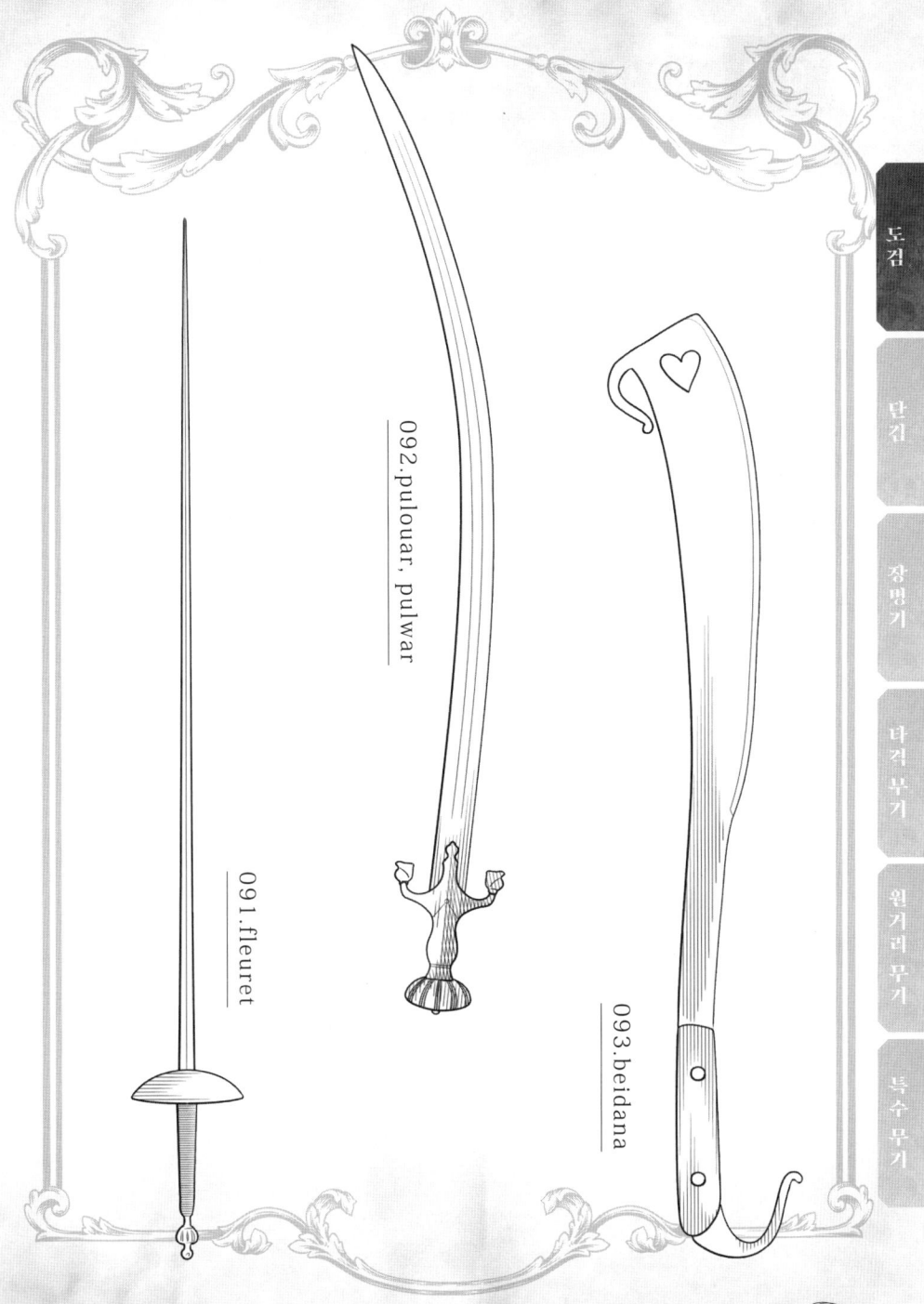

094 베카트와

bekatwa

- 길이: 15~90cm
- 중량: 0.5~2.0kg
- 시대: 11~20세기
- 지역: 아프리카 남부

베카트와는 아프리카 고대 쇼나 왕국의 후예인 쇼나족이 사용하던 검이다. 양날 직검으로, 칼끝이 원뿔처럼 가늘고 날카롭다. 칼자루와 칼집은 나무를 깎거나, 밧줄을 엮어 만들었다. 단검에서도 비슷한 제작 방식을 볼 수 있는데, 이렇게 만드는 검을 통틀어 '베카트와'라고 부른다. 쇼나족은 오랜 투쟁의 역사를 가진 부족으로, 그들이 사용하는 검은 실전에서 사용하기 적합했다.

095 박도(朴刀)

bokutou, pudao

- 길이: 60~150cm
- 중량: 1.5~5.0kg
- 시대: 송~청(10~20세기)
- 지역: 중국

박도는 중국 송나라 시절에 사용하던 검이다. 원래는 언월도(128p)의 자루를 짧게 만든 것이 그 시작이라고 한다. 매우 무거운 곡검이며, 양손으로 휘둘렀다. 날밑이나 칼자루 끝 장식이 없는 단순한 것이 많다. 농민 봉기 등에서 민간 무기로 사용되는 경우가 많았다. 청나라 시절 '태평천국의 난'에서 태평천국 군대가 사용했기 때문에 태평도라고도 불린다.

096 마카이라

machaira, makhaira

- 길이: 50~60cm
- 중량: 1.1~1.2kg
- 시대: BC 9~BC 2세기
- 지역: 고대 그리스

마카이라는 고대 그리스 병사들이 사용했던 대표적인 한손검이다. 전체가 금속으로 만들어졌다. 외날 곡검으로, 날은 'ㅅ' 자 모양으로 휘어져 있고 칼끝이 날카롭다. 한손, 양손으로 모두 사용할 수 있고, 기병도 사용한 다재다능한 검이었다. 고대 로마의 검인 팔카타(70p)도 이 검을 바탕으로 만들어졌다고 전해진다.

095.bokutou, pudao

094.bekatwa

096.machaira, makhaira

097 마쿠아우이틀
macuahuitl

- 길이: 70~100cm
- 중량: 1.0~1.5kg
- 시대: 12~16세기
- 지역: 남아메리카

마쿠아우이틀은 아즈텍인이 사용하던 검이다. 마우카우이틀은 아즈텍 언어로 '막대기'를 뜻한다. 목제 도신에 흑요석을 날카롭게 연마해 만든 날을 일렬로 꽂아 넣었다. 포이블이 사각형으로 칼끝은 따로 없다. 칼자루가 전체의 4분의 1 정도로 길어 한 손, 양손으로 모두 사용할 수 있었다. 칼자루 끝 장식은 고리 모양으로, 거기에 무기를 놓치지 않도록 묶을 수 있는 끈이 달린 것도 발견된다.

098 음봄밤
mbombaam

- 길이: 100~120cm
- 중량: 1.8~2.2kg
- 시대: 17~19세기
- 지역: 중앙아프리카

음봄밤은 쿠바 왕국에서 부숑족과 니임족이 사용하던 청동검이다. 도신은 양날이고 포이블이 가늘고 길다. 측면에는 장식용 홈이 몇 줄 새겨져 있다. 도신이 매우 넓은 검으로 칼자루가 길어 부숑족의 검 중 가장 큰 검으로 알려져 있다. 족장 혹은 그 아래 계급이 의례용으로 사용했으며 오른손에 들도록 규정되어 있다.

099 맘벨리
mambeli

- 길이: 80~110cm
- 중량: 1.5~2.2kg
- 시대: 17~20세기
- 지역: 아프리카 북부

맘벨리는 수단의 아잔데족과 자이르의 보아족이 사용하던 검이다. 또 다른 검을 이어 붙인 듯한 독특한 모양을 하고 있다. 칼끝은 도끼처럼 생긴 것도 있고, 갈고리가 달린 것도 있었다. 날밑은 없고, 손잡이 위에 손가락을 보호하는 돌출부가 있다. 이 독특한 모양은 적의 방패를 잡아당겨 빈틈을 만들거나, 방패 너머로 공격하기 위한 것이라고 한다.

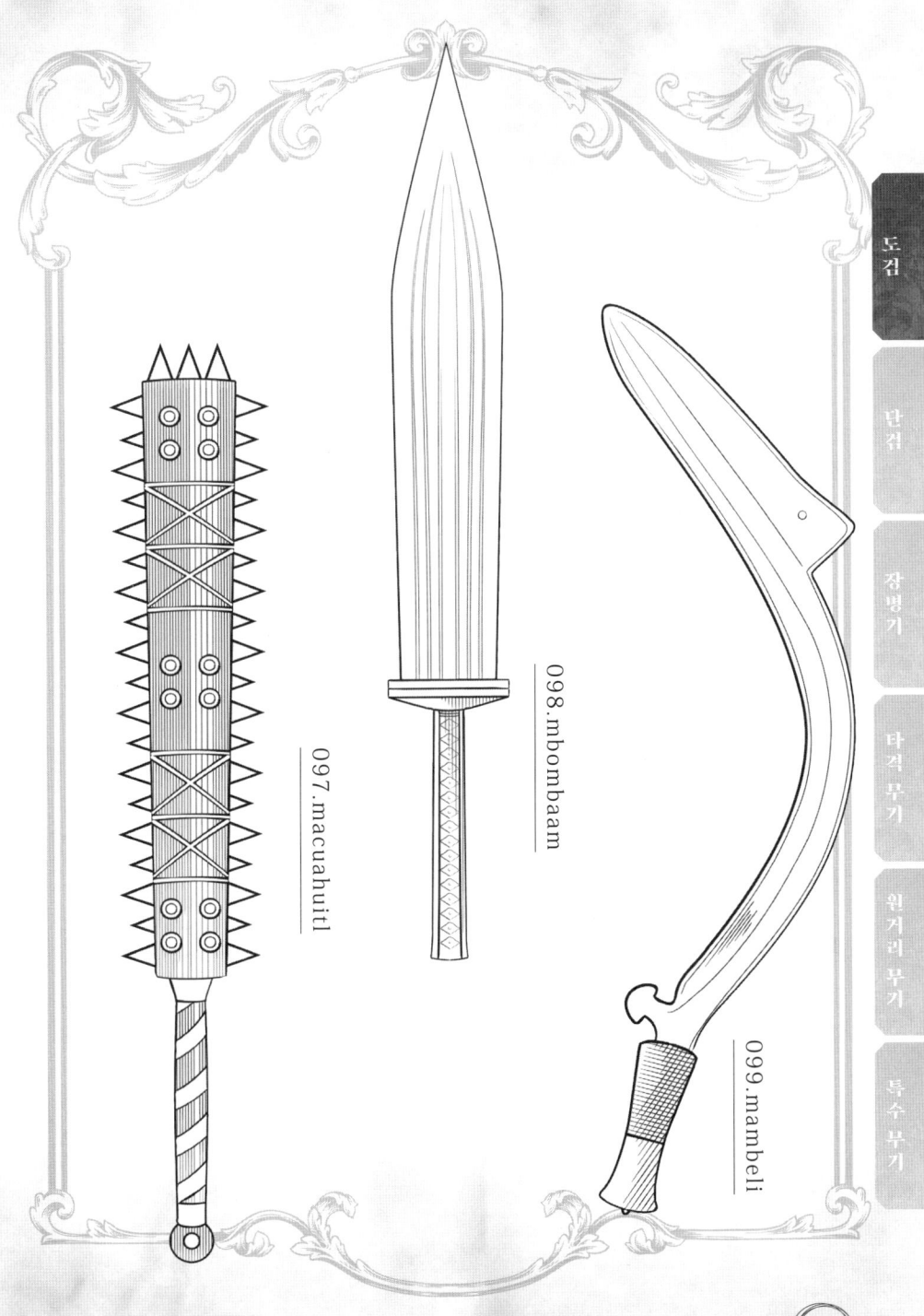

100 만다우
mandau

- 길이: 60~90cm
- 중량: 0.7~1.2kg
- 시대: 16?~20세기
- 지역: 동남아시아

만다우는 보르네오 원주민 중 비다유족이 사용하는 검이다. 포이블이 양날로 되어 있고, 약간 휘어져 있다. 갈고리 모양의 칼자루가 특징으로 미끄럼 방지를 위해 칼자루 끝 장식에는 털 뭉치가 달려 있다. 만다우는 '목을 베다'라는 뜻으로, 전투에서 쓰러뜨린 적의 목을 베는 데 사용되었다. 전투 외에 일상에서 손도끼처럼 사용되었다.

101 마노플
manople

- 길이: 60~100cm
- 중량: 2.2~2.5kg
- 시대: 14~15세기
- 지역: 아프리카 북서부

마노플은 아프리카 북서부의 무어인이 사용하던 검이다. 건틀릿과 일체형으로 되어 있으며 파타(20p)처럼 손에 끼워서 사용한다. 건틀릿이 팔꿈치 전체를 덮는다. 손등 중앙에서 도신이 나오고, 그 좌우로 작은 날이 뻗어 있다. 손등에 갈고리가 달린 것도 있다. 강력한 무기지만 다루기가 매우 까다로워 널리 사용되지 않았다.

102 멜 푸타 베모
mel puttah bemoh

- 길이: 150~170cm
- 중량: 2.1~2.5kg
- 시대: 17~18세기
- 지역: 인도

멜 푸타 베모는 인도 남부에서 사용하던 긴 양손검이다. 양손검치고는 상당히 얇은 도신을 가지고 있으며, 무게중심을 위해 칼자루 끝 장식에 추를 달았다. 칼자루에 달린 2개의 날밑을 이용해 상대를 찌를 수도 있었다. 실제로 멜 푸타 베모는 위력이 상당해서 체인 메일을 관통하고 기병을 찔러 죽일 수 있었다고 한다.

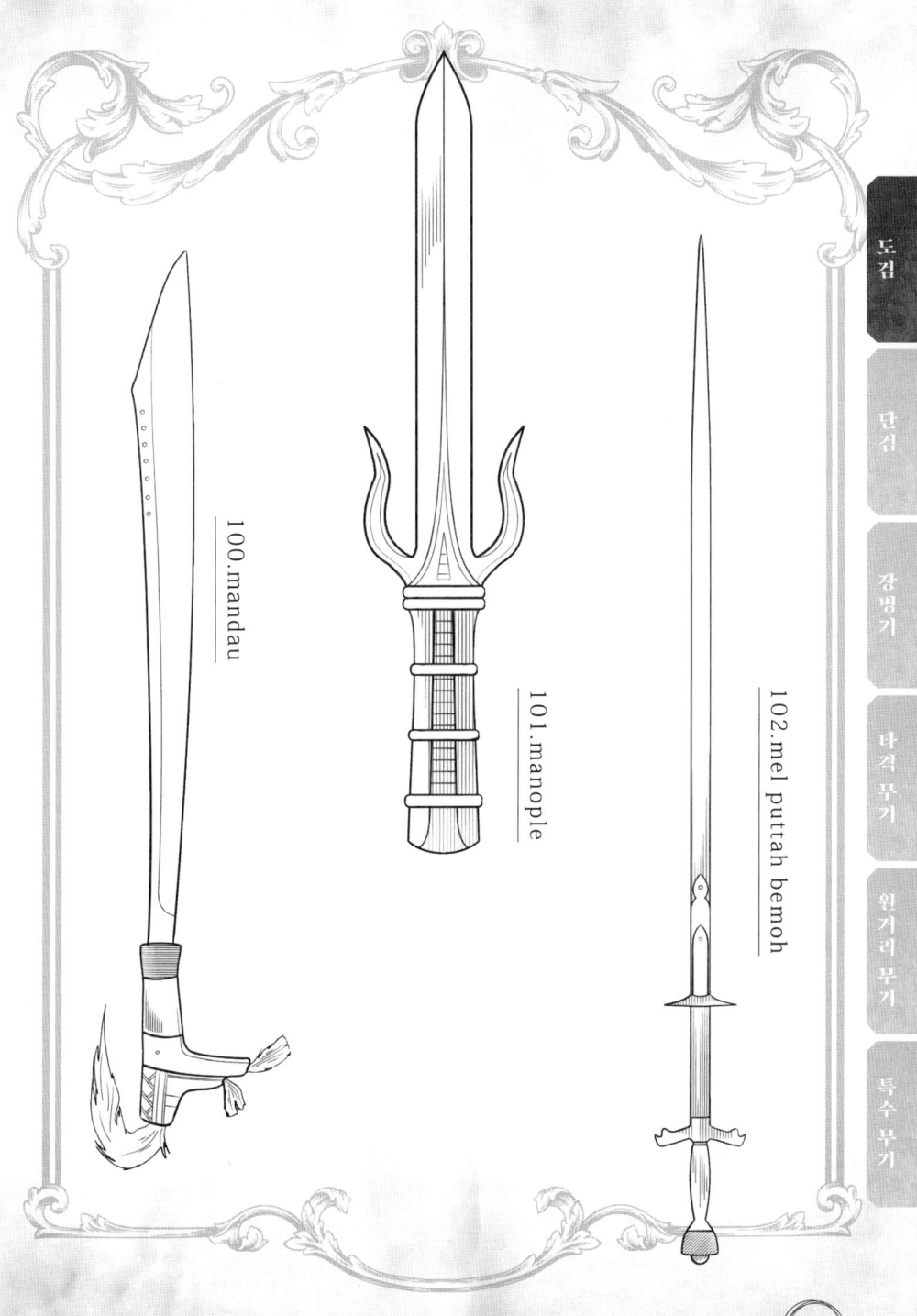

103 람다오
ram-dao

- 길이: 90~100cm
- 중량: 2.5~3.0kg
- 시대: 16~20세기
- 지역: 남아시아

람다오는 네팔과 인도 북부에서 사용하던 도끼와 비슷한 모양의 검이다. 의례용으로 제물로 바쳐진 동물을 죽이는 데 사용되었다. 한 번의 타격으로 목을 확실하게 베기 위해 매우 무겁고, 포이블에 무게가 집중되어 있다. 도신에는 상감이나 채색 등 지역 특색에 맞는 장식이 새겨져 있지만, 포이블 양면에 새겨진 눈 모양은 공통적으로 발견된다.

104 롱 소드(전기)
long sword

- 길이: 80~90cm
- 중량: 1.5~2.0kg
- 시대: 11~14세기
- 지역: 서유럽

롱소드(전기)는 '장검(긴 검)'이라는 뜻으로, 11세기경 유럽에서 탄생한 한손검을 칭한다. 바이킹 소드(8p)를 원형으로 하고 있으며, 강도를 높이기 위해 도신의 형태를 바이킹 소드와 비슷하게 제작하였다. 도신과 수직으로 곧게 뻗은 '십자(十)'형 날밑이 특징으로 이로 인해 신성한 무기로 여기게 되었다.

105 롱 소드(후기)
long sword

- 길이: 80~100cm
- 중량: 1.5~2.5kg
- 시대: 14~16세기
- 지역: 서유럽

강철 정련이 시작되고, 강도가 향상되면서 롱 소드는 기존의 검보다 도신은 얇고 가늘면서도 더 강력한 찌르기가 가능해졌다. 또한 날밑의 측면에 고리 모양의 금속 장식을 달아 손의 보호와 움직임을 보조하는 용도로 이용했다. 기마 전투가 많아지면서 다루기 쉽게 발달한 것으로 여겨진다.

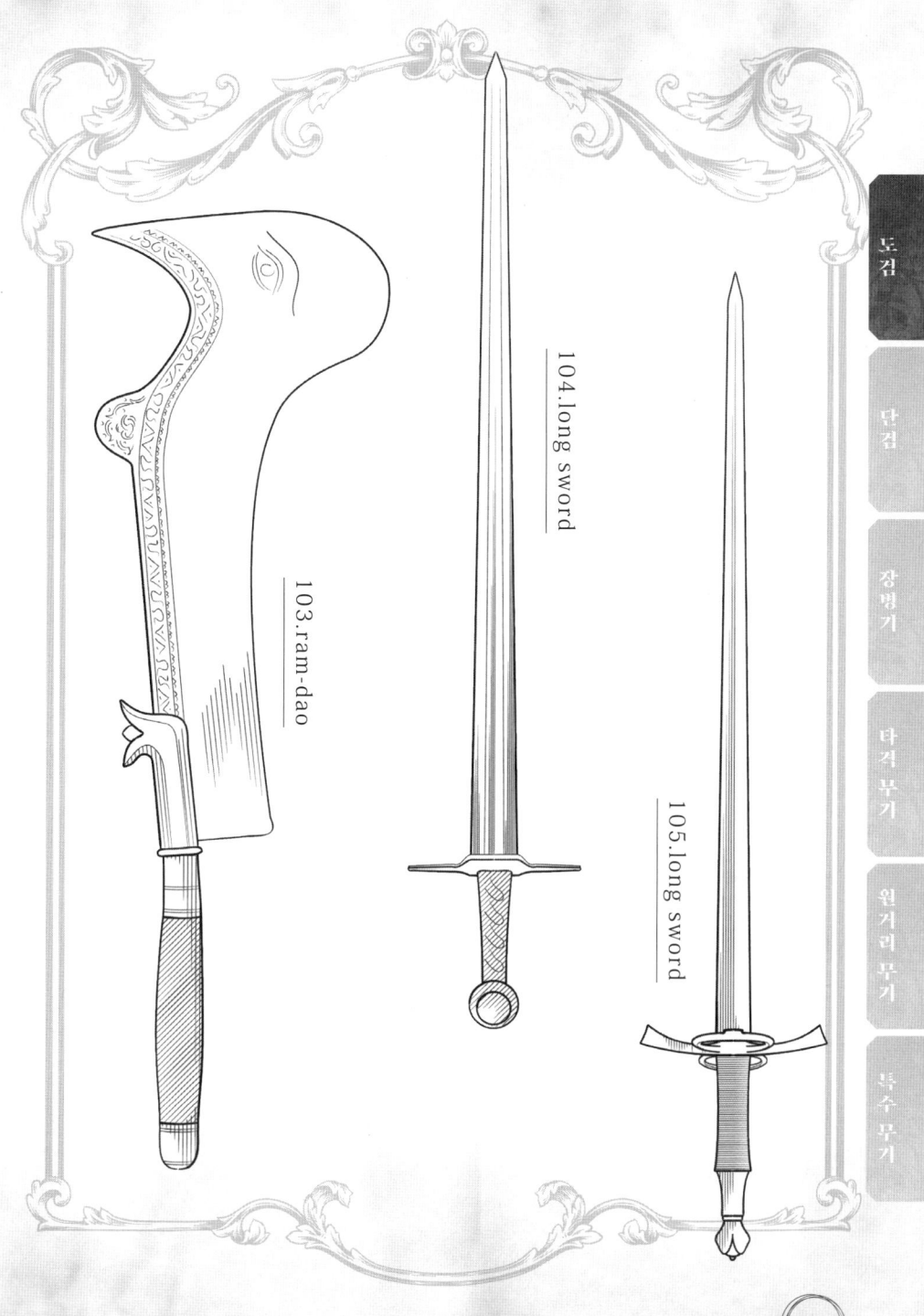

106 와키자시
wakizashi

- 길이: 40~70cm
- 중량: 0.4~0.7kg
- 시대: 무로마치~에도(14~19세기)
- 지역: 일본

와키자시는 무로마치 시대 후기부터 사용한 검이다. 에도 시대의 무사는 우치가타나(8p)와 와키자시를 함께 허리에 차고 다니도록 규정되어 있었다. 이때는 우치가타나를 대도(大刀), 와키자시를 소도(小刀)라고 부르기도 했다. 규제가 있었던 우치가타나와 달리 와키자시뿐이라면 신분이나 성별과 관계없이 소지할 수 있었고, 우치가타나는 실내에서 보관하는 경우가 많아 와키자시의 중요성은 높았다.

107 와라비테토
warabitetou

- 길이: 25~70cm
- 중량: 0.1~1.0kg
- 시대: 고훈~헤이안(3~12세기)
- 지역: 일본

와라비테토는 고대 일본에서 사용하던 검이다. 와라비테는 '고사리 손'이라는 의미인데, 이름처럼 칼자루 머리가 둥글게 말려 있고 칼자루는 칼등 쪽으로 휘어져 있다. 이 형태가 게누키가타 다치(14p)의 원형이 되었다고 한다. 일본 전국에서 출토되는데 그중 80%가 홋카이도와 도호쿠 지방에서 출토되고 있다. 간토와 주부 지방의 것은 칼날이 짧고 칼끝이 날카로운 등 지역에 따라 미묘하게 모양이 다르다.

108 왈룬 소드
walloon sword

- 길이: 60~70cm
- 중량: 1.2~1.4kg
- 시대: 16~17세기
- 지역: 서유럽

왈룬 소드는 17세기 전후에 벨기에 왈룬인이 사용하던 검이다. 손잡이 쪽으로 크게 뻗어 나온 조개 모양 날밑이 특징으로, 조개 모양 덮개와 칼자루 끝 장식에 연결된 막대기가 손을 보호한다. 그 외에도 검과 손을 일체화하기 위한 고안으로 덮개 뒷면에 엄지손가락을 걸 수 있는 고리가 달려 있다.

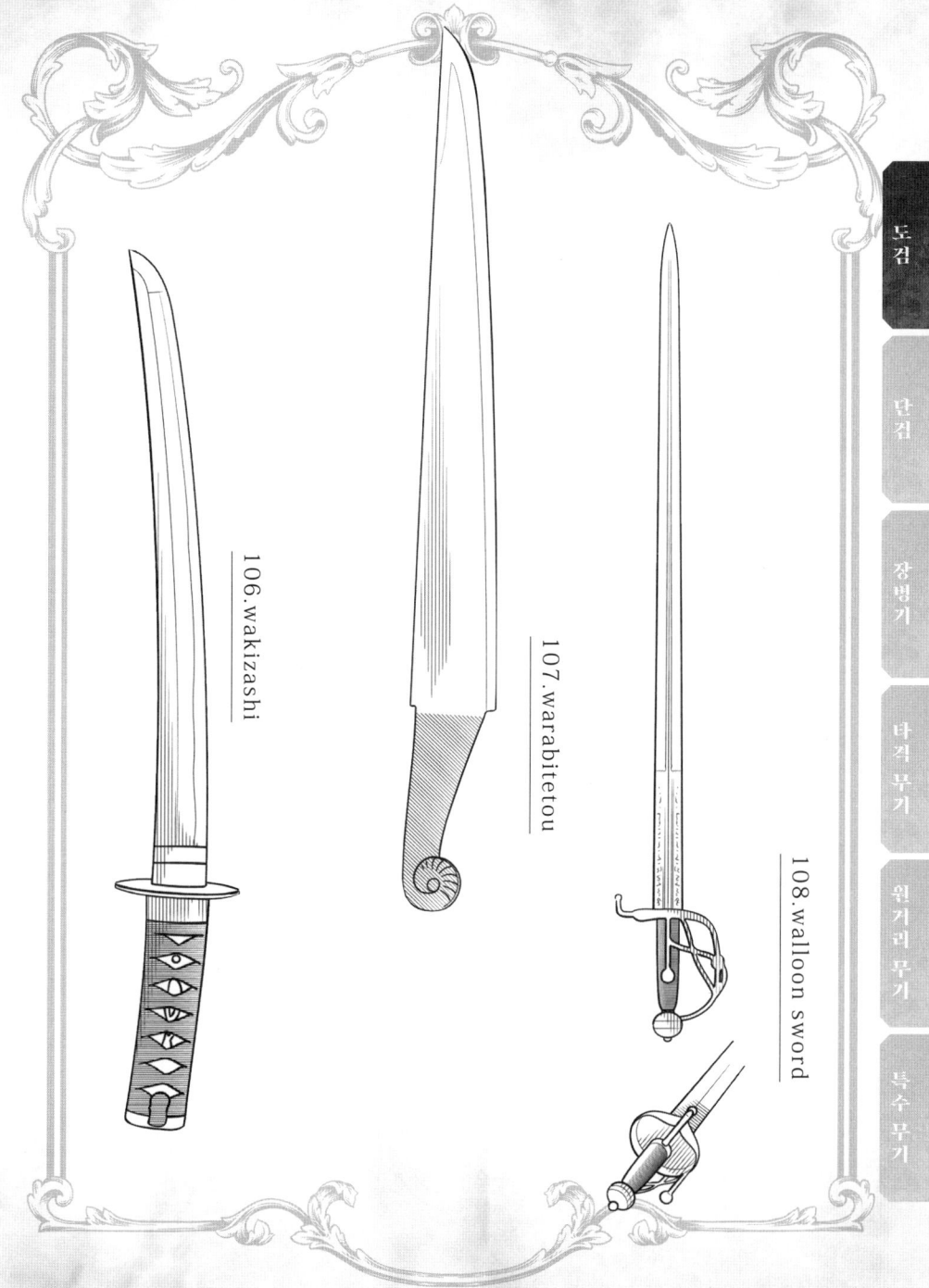

106. wakizashi
107. warabitetou
108. walloon sword

1장 | 도검

도검 도해

검
Sword

- ❶ 칼자루 | 힐트(hilt)
- ❷ 도신(=검신, 칼몸) | 블레이드(blade)
- ❸ 칼자루 끝 장식(=검파두식) | 폼멜(pommel)
- ❹ 손잡이 | 그립(grip)
- ❺ 날밑(=코등이, 칼밑) | 가드(guard)
- ❻ 포르테(forte)
- ❼ 포이블(foible)
- ❽ 칼끝(=도망) | 포인트(point)

스웹트 힐트
Swept Hilt

- Ⓐ 너클 가드(knuckle guard)
- Ⓑ 카운터 가드(counter guard)
- Ⓒ 암스 오브 더 힐트(arms of the hilt)
- Ⓓ 도신(=검신, 칼몸) | 블레이드(blade)
- Ⓔ 버튼(button)
- Ⓕ 폼멜(pommel)
- Ⓖ 그립(grip)
- Ⓗ 페룰(ferrule)
- Ⓘ 키용 블록(quillon block)
- Ⓙ 키용(quillon)

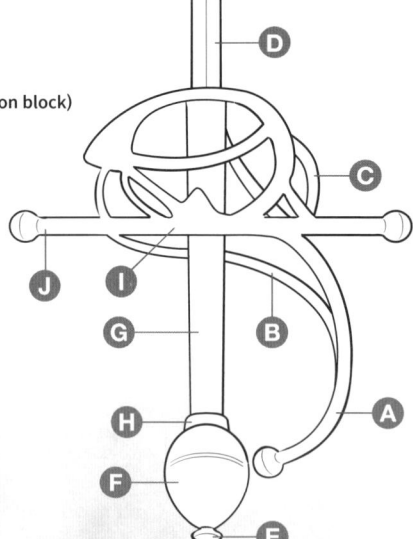
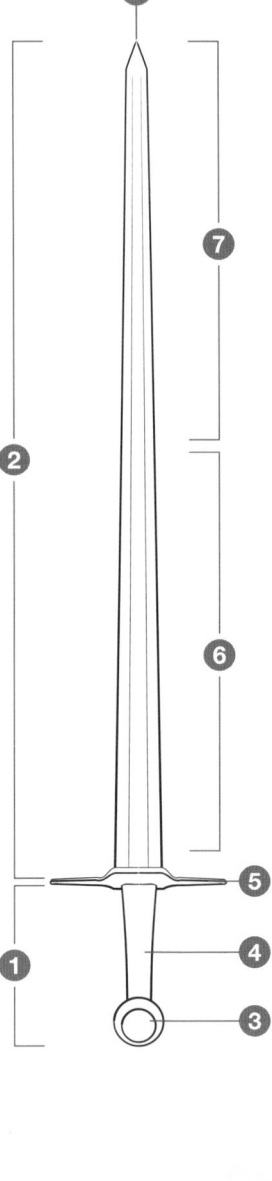

2장
단검

109 카타르

katar, kutar

- 길이: 35~40cm
- 중량: 0.35~0.4kg
- 시대: BC 4~AD 18세기
- 지역: 인도

카타르는 인도에서 사용하던 아주 오래된 단검이다. 하지만 서양에는 카타르가 자마다르(90p)를 가리키는 무기로 잘못 알려져 있다. 이는 유럽에 무굴 제국의 역사서 《악바르나마(Akbarnama)》가 전해질 때 카타르 삽화가 잘못 그려졌기 때문이다. 실제 카타르는 도신 중앙 부분이 볼록하고 포르테가 잘록한 검이다. 그리스의 크시포스(44p)가 원형으로 여겨진다.

110 쿠크리

khukuri, kukri, cookri, kookeri

- 길이: 45~50cm
- 중량: 0.6kg
- 시대: 연대 불명~현재
- 지역: 네팔

쿠크리는 네팔의 여러 고산 지대 부족들 병사를 일컫는 구르카가 사용한 것으로 유명한 외날 단검이다. 구르카 나이프라고도 불리며, 무기뿐만 아니라 벌목도로도 사용했다. 도신은 'ㅅ' 자 모양으로 휘어져 있고 안쪽에 날이 붙어 있다. 포르테에는 움푹 팬 부분이 있는데, 이를 통해 주술적인 효과를 얻어 검의 위력이 증가한다고 믿었다. 네팔에서는 매우 귀하게 여겨지는 물건으로, 재질과 장식이 신분을 나타내기도 했다. 현대에도 여러 국가에서 군용 검으로 사용하고 있으며, 싱가포르 경찰은 '구르카 부대'를 편성하고 있다.

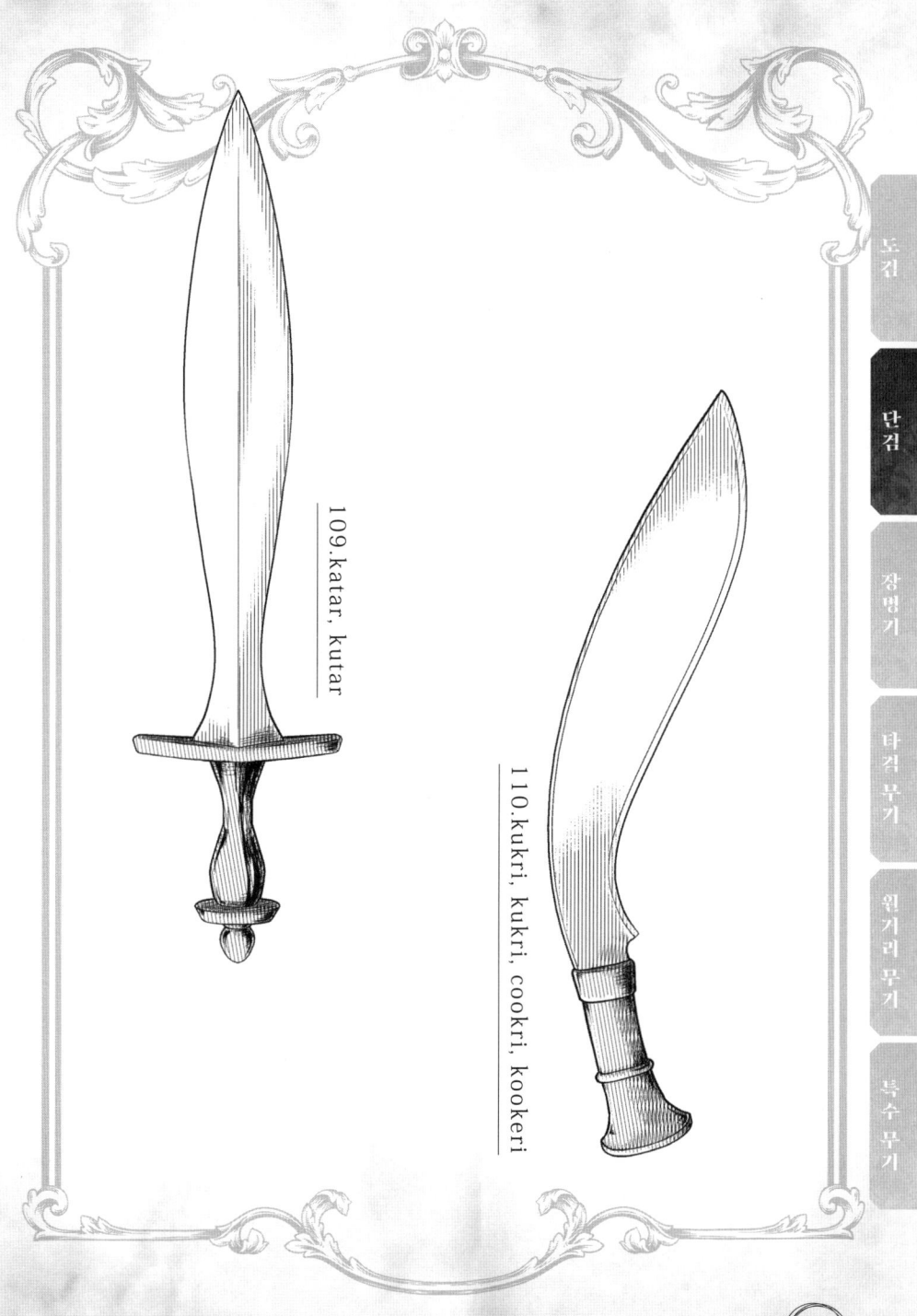

109. katar, kutar

110. kukri, kukri, cookri, kookeri

2장 | 단검

111 크리스

kris

- 길이: 40~60cm
- 중량: 0.5~0.7kg
- 시대: 8세기~현재
- 지역: 동남아시아

크리스는 말레이인이 사용하는 양날 단검으로, 파도처럼 물결치는 도신이 가장 큰 특징이다. 칼자루와 도신을 연결하는 부분이 가늘고, 도신은 넓으며 도신의 끝부분이 날밑을 겸하고 있다. 이 단검은 말레이인의 신화 및 주술과 깊은 관련이 있으며, 도신과 칼자루에 새겨진 복잡한 장식이 재앙을 막아 준다 생각해 매우 귀하게 여겨졌다. 왕실 소유품 중 금이나 상아를 사용한 것이 전해지고 있다. 인도네시아의 무술 '실랏(Silat)'에서도 사용되며, 세계에서 가장 정교한 무기로 여겨진다.

112 자마다르

jamadhar

- 길이: 30~70cm
- 중량: 0.3~0.8kg
- 시대: 14~19세기
- 지역: 인도

자마다르는 인도 무슬림들이 사용하던, 주먹을 쥐는 형태로 착용하는 특수한 무기다. 찌르기, 베기 둘 다 가능했다. 마라타족의 검인 파타(20p)의 원형으로 여겨진다. 손잡이는 2개의 금속 막대 사이에 있으며, 이 금속 막대로 상대의 공격을 방어할 수 있었다. 또한 날이 흔들리거나 미끄러지는 것을 방지하기 위해 손잡이를 2개로 만든 것도 있다. 도신은 양날이고 포르테가 넓다. 도신이 2갈래, 혹은 3갈래로 갈라진 것도 있었다.

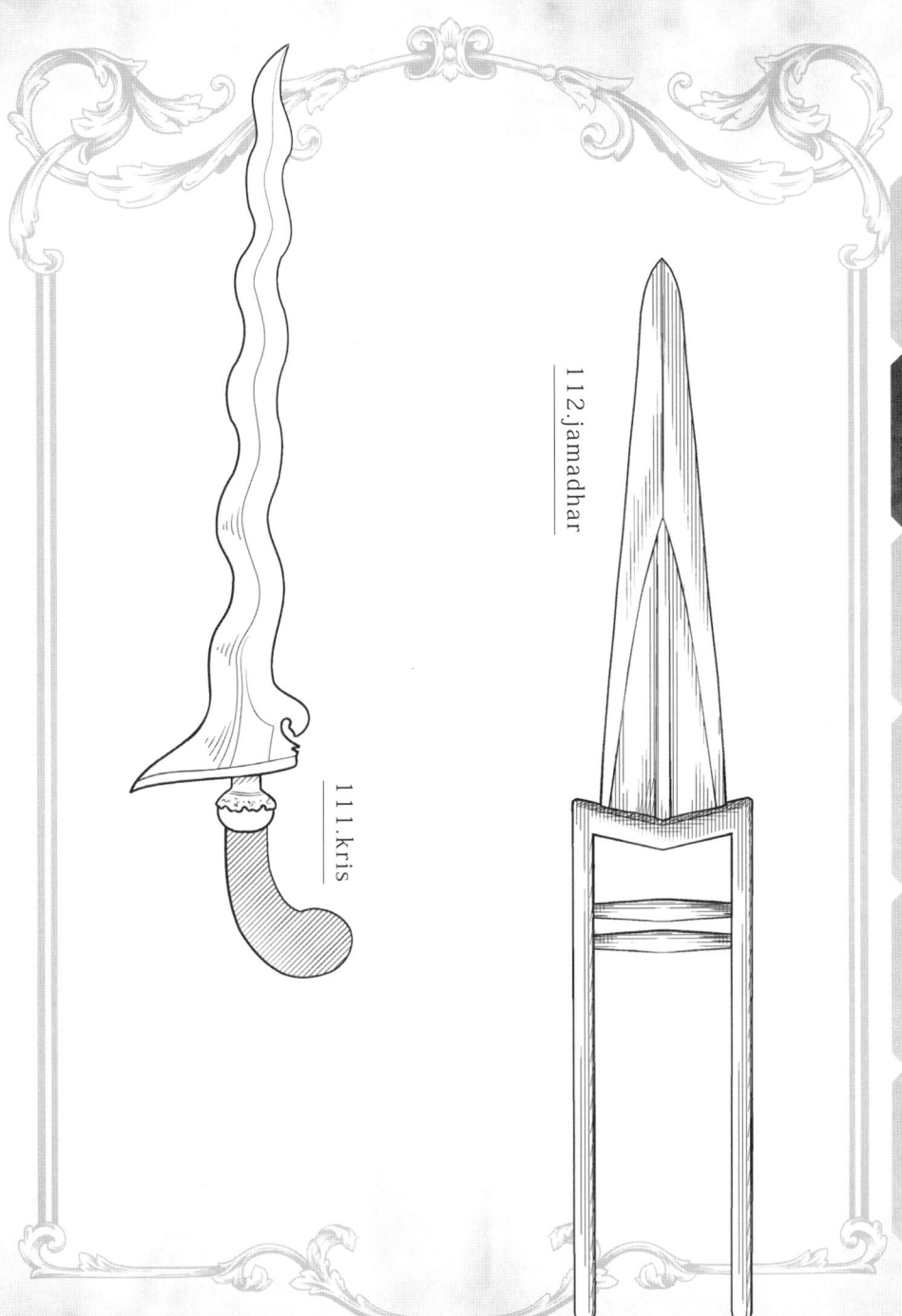

113 스틸레토

stiletto, stylet

- 길이: 20~30cm
- 중량: 0.1~0.3kg
- 시대: 16~19세기
- 지역: 유럽

스틸레토는 16세기부터 19세기까지 이탈리아 등에서 사용한 가늘고 긴 원뿔 모양의 단검이다. 날은 달려 있지 않고, 끝이 매우 날카로워 찌르기에 특화되어 있다. 가죽 갑옷이나 체인 메일에 매우 효과적이며, 전장에서는 상대를 밀쳐 넘어뜨린 후에 최후의 일격을 가하는 데 사용했다. 매우 작아 상대에게 들키지 않고 접근할 수 있어 암살용으로 사용했다. 이런 위험성 때문에 여러 차례 시가지에서 휴대가 금지된 적이 있었다고 한다.

114 소드 브레이커

sword breaker

- 길이: 25~35cm
- 중량: 0.2~0.3kg
- 시대: 17~18세기
- 지역: 유럽

소드 브레이커는 이름 그대로 상대의 검을 파괴하는 무기다. 스페인과 이탈리아에서 발달했다. 일반적으로 알려진 것은 빗살 모양의 요철이 칼등에 달린 직검으로, 가느다란 검의 도신을 요철 사이에 끼워서 부러뜨리는 것이 목적이다. 주로 방어를 목적으로 왼손에 들었다. 화기의 발달로 갑옷이 소용없어지자 보병들은 갑옷을 벗고 기동성에 치중하게 되었는데, 소드 브레이커는 이때 방패 대신 사용된 것으로 보인다. 비슷한 목적으로 사용된 무기로는 더 복잡한 형태의 망고슈(100p)가 있다.

113.stiletto, stylet

114.sword breaker

2장 | 단검

115 대거

dagger

- 길이: 30cm 정도
- 중량: 0.2kg 정도
- 시대: 11~20세기
- 지역: 유럽 전역

대거는 서양에서 양날 단검 전반을 일컫는 총칭이다. 외날의 경우, 대체로 나이프로 분류된다. 중세에 전신 갑옷을 입은 기사들을 상대할 때 쓰러뜨린 후 대거로 마무리를 하는 전법이 효과적이었다. 시대가 흘러 갑옷이 경량화된 이후에도 평상시에 호신용 등으로 널리 사용되었다. 주로 찌르기에 특화되어 있다. 어원은 라틴어 다카엔시스(dacaensis)로 '다키아 사람의 검'이라는 뜻이다.

116 친퀘디아

cinquedea, sangdede

- 길이: 40~60cm
- 중량: 0.6~0.9kg
- 시대: 13~15세기
- 지역: 유럽

친퀘디아는 르네상스 시대 이탈리아에서 사용된 양날 단검이다. 친퀘디아는 이탈리어로 '다섯 손가락'이라는 뜻인데 이름 그대로 다섯 손가락을 모은 것처럼 폭이 넓은 도신이 특징이다. 칼끝에서 칼자루를 향해 날이 '山' 모양으로 넓어지며, 도신에는 장식용 홈이 몇 개 나 있다. 피라미드 모양 홈이 일반적이지만, 일부는 일직선으로 홈이 5줄이나 있는 것도 있다. 홈 외에도 화려한 이탈리아 르네상스 시대에 어울리는 도신에 다양한 상감과 장식을 새겨 넣었다.

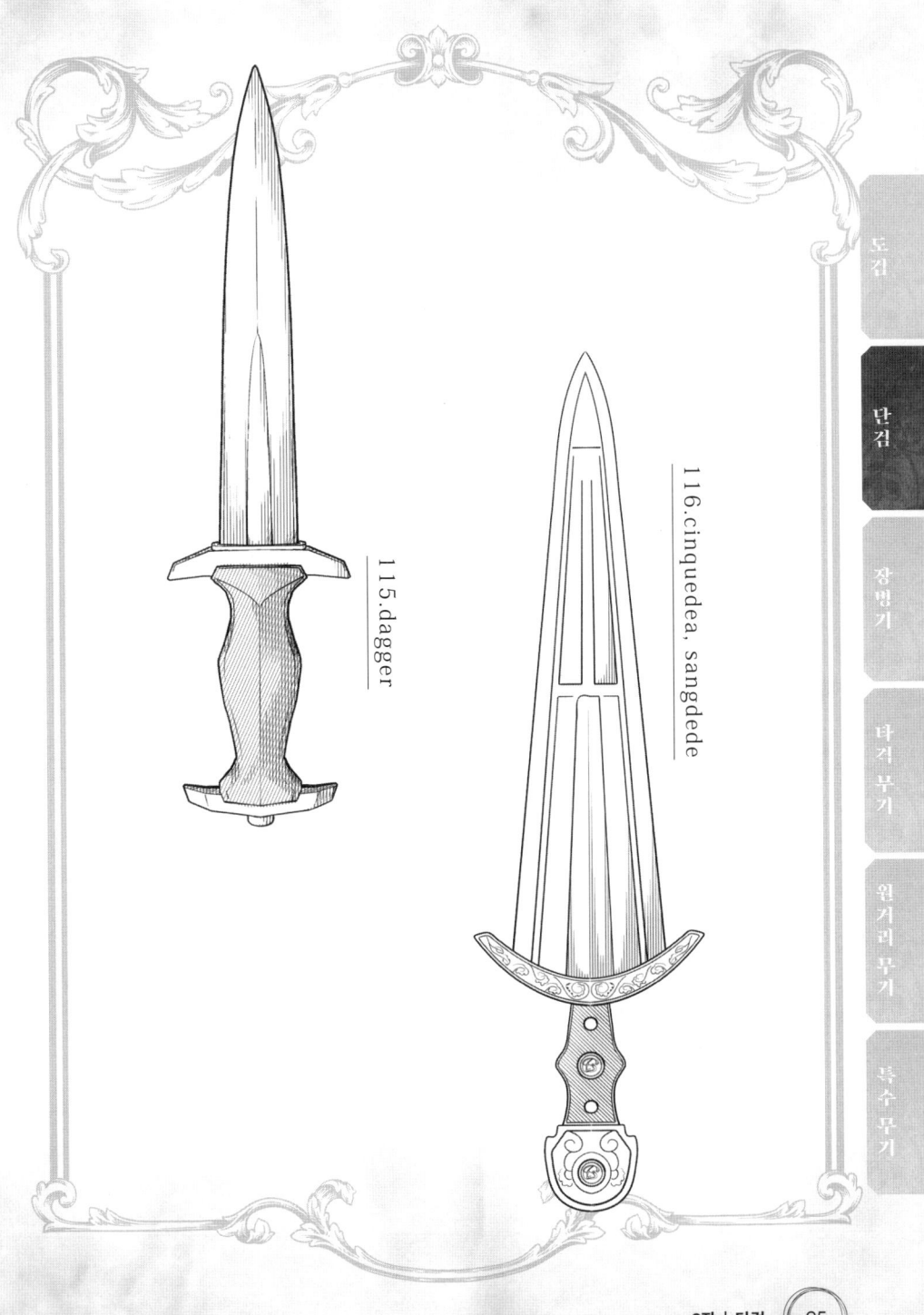

117 할라디

haladie

- 길이: 25~35cm
- 중량: 0.2~0.3kg
- 시대: 15~18세기
- 지역: 인도

할라디는 인도의 라지푸트(Rajput)족이 사용하던 단검이다. 휘어진 2개의 도신이 서로 반대 방향으로 결합되어 있고, 칼자루가 중앙에 있는 특수한 형태다. 칼집도 2개가 있어 날을 따따로 집어넣었다. 사인티(268p)처럼 손을 보호하는 고리와 칼자루의 날이 더 튀어나온 것이나 톱날이 달린 것도 있다. 라지푸트족은 12세기에 이슬람교도에게 쫓겨났는데, 이를 계기로 할라디가 이슬람 세계에도 알려져 이후 시리안 나이프라는 이름으로 퍼지게 되었다.

118 패링 대거

parrying dagger

- 길이: 30~40cm
- 중량: 0.3~0.4kg
- 시대: 15~18세기
- 지역: 유럽

패링 대거는 주로 급작스러운 전투에서 방패 대신 사용한 단검이다. 소드 브레이커(92p)나 망고슈(100p)와 같이 방어용으로 사용되었다. 주로 왼손으로는 패링 대거를 다루고 오른손에는 레이피어(24p) 등 검을 들었다. 검을 막기 쉽도록 날밑이 갈고리 모양으로 되어 있다. 일부는 검이 3갈래로 갈라진 구조의 것도 있는데, 이 역시 검을 끼워서 부러뜨리는 등의 효과를 기대한 것으로 보인다.

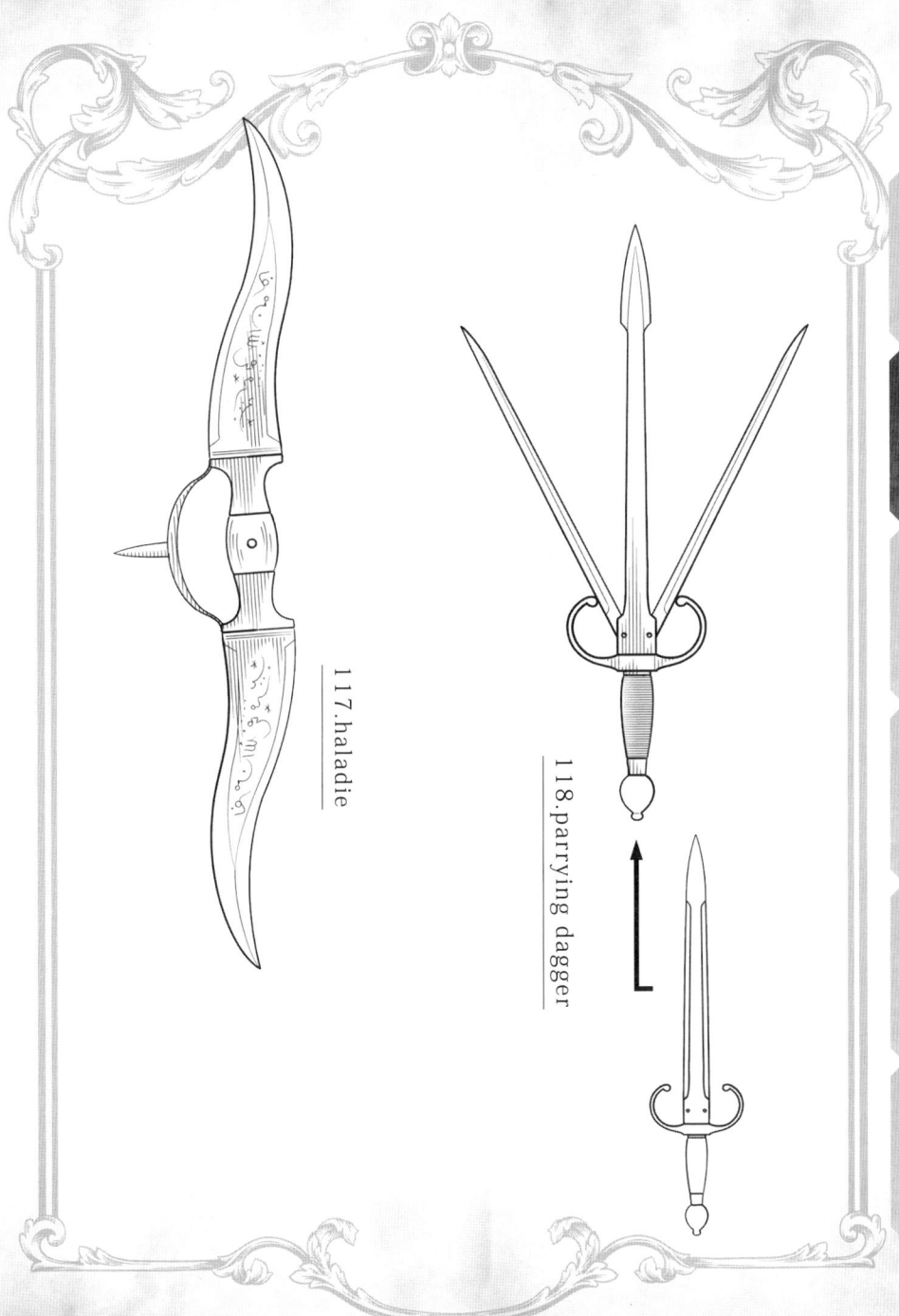

117.haladie

118.parrying dagger

119 비수(匕首)

hishu, bishou

- 길이: 30~45cm
- 중량: 0.1~0.2kg
- 시대: 하~청(BC 21~AD 20세기)
- 지역: 중국

비수는 중국에서 사용하던 단검이다. 고대에는 청동으로 만들어졌고 전국시대부터 강철로 만들어졌다. 직검으로, 칼자루를 만들어 검의 형태를 갖춘 것과 단순히 끈이나 천을 감아 만든 것이 있다. 칼자루가 없는 것은 칼자루 끝 장식에 고리가 있는 경우도 있는데, 이 고리에 천을 달아 상대의 시선을 뺏었다. 날밑은 없거나 도신 끝부분이 약간 튀어나온 정도이다. 찌르는 것이 일반적이지만 던지는 경우도 있었다. 비수는 암기(暗器)의 왕이라 불리기도 하는데 많은 주요 인물이 비수에 의해 목숨을 잃었다.

120 비츠와

bichwa

- 길이: 30~35cm
- 중량: 0.3~0.4kg
- 시대: 15~16세기
- 지역: 인도 중부

비츠와는 인도 중부 드라비다인(Dravida)의 단검이다. 물소의 뿔을 뾰족하게 깎아서 만든 무기다. 비츠와는 '전갈의 꼬리'라는 뜻으로 이는 'S' 자형으로 휘어진 모양을 가리킨다. 손잡이는 고리 모양으로 주먹을 감싸는 형태이다. 서양에서는 혼 대거(horn dagger)라고 불렀다. 비츠와의 디자인을 이어받아 금속으로 만든 비추와(118p)가 있다. 찌르기에 특화된 비츠와와 달리 비추와는 날이 달려 있어 베기도 가능하다. 현재는 비추와가 더 일반적이다.

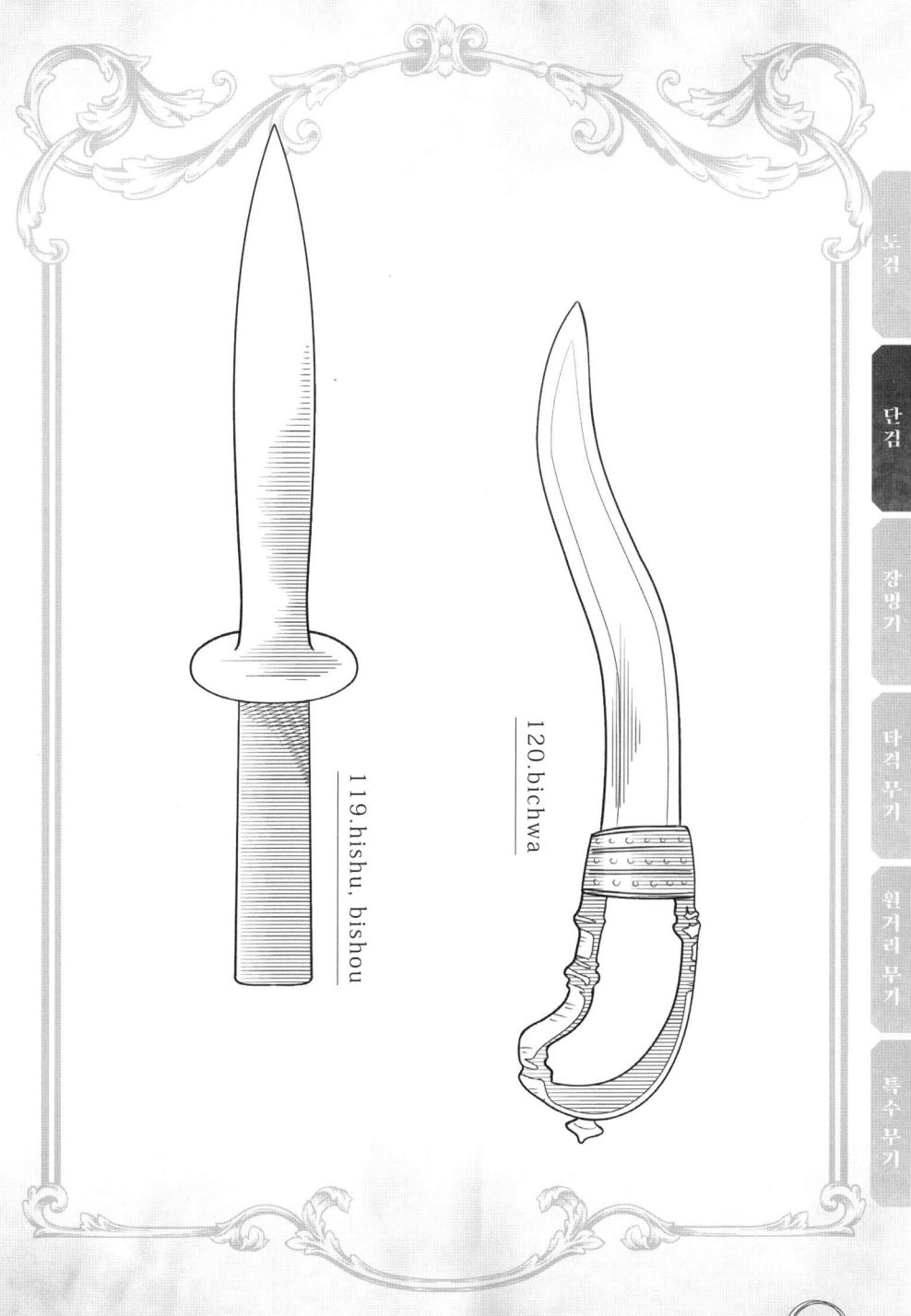

119. hishu, bishou
120. bichwa

2장 | 단검

121 망고슈

main gauche

- 길이: 30~40cm
- 중량: 0.2~0.4kg
- 시대: 15~18세기
- 지역: 유럽

망고슈는 왼손으로 사용하는 단검으로 프랑스어로 '왼손'을 뜻한다. 소드 브레이커(92p)나 패링 대거(96p)와 같이 방어용으로 사용되었다. 날밑이 옆으로만 넓게 퍼지거나 주먹을 덮는 부분을 크게 만든 모양이 특징이다. 포르테에 소드 브레이커(92p)와 같은 빗살 모양의 요철이 있는 것, 스프링 장치를 통해 도신이 3갈래로 갈라지는 것, 날밑에 여러 개의 훅이 달린 것 등이 있다. 오른손에 검을 들고, 왼손에 소드 브레이커, 패링 대거, 망고슈 등을 드는 이도류 스타일은 자세를 좌우로 전환할 수 있다는 장점이 있었다.

122 메일 브레이커

mail breaker

- 길이: 30~40cm
- 중량: 0.2~0.3kg
- 시대: 15~17세기
- 지역: 유럽

메일 브레이커는 르네상스 시대에 유럽에서 탄생한 단검이다. 이름 그대로 갑옷을 관통하기 위한 무기로 가죽 갑옷이나 체인 메일 유형의 갑옷에 효과적이었다. 삼각뿔이나 사각뿔 모양의 날을 가진 것과 끝부분만 뾰족한 것이 있지만, 초기에는 끝부분이 양날로 된 것이 주류였다. 갈고리 모양으로 넓게 퍼진 날밑을 가진 메일 브레이커도 발견된다. 이는 방어용이 아니라 더 깊이 찌르고, 찌른 후에는 쉽게 빼낼 수 있도록 고안된 것으로 보인다.

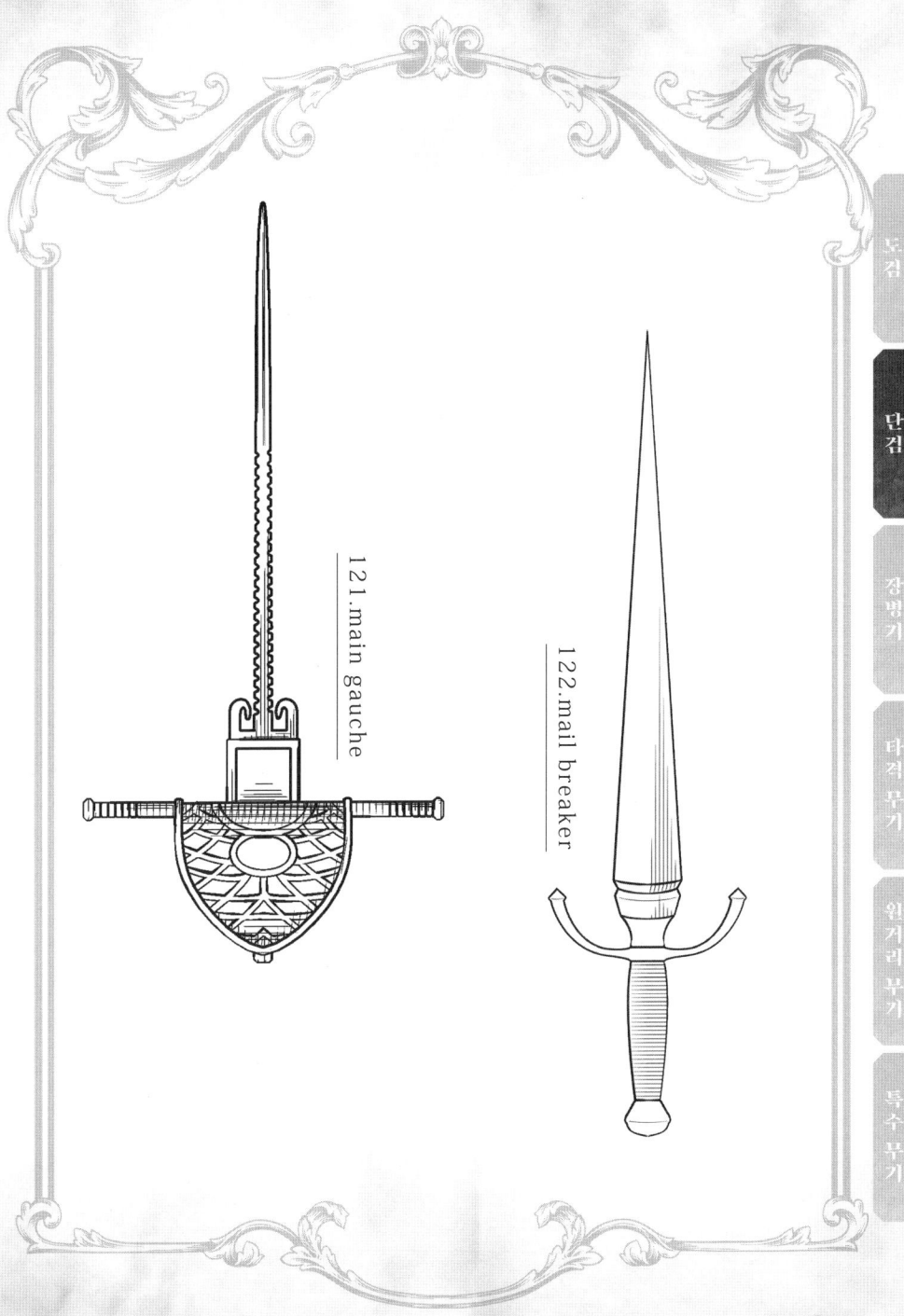

123 안테니 대거
antennae dagger

- 길이: 30cm
- 중량: 0.25kg
- 시대: 13~14세기
- 지역: 유럽

안테니 대거는 13세기부터 14세기에 유럽에서 사용하던 단검이다. 날카로운 끝을 가진 단순한 직검으로, 날밑은 작고 단순하다. 가장 큰 특징은 'C'자 또는 'W'자 모양의 칼자루 끝 장식이다. 이것이 '더듬이(antennae)'를 닮았다는 것이 이름의 유래라는 설이 있다.

124 이어드 대거
eared dagger, estradiot, stradiot

- 길이: 20~30cm
- 중량: 0.25~0.4kg
- 시대: 14세기
- 지역: 유럽

이어드 대거는 동방에서 유래되어 이슬람권을 통해 서양으로 들어간 단검이다. 양날이지만 포르테 부분의 한쪽만 넓다. 날밑은 없고, 대신 원반 모양의 미끄럼 방지판이 달려 있다. 칼자루 끝 장식이 좌우로 나뉘어 있는데, 거꾸로 잡을 때는 여기에 엄지손가락을 얹어서 사용했다. 칼자루 끝 장식이 마치 귀처럼 보여 이름의 유래가 되었다.

125 이쿨
ikul

- 길이: 30~40cm
- 중량: 0.3~0.4kg
- 시대: 17~19세기
- 지역: 아프리카 북부

이쿨은 쿠바 왕국의 부숑족이 사용하던 금속 단검이다. 의례용으로 사용되며, 족장이 왼손에 쥐는 것이 관례였다. 도신은 넓고 포르테가 잘록하며 도신 중앙 부분이 굵다. 굴곡진 곡선을 따라 홈이 새겨져 있다. 날밑은 없고, 칼자루 끝 장식은 큰 구형이다.

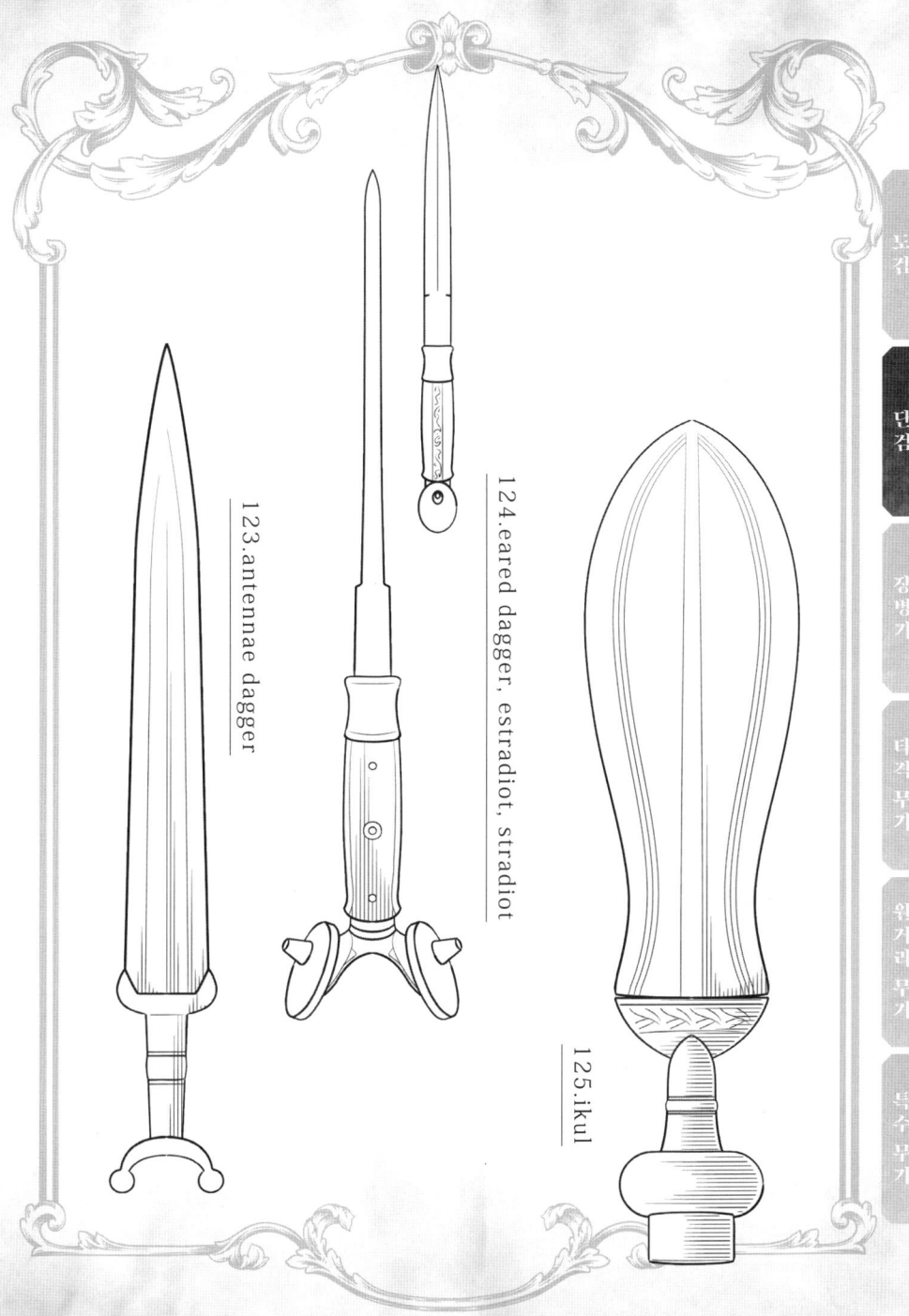

126 웨둥

wedung, wedong

- 길이: 20~30cm
- 중량: 0.25~0.3kg
- 시대: 14~19세기
- 지역: 동남아시아

웨둥은 자바의 왕자만이 소지할 수 있는 단검이다. 의례용으로 왕자가 검을 소지하는 것은 왕권이 백성을 통치하고 있음을 알리는 의미가 있었다. 거푸집에 금속을 붓는 주조로 만들어졌으며, 날밑과 칼자루 머리가 없는 단순한 단검이다. 도신은 외날로, 도끼와 비슷한 모양이다. 웨둥을 휴대하는 벨트만 다소 화려하게 상아나 은으로 장식했다.

127 키드니 대거

kidney dagger

- 길이: 20~30cm
- 중량: 0.4~0.5kg
- 시대: 14세기
- 지역: 유럽

키드니 대거는 발록 나이프(122p)의 일종으로 중세 기사들이 소지하던 단검이다. 양날 직검으로, 갑옷 틈새로 상대를 찌르는 것이 목적이었다. 날밑에 있는 2개의 구 모양은 고환을 나타내는 것으로, 발록 나이프의 상징이다. 한편 이름에 들어가는 키드니(kidney)는 '신장'이라는 뜻으로, 빅토리아 시대에 고환이라는 뜻을 가진 '발록'을 입에 담기 어려워 비슷하게 생긴 신장을 이름으로 부른 것으로 보인다.

128 킨드자르

kindjal, khanjali

- 길이: 30~55cm
- 중량: 0.4~0.6kg
- 시대: 15~19세기
- 지역: 동유럽

킨드자르는 코카서스 지방에서 사용하던 단검이다. 중동에서 사용하는 검을 참고하여 만들어졌다. 도신이 넓은 양날 직검으로, 도신에는 적의 죽음을 기원하는 문구와 기호가 새겨져 있다. 칼자루는 나무나 상아를 사용하며, 표면은 금속으로 얇게 코팅되어 있다. 칼자루 끝 장식은 크고 아름답게 장식되어 있고, 칼집에 은을 사용하여 호화롭게 만들어진 것도 발견된다.

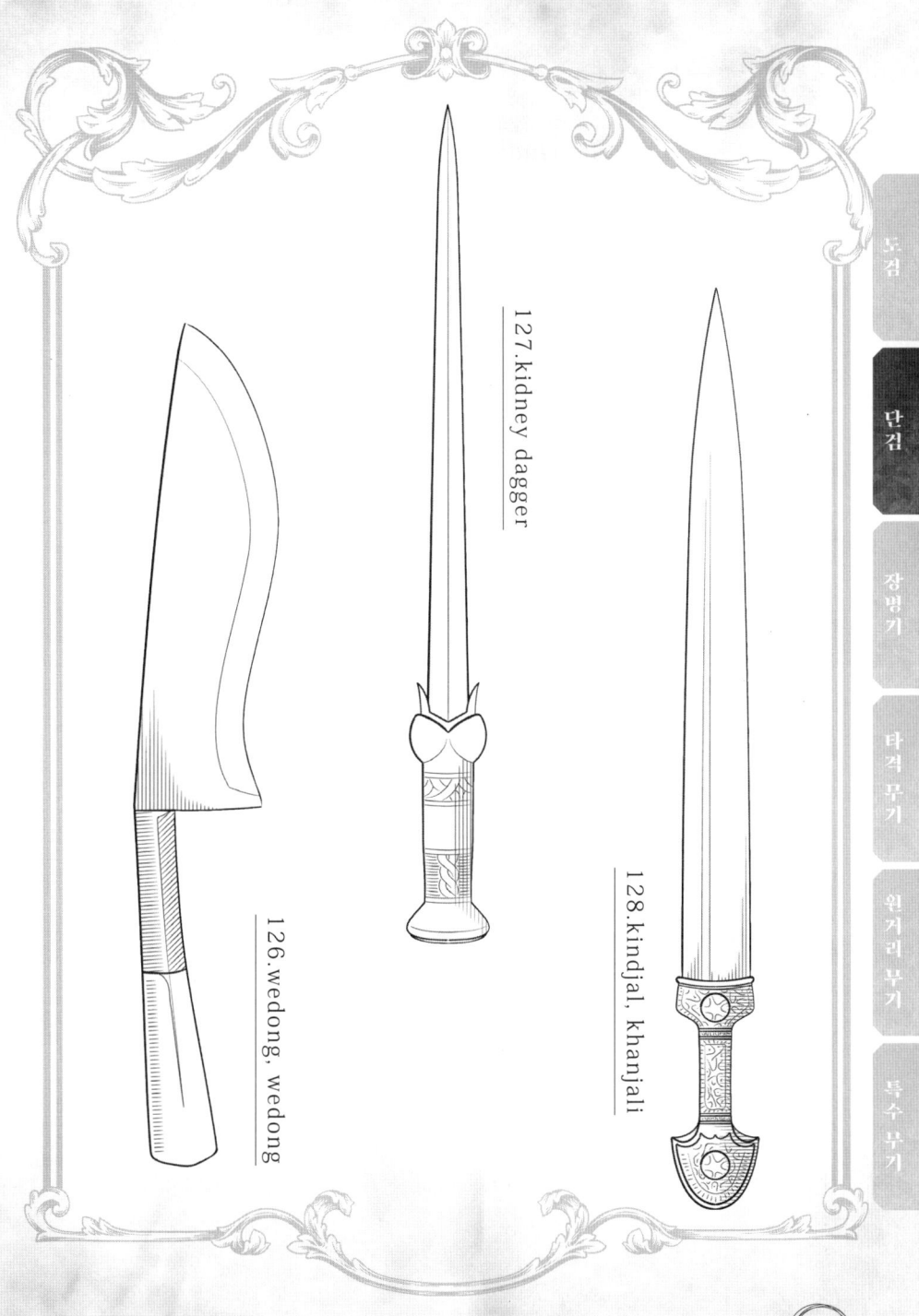

129 칸자르
khanjar, kanjal, handschar, kantschar

- 길이: 30~40cm
- 중량: 0.2~0.3kg
- 시대: 12~19세기
- 지역: 중동

칸자르는 16~18세기에 페르시아, 인도, 구 유고슬라비아 등에서 사용하던 단검이다. 아랍어로 '고기를 자르는 나이프'라는 뜻이다. 날카로운 칼끝, 'S' 자로 휘어진 도신이 특징이다. 문양이 새겨져 있고, 칼자루에 상아나 크리스탈을 사용하여 호화롭게 만들어진 것도 있었다. 18세기경부터 왕족이나 귀족이 호신용으로 휴대하기 시작했다.

130 카마
qama, khama

- 길이: 25~30cm
- 중량: 0.2~0.3kg
- 시대: 16~18세기
- 지역: 동유럽

카마는 조지아인(Georgia)이 사용하던 단검이다. 외형은 거의 소형화된 킨드자르(104p)와 비슷하지만, 칼자루 끝 장식이 둥글고 작다는 차이가 있다. 조지아인들은 적대 세력이 사용하던 킨드자르를 바탕으로 이 검을 만들었다. 이후 킨드자르와 함께 코카서스 지방의 고유한 검으로 인도 등 아시아 국가에 알려지게 되었다.

131 코람비
korambi

- 길이: 15~20cm
- 중량: 0.1kg 정도
- 시대: 16~20세기
- 지역: 동남아시아

코람비는 수마트라, 술라웨시섬 등에서 사용하던 낫 모양 단검이다. 다만 낫과는 달리 도신 바깥쪽에 날이 있다. 이러한 형태는 상대를 베는 것뿐만 아니라 찔러서 헤집을 수 있었다. 칼자루 끝 장식에는 구멍이 뚫려 있어 끈을 끼워 넣었다. 거의 비슷한 모양의 카람빗(karambit) 나이프는 이 구멍에 손가락을 끼워 거꾸로 잡고 사용한다.

132 색스

sax

- 길이: 30~40cm
- 중량: 0.2~0.3kg
- 시대: BC 5~AD 10세기
- 지역: 서유럽

색스는 색슨족 고유의 외날 단검으로 장검과 함께 허리에 차고 다녔다. 칼등에 칼날이 있고, 도신이 안쪽으로 휘어졌다. 칼자루는 나무나 상아 등으로 만들어졌으며, 날밑과 칼자루 머리가 없는 것이 많다. 색슨족 전사가 사망하면 이 단검을 부장품으로 함께 묻었다. 청동기 시대부터 철기 시대까지 계속 사용되었고, 이후 야영할 때 사용하는 단검으로 기사들에게 보급되었다.

133 시카

sica

- 길이: 20~30cm
- 중량: 0.2~0.4kg
- 시대: BC 6~BC 1세기
- 지역: 고대 그리스

시카는 고대 그리스 트라키아에서 일리리아 지방에 이르는 지역에서 탄생한 외날 단검이다. 칼끝이 날카롭고, 휘어진 도신 안쪽에 칼날이 있었다. 칼날의 형태는 코피스(42p)와 공통점이 있다. 시카라는 이름에는 야만적이고 무서운 무기라는 이미지가 있으며 유대교 과격파 시카리(Sicarii)파는 두려움의 대상이 되었다.

134 잠비야

jambiya, jumbeea, jambiyah

- 길이: 20~30cm
- 중량: 0.2~0.3kg
- 시대: 17~현재
- 지역: 중동

잠비야는 아랍에서 유래하여 튀르키예와 인도까지 널리 퍼진 휘어진 양날 단검이다. 날 중앙에 홈을 내기도 했다. 칼집은 금이나 은으로 장식되어 있으며, 칼자루에는 기린의 뿔이 자주 사용되었다. 잠비야를 소지하는 것은 명예의 상징으로 아랍 민족에게 중요한 의미를 지녔다. 할례나 결혼과 같은 의례를 치를 때 사용되었다.

132.sax
133.sica
134.jambiya, jumbeea, jambiyah

135 지라흐 보크
zirah bouk, zirah bonk

- 길이: 15~25cm
- 중량: 0.1~0.2kg
- 시대: 16~18세기
- 지역: 중동

지라흐 보크는 페르시아에서 사용하던 단검이다. 포이블은 양날로 되어 있고, 단면은 마름모꼴이다. 위를 향한 날카로운 칼끝은 찌르기에 특화되어 있다. 칼자루는 날밑이나 칼자루 끝 장식이 없는 단순한 형태이다. 지라흐 보크는 '갑옷을 관통한다'라는 뜻으로 체인 메일이나, 플레이트 메일의 이음새를 공격하기 용이했다.

136 더크
dirk

- 길이: 15~25cm
- 중량: 0.25~0.4kg
- 시대: 15세기~현재
- 지역: 영국

더크는 스코틀랜드 고원지대의 민족이 사용하던 단검이다. 외날, 양날 모두 있으며, 한쪽 날에 톱니 모양의 홈이 있는 것도 있다. 칼자루는 참나무 상아 등으로 만들어졌으며, 가죽으로 감싸기도 했다. 칼자루 끝 장식은 둥그스름한 그릇 모양이 일반적이다. 생활용이나 호신용으로 사용되었다. 영국을 비롯한 각국 해군의 군용 검으로 사용되었다.

137 단토
tantou

- 길이: 30cm 이하
- 중량: 0.3kg 정도
- 시대: 고훈~에도(3~19세기)
- 지역: 일본

단토는 30cm 이하의 일본에서 사용한 단검이다. 주머니에 넣고 다녀 '품고 다니는 칼'이라는 뜻의 회검(懷劍)이라고도 한다. 가마쿠라 시대의 사스가(刺刀), 전국시대의 다치(太刀), 메테사시(馬手差) 등이 이에 포함된다. 여성의 호신용이나 농부들이 들판에서 사용하는 도구로도 이용되었다.

135. zirah bouk, zirah bonk
136. dirk
137. tantou

2장 | 단검 111

138 초퍼
chopper

- 길이: 50~65cm
- 중량: 0.3~0.5kg
- 시대: BC 3~AD 18세기
- 지역: 인도 남부

초퍼는 인도 남부에서 사용하던 독특한 모양의 날을 가진 단검이다. 생김새는 낫과 비슷하지만 일정한 형태는 없다. 원래는 무기가 아니라 밀림에서 쓰이는 벌목도였다. 오랜 전통과 역사를 간직한 검이었지만, 19세기 들어 영국이 인도를 지배하면서 야만적인 무기로 간주되었다.

139 추라
choora, charay, chhura

- 길이: 20~30cm
- 중량: 0.1~0.2kg
- 시대: 14~20세기
- 지역: 남아시아

추라는 남아시아 지방에서 사용하던 단검이다. 아프가니스탄 북동부와 파키스탄 북서부 사이에 있는 카이베르 고개 주변에 사는 마수드족이 사용했다. 외날이며 날카로운 칼끝을 가지고 있고 도신은 매우 가늘다. 포르테는 금속으로 만들어졌으며, 거푸집에 금속을 붓는 주조로 만들어진 것도 있다. 갈고리 모양의 칼자루 끝 장식은 나무나 동물의 뿔 등으로 만들어졌으며, 칼날 쪽으로 거의 직각으로 구부러져 있다.

140 칠라눔
chilanum

- 길이: 30~40cm
- 중량: 0.3~0.4kg
- 시대: 16~19세기
- 지역: 인도

칠라눔은 16세기 무굴 제국의 장교들이 사용하던 양날 단검이다. 도신은 포르테가 넓고 곡선으로 뻗어 있다. 칼자루는 가운데가 가늘고 잘록하며, 칼자루 끝 장식은 좌우로 넓게 퍼진 형태로 한쪽이 날밑과 연결되어 주먹을 보호한다. 무굴 제국과 적대했던 마라타 왕국 등에서도 만들어졌는데, 이들 중에는 날이 'S' 자 모양으로 휘어진 것도 있다.

138.chopper

139.choora, charay, chhura

140.chilanum

2장 | 단검　113

141 텔레크
telek

- 길이: 30~45cm
- 중량: 0.2~0.25kg
- 시대: 11~20세기
- 지역: 아프리카 북부

텔레크는 사하라 사막의 유목민 투아레그족이 사용하던 단검이다. 가늘고 긴 양날 직검으로, 칼자루 끝 장식이 '십자(十)'형으로 되어 있는 것이 특징이다. 이는 언뜻 보면 날밑처럼 보이지만, 실제로는 검지와 중지 사이에 칼자루를 끼우고 가로로 뻗은 막대를 쥐고 찌르기에 특화된 모양이다. 칼집은 보통 금속이나 가죽으로 만든 벨트를 이용해 팔에 장착했다.

142 노바쿨라
novacula

- 길이: 20~30cm
- 중량: 0.3~0.5kg
- 시대: BC 7~BC 5세기
- 지역: 고대 지중해 지방

노바쿨라는 고대 키프로스섬에서 사용하던 청동 단검이다. 낫 모양 검으로 도신 안쪽에 칼날이 있었고, 도신과 칼자루가 거푸집에 금속을 붓는 주조로 만들어졌다. 손잡이 부분에 가죽 등을 감아 사용했을 것으로 추정된다. 걸거나 휘두르는 공격에 적합했다. 평소에는 낫과 같이 사용한 것으로 보인다.

143 바타도
batardeau

- 길이: 20~30cm
- 중량: 0.1~0.15kg
- 시대: 16세기
- 지역: 이탈리아

바타도는 이탈리아 기사들이 사용하던 단검이다. 찌르기에 특화되어 있다. 끝이 날카로운 양날 단검으로, 날밑은 없다. 부채꼴 모양의 칼자루 끝 장식이 특징이다. 칼집 바깥쪽에 부착하는 주머니가 있어 그곳에 수납했다. 바타도는 전장에서 치명적인 상처를 입은 상대를 죽이기 위해 사용되었다. 이로 인해 사람들은 바타도를 신성한 무기로 여겨 눈에 띄는 장식도 많다.

144 푸르바

phurba, phurbu

- 길이: 20~30cm
- 중량: 0.2~0.3kg
- 시대: 13~20세기
- 지역: 티베트

푸르바는 티베트에서 사용하던 단검이다. 도신은 화살촉과 같은 입체적인 형태를 하고 있으며, 서너 장의 날을 칼등끼리 이어 붙인 형태이다. 칼자루와 칼자루 끝 장식에는 용이나 부처 등을 닮은 장식이 있다. 무기나 도구가 아닌 부적으로 악귀를 물리친다고 믿었다. 일본에서는 밀교의 법구인 귀면금강저(鬼面金剛杵)가 거의 비슷한 외형으로 전해지고 있다.

145 바데바데

bade-bade, battig, roentjau

- 길이: 25~35cm
- 중량: 0.2~0.3kg
- 시대: 15~19세기
- 지역: 동남아시아

바데바데는 말레이인이 사용하던 외날 단검이다. 가느다란 도신은 포르테가 약간 넓고 안쪽으로 약간 휘어져 있다. 칼자루는 날과 반대 방향으로 'ㄱ' 자 모양으로 구부러져 있어 손으로 쥐기 쉬우며, 칼자루 무게를 이용해 무게중심을 잡았다.

146 파나바스

panabas, nawi

- 길이: 50~60cm
- 중량: 0.3~0.4kg
- 시대: 17~20세기
- 지역: 동남아시아

파나바스는 필리핀 모로족이 사용하는 벌목도이다. 풀이나 나무를 베기 쉬운 낫과 같은 모양이다. 다만, 낫과 달리 양날이며, 사각형 모양의 칼끝에도 날이 달려 있다. 칼자루는 길게 만들어져 있는데, 이는 양손으로 잡기 위해서가 아니라 끝부분을 잡고 휘두를 때 큰 원심력을 얻기 위한 모양이다.

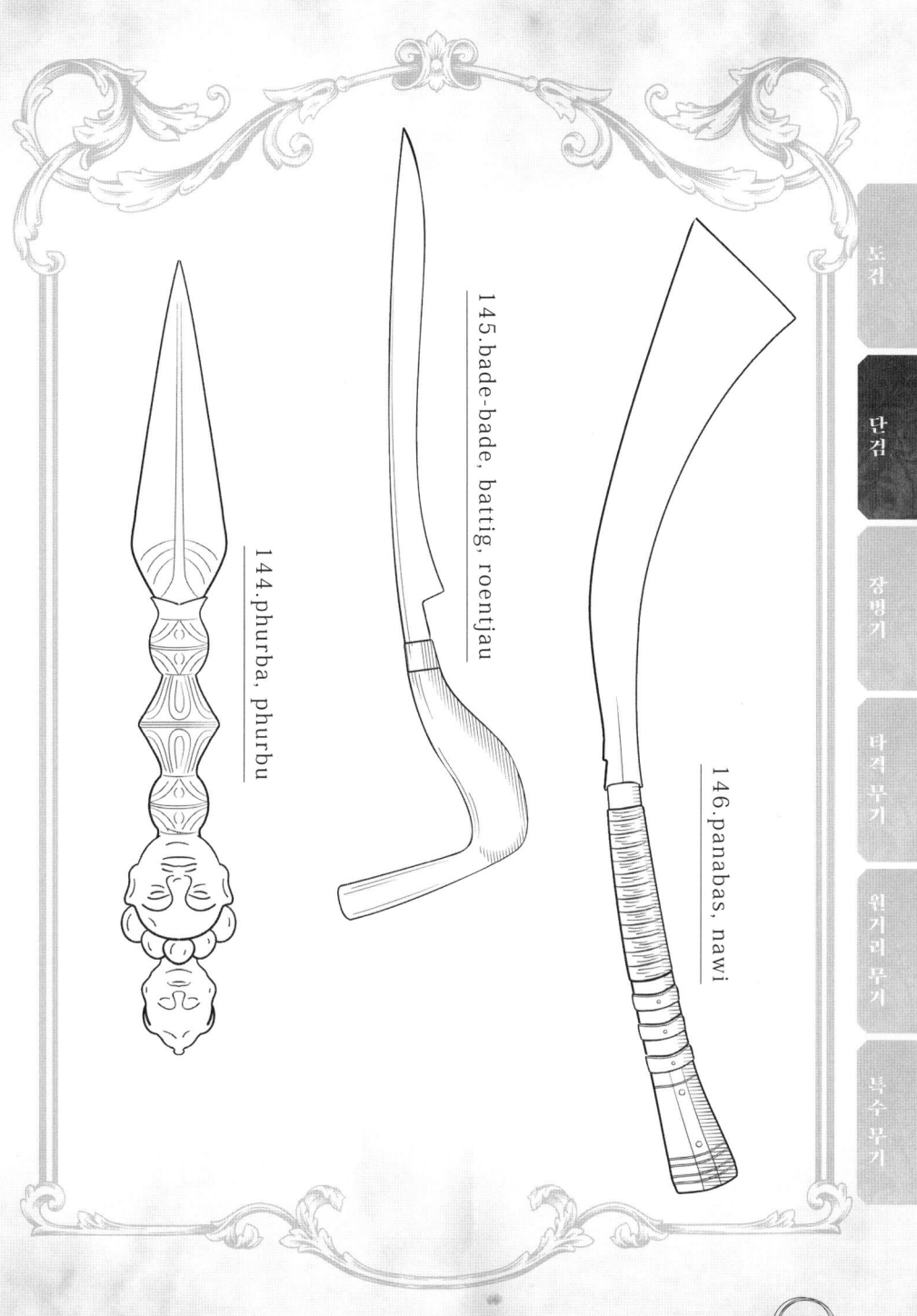

147 팔리타이
palitai, palite

- 길이: 30~40cm
- 중량: 0.2~0.3kg
- 시대: 17~20세기
- 지역: 동남아시아

팔리타이는 수마트라섬 남서쪽의 믄타와이(Mentawai) 제도에서 사용하는 단검이다. 양날 직검이지만, 일부 단검은 포이블이 휘어져 있는 것도 있다. 칼끝은 날카롭다. 칼자루는 가늘고 길며 주먹 쪽으로 크게 구부러져 있다. 칼자루 끝 장식이 소용돌이 모양인 것도 있다. 이러한 독특한 형태는 인근 섬 사이에서 문화가 교류하고 뒤섞인 결과로 탄생한 것이다.

148 방크
bank

- 길이: 20~30cm
- 중량: 0.2~0.5kg
- 시대: 5~19세기
- 지역: 인도

방크는 인도의 라지푸트, 무굴, 마라타 등 각국의 하급 병사들이 사용하던 외날 단검이다. 도신이 낫처럼 휘어진 것이 특징이다. 방크는 힌디어로 '구부리다'나 '만곡'을 의미한다. 상대에게 걸어서 베는 데 뛰어났다. 사용성이 좋아서인지 오랜 기간 사용된 무기였다.

149 비추와
bichuwa, bichawa, bich'hwa

- 길이: 30~40cm
- 중량: 0.3~0.5kg
- 시대: 16~18세기
- 지역: 인도

비추와는 인도의 양날 단검이다. 원형은 물소 뿔로 만든 무기인 비츠와(98p)이다. 날은 'S'자형으로 휘어져 있으며, 도신이 2줄로 평행하게 뻗은 것도 있다. 손잡이 부분은 띠 모양의 금속이 고리 모양으로 되어 있다. 칼집은 없고 소매나 옷자락 등에 숨겨서 휴대했다. 주무기와 비추와를 함께 들어 이도류로 싸우는 것이 일반적이었다.

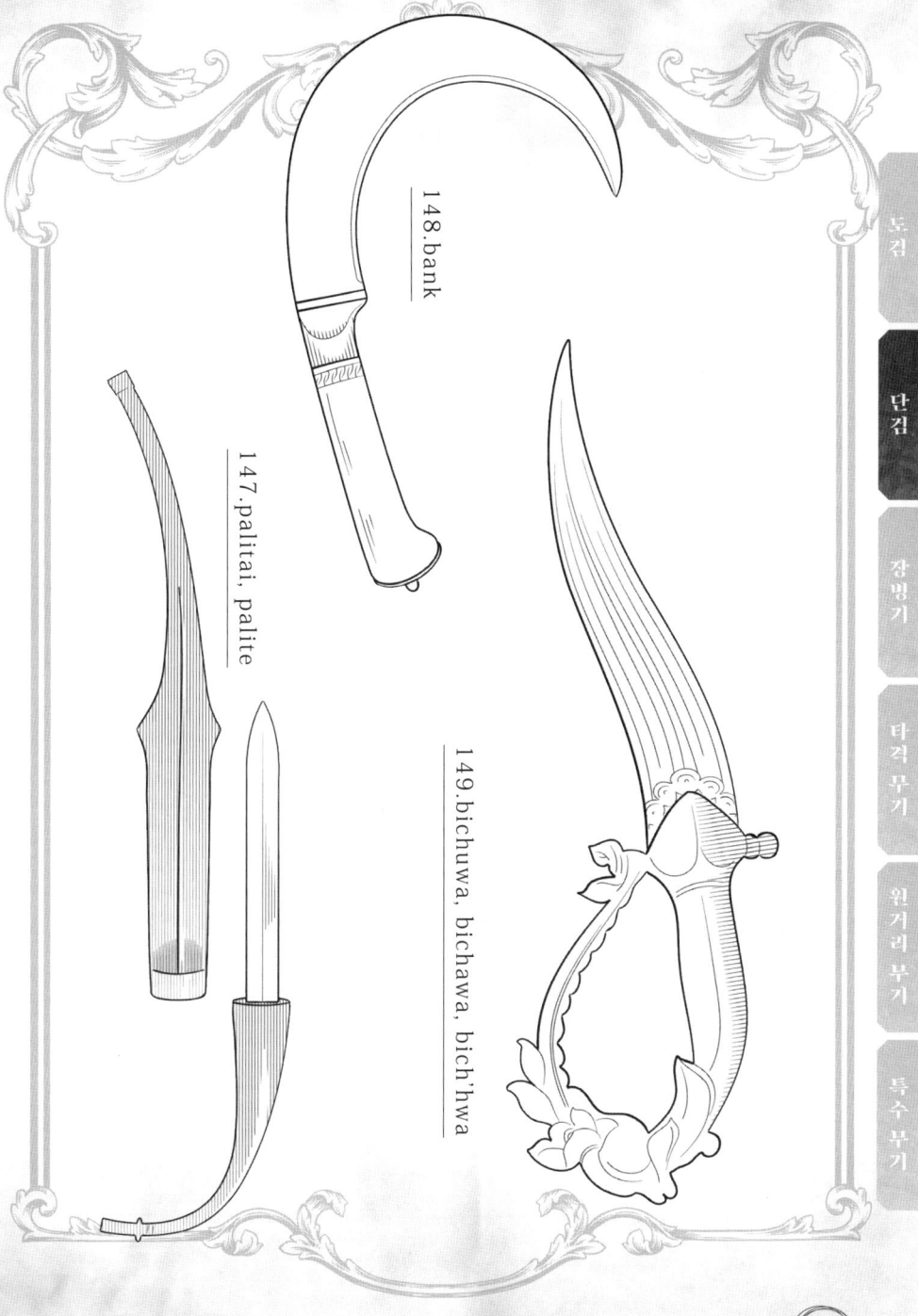

150 피찬가티
pichangatti

- 길이: 18~30cm
- 중량: 0.1~0.2kg
- 시대: 16세기~현재
- 지역: 인도 남부

피찬가티는 용맹하기로 유명한 인도 남동부 코다구족이 사용하는 단검이다. 피찬가티는 타밀어로 '핸드 나이프'라는 뜻이다. 도신은 부엌칼처럼 생겼으나 포이블은 양날로 되어 있다. 칼자루는 가늘지만 칼자루 끝 장식은 둥글고 크다. 칼자루와 칼집에는 화려한 장식이 많다. 이 단검은 현대에도 코다구족 남자들의 패션을 완성하는 필수품이다.

151 푸기오
pugio

- 길이: 20~30cm
- 중량: 0.1~0.2kg
- 시대: BC 1~AD 5세기
- 지역: 고대 로마

푸기오는 고대 로마에서 사용하던 양날 단검이다. 도신이 넓고 도신 중앙 부분이 잘록하며, 칼끝이 날카롭다. 휴대가 간편해 암살용으로 자주 사용되었다. 공화정 로마의 독재자 카이사르를 찔렀던 것도 이 단검이었다. 로마가 제국이 된 이후에는 병사들의 주력 장비가 되어 보조 무기나 작업용으로 사용되었다.

152 페시 카브즈
pesh kabz

- 길이: 28~36cm
- 중량: 0.3~0.4kg
- 시대: 15~19세기
- 지역: 중동/인도

페시 카브즈는 페르시아, 인도 북부, 튀르키예 등에서 사용하던 단검이다. 페르시아에서는 카르드(kard)라고도 불렸다. 비교적 신분이 높은 사람이 사용했다. 도신은 날카로운 칼끝을 가진 외날로, 'S' 자 모양으로 휘어져 있다. 포이블이 양날인 것도 있다. 찌르기에 특화되어 있어 체인 메일에 효과적이었고, 상대를 찌른 후에는 휘어진 날이 상처를 헤집어 큰 피해를 입혔다.

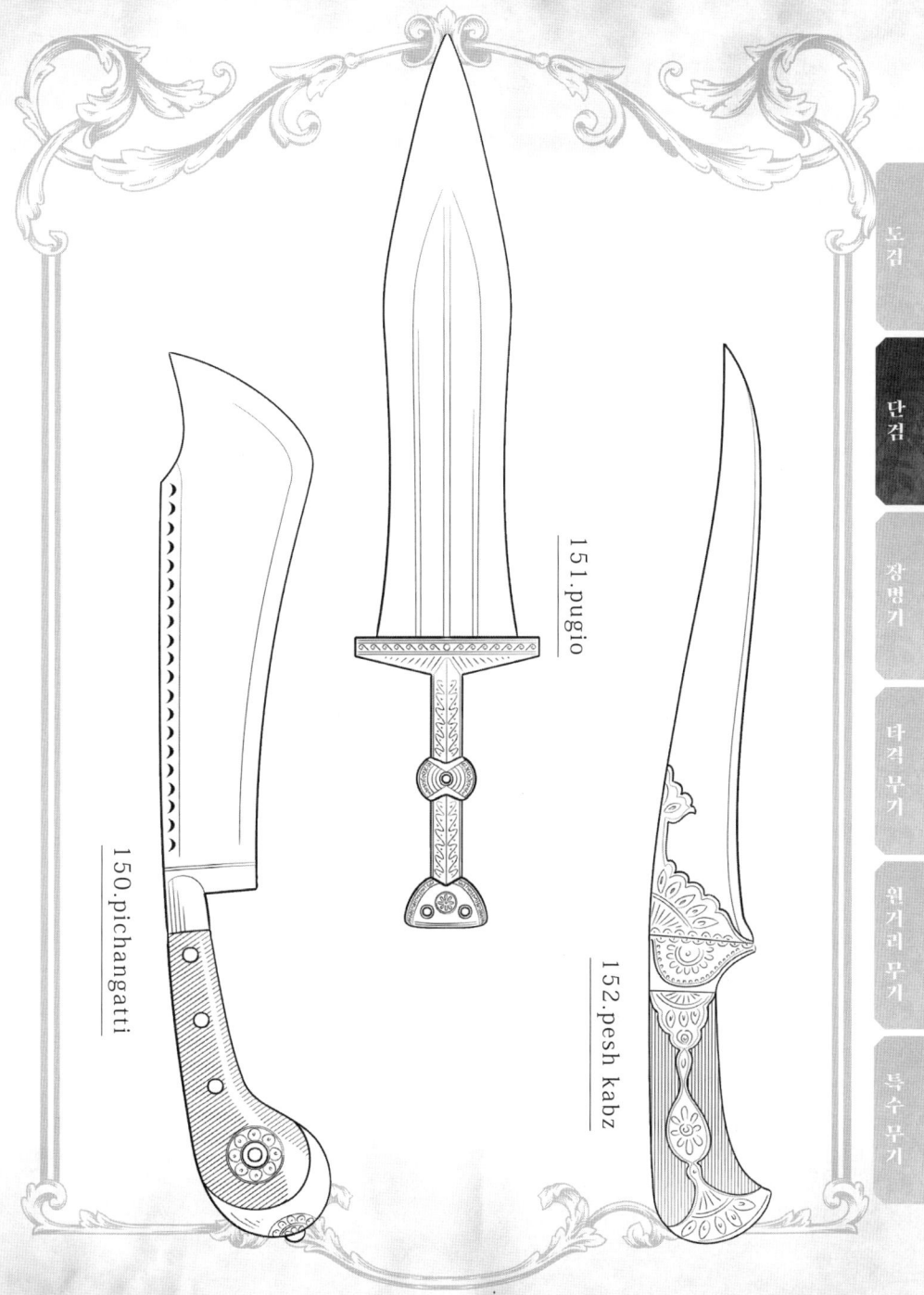

153 파냐드 대거
poignard dagger, poniard

- 길이: 30cm
- 중량: 0.3kg
- 시대: 16~19세기
- 지역: 유럽

파냐드 대거는 도신의 단면이 정사각형인 가늘고 긴 단검이다. 칼끝이 날카로워 찌르기에 특화되어 있다. 이름은 프랑스어 poignard(단검)에서 유래했다. 피냐드 대거는 프랑스에서 만들어진 후 영국으로 넘어갔다. 주로 결투에 사용되었으며, 오른손에는 레이피어(24p)를 왼손에는 파냐드 대거를 들어 이도류로 싸웠다. 보통은 허리띠 오른쪽 뒤에 꽂아 사용했다.

154 발록 나이프
ballock knife

- 길이: 20~30cm
- 중량: 0.4~0.5kg
- 시대: 12~14세기
- 지역: 유럽

발록 나이프는 중세 기사들이 사용하던 단검이다. 양날 직검으로, 찌르는 용도로 사용되었다. 발록은 '고환'을 뜻하며, 이는 2개의 구형 날밑이 칼자루와 함께 남근처럼 보인다고 해서 붙여진 이름이다. 키드니 대거(104p)도 이 종류에 속한다. 발록 나이프의 날밑은 방어용 외에도 상대를 찌른 후 쉽게 빼내는 용도로 사용되었다.

155 만다야 나이프
mandaya knife

- 길이: 30~40cm
- 중량: 0.2~0.5kg
- 시대: 16~20세기
- 지역: 동남아시아

만다야 나이프는 보르네오 원주민인 비다유족이 사용하는 양날 단검이다. 포르테가 잘록하고, 칼자루 끝 장식에는 뿔 같은 돌출부가 있다. 만다우(80p)를 소형화한 것으로 알려졌지만, 모양은 크게 다르다. 비상시에는 무기가 되기도 하지만 평소에는 공구로 사용한다.

153. poignard dagger, poniard

154. ballock knife

155. mandaya knife

2장 | 단검 123

156 미세리코르데
misericorde

- 길이: 25~35cm
- 중량: 0.1~0.2kg
- 시대: 14~15세기
- 지역: 서유럽

미세리코르데는 영국과 프랑스 기사들이 전장에 나갈 때 소지하던 칼끝이 날카롭고 도신이 가느다란 단검이다. 도신의 단면은 마름모, 정사각형, 삼각형 등 다양한 모양이 있다. 주로 갑옷의 틈새나 이음새를 노렸다. 전투 중 중상을 입은 자의 목숨을 끊는 데 사용되었으며, 미세리코르데는 프랑스어로 '자비'를 뜻한다.

157 런들 대거
roundel dagger, rondel dagger

- 길이: 30cm
- 중량: 0.3kg
- 시대: 14~16세기
- 지역: 유럽

런들 대거는 날밑과 칼자루 끝 장식이 만나는 부분에 미끄럼 방지용 원반이 부착된 단검이다. 이 원반은 시대가 지날수록 칼자루 끝 장식은 커지고 날밑 쪽은 작아졌다. 역사가 깊은 무기로 그 유래는 청동기 시대로 거슬러 올라간다. 칼끝에만 날이 있어 찌르기에 특화되어 있는 무기지만, 독일에서는 칼끝이 둥근 것도 만들어졌다.

158 링 대거
ring dagger

- 길이: 30cm
- 중량: 0.25kg
- 시대: 14세기
- 지역: 유럽

링 대거는 두툼한 날을 가진 양날 단검이다. 링 대거의 원형은 안테니 대거(102p)로 알려져 있으며, 이름 그대로 칼자루 끝 장식이 원 모양 고리로 되어 있다. 여기에 쇠사슬이나 끈을 연결해 휴대했다. 이를 통해 분실이나 도난, 탈취 등을 방지할 수 있었다. 하지만 링 대거는 수십 년 만에 모습을 감추고 말았다.

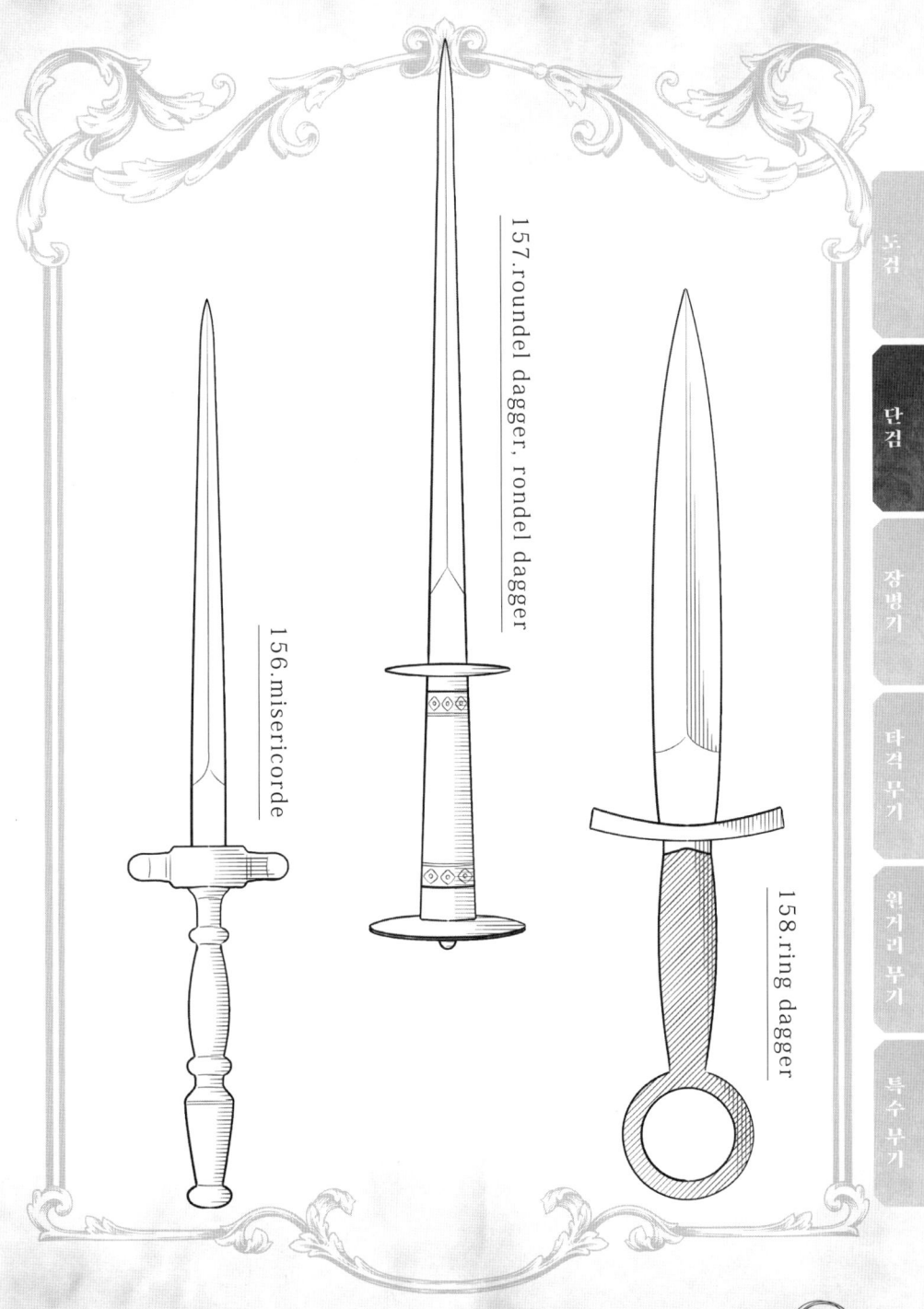

단검 도해

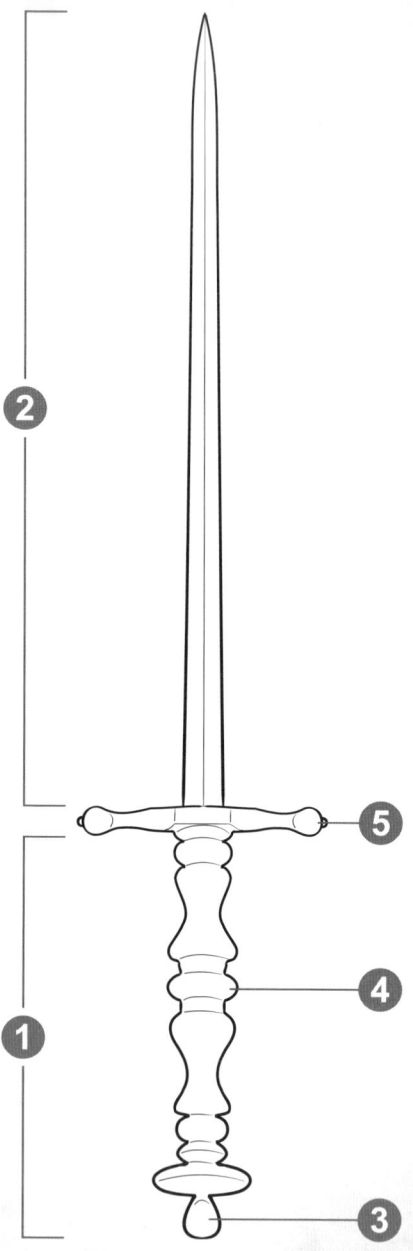

단검·나이프
Dirk and Knife

❶ 칼자루 | 그립(grip)
❷ 도신(=검신, 칼몸) | 블레이드(blade)
❸ 칼자루 끝 장식(=검파두식) | 폼멜(pommel)
❹ 손잡이 | 핸들(handle)
❺ 날밑(=코등이, 칼밑) | 힐트(hilt)

3장
장병기

159 언월도(偃月刀)

engetsutou, yanyuedao

- 길이: 1.7~3.0m
- 중량: 12.0~25.0kg
- 시대: 송~청(10~20세기)
- 지역: 중국

언월도는 중국의 무기로, 외날 곡검에 손잡이를 단 대도(大刀)의 일종이다. 언월은 '반달'을 의미하며, 창두의 모양이 반달을 닮았다는 이유로 이런 이름이 붙었다. 전체가 금속으로 만들어져 매우 무거우며, 신체를 단련하거나 무예를 닦기 위해 사용되었다. 밑단에 날을 붙인 것도 있다. 《삼국지연의》의 관우가 애용했다는 청룡언월도도 이 일종이지만 《삼국지연의》의 배경이 되는 삼국시대에는 언월도가 없었다. 청나라 팔기군 중 한족을 중심으로 한 한군팔기(漢軍八旗)가 언월도를 경량, 소형화한 것을 사용했다.

160 구마데

kumade

- 길이: 2.8~3.0m
- 중량: 2.5~2.8kg
- 시대: 헤이안~에도(8~19세기)
- 지역: 일본

구마데는 일본에서 사용하던 다용도 무기다. 원래는 곡식을 긁어모으는 농기구였다. 3갈래, 혹은 4갈래로 나뉜 금속 갈고리에 자루를 붙인 것으로, 가마쿠라 시대 이후에는 자루가 잘리지 않도록 자루에 쇠사슬을 감은 것도 만들어졌다. 공성전에서 갈고리를 벽에 걸고 올라가거나, 담을 뜯어내는 용도로 사용됐고, 수상전에서는 상대의 배를 끌어당기고 적을 물에 빠뜨리거나, 물에 빠진 동료를 구하는 용도로 사용되었다. 전쟁이 사라진 에도 시대 이후에는 상대를 진압하기 위해 사용했다.

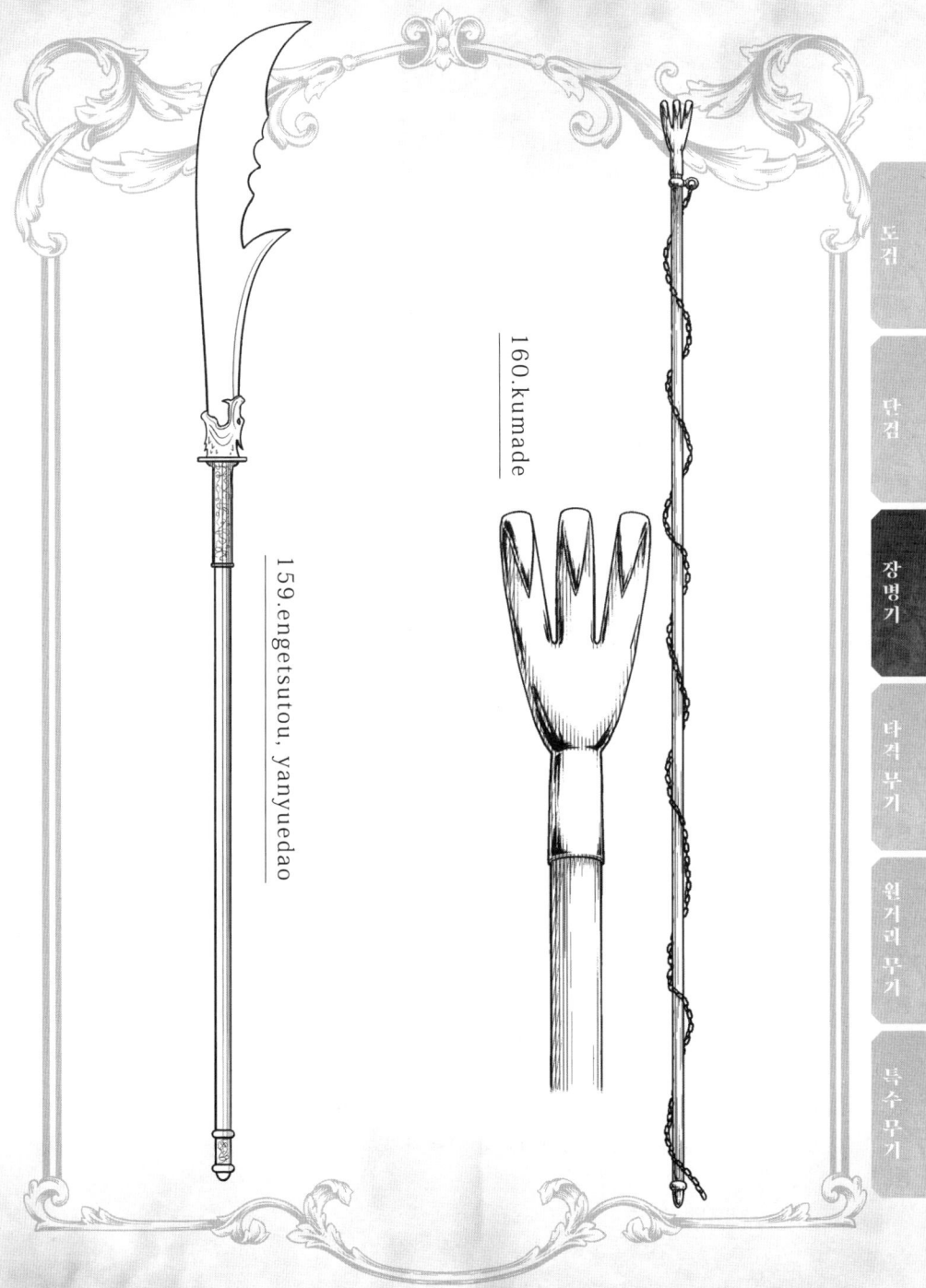

161 크레센트 액스

crescent ax

- 길이: 1.2~1.5m
- 중량: 2.5~4.0kg
- 시대: 14~15세기
- 지역: 서유럽

크레센트 액스는 14세기 이탈리아에서 만들어진 무기다. 크레센트 액스는 '초승달 모양의 도끼'라는 뜻으로, 이름 그대로 활처럼 휘어진 대칭형 도끼날을 가지고 있다. 도끼날의 길이는 60~80cm 정도로 매우 길지만, 상대적으로 자루는 길지 않다. 이탈리아 병사들의 크레센트 액스를 눈여겨본 독일 용병들이 가져와 발전시켰다. 비슷한 모양의 도끼는 북유럽과 동유럽에도 있지만, 직접적인 관계는 없으며 서유럽에서 가장 먼저 등장했다.

162 이랑도(二郞刀)

jiroutou, erlangdao

- 길이: 2.0~3.0m
- 중량: 6.0~9.0kg
- 시대: 명(14~17세기)
- 지역: 중국

이랑도는 창끝이 세 방향으로 갈라진 중국 대도(大刀)의 일종이다. 일명 삼첨양인도(三尖兩刃刀)라고도 한다. 중앙의 날이 약간 길어 창두가 '山' 모양이다. 창두가 전체의 3분의 1을 차지할 만큼 길다. 밑단에 작은 창이 달린 것도 있다. 베어 내리기, 베어 올리기, 찌르기에 특화되어 있는 무기였다. 《서유기》, 《봉신연의》에 등장하는 중국의 신 이랑진(二郞眞君) 군의 무기로, 이름도 여기서 기원했다. 원형은 전한 시대에 있었던 나가마키(162p)와 비슷하게 생긴 참마검으로 알려져 있다.

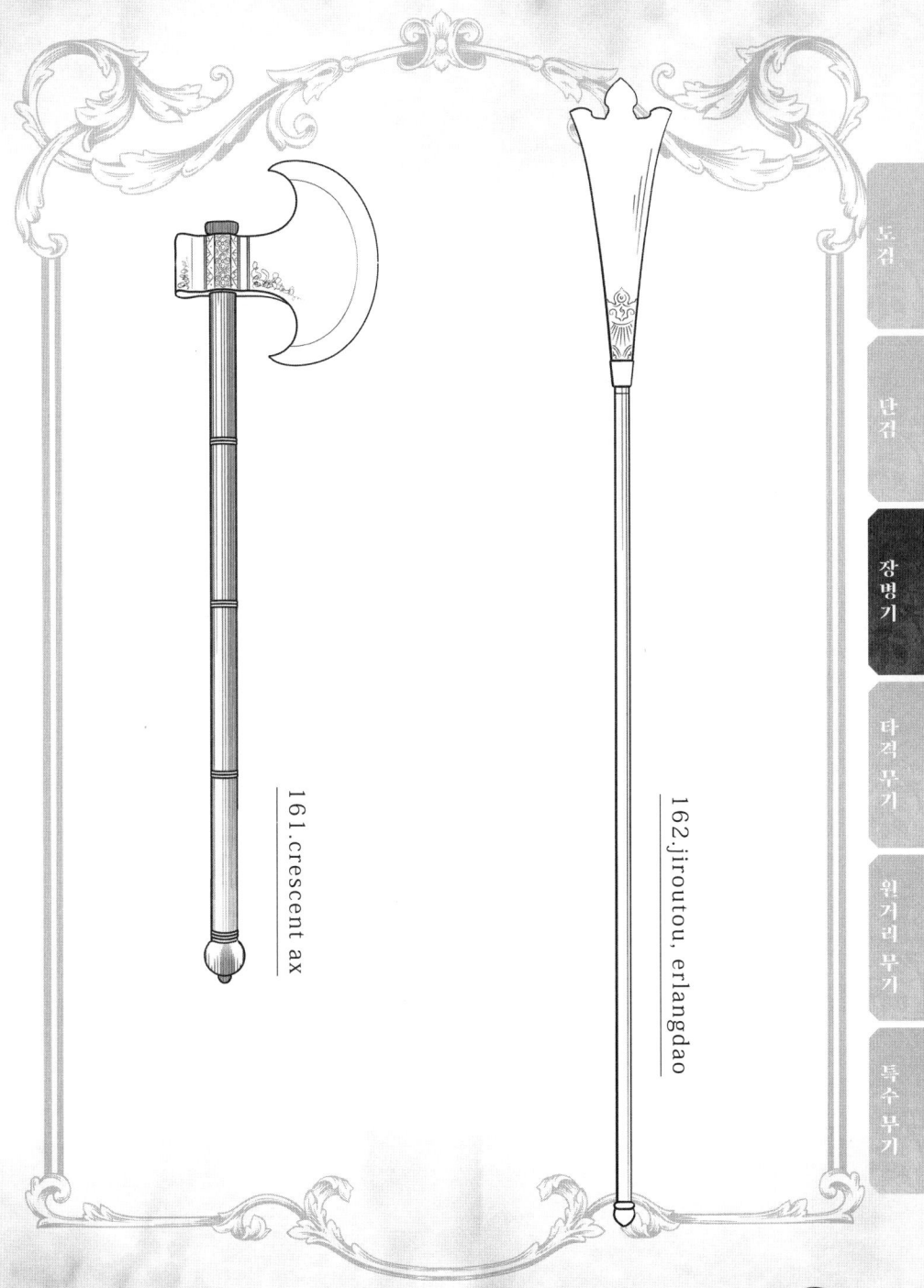

163 스야리

suyari

- 길이: 2.0~3.0m
- 중량: 2.5~3.0kg
- 시대: 남북조~에도(14~19세기)
- 지역: 일본

스야리는 일본에서 창 전반을 일컫는 총칭이다. 양날 창두에 대칭형으로 정삼각형, 마름모형, 조릿대형, 매의 깃털형, 동백꽃형 등 다양한 모양이 있고, 단검처럼 생긴 외날 창두의 기쿠치야리(146p)와 같은 예외도 있다. 작고 가벼워 기동성이 좋고, 갑옷을 상대로 효과적이어서 남북조 시대 이후부터 적극적으로 사용됐다. 이에 따라 창술도 발전했지만, 대부분의 창술 유파는 상급 무사들만 배울 수 있었기 때문에 전승자가 매우 적다.

164 창(槍)

sou, qiang

- 길이: 3.0~8.0m
- 중량: 2.5~6.0kg
- 시대: 삼국~청(3~20세기)
- 지역: 중국

창은 중국에서 사용한 무기로 창두가 짧고 끝이 뾰족한 것이 특징이다. 길이에 따라 단창, 대창, 화창(花槍) 등으로 불린다. 근세에 만들어진 것은 자루가 휘어져 있어 손의 조작이 증폭되어 전달되는 특징이 있다. 중국에는 예로부터 창두가 다소 큰 모(138p)나 단검에 자루를 붙인 듯한 피(鈹)라는 창과 비슷한 무기가 있었다. 창이 언제 만들어졌는지는 모호하지만 문헌상으로는 촉나라의 제갈량이 발명한 것이 그 시초로 여겨진다. 송, 명나라 때 전성기를 누리며 '병기의 왕'이라 불렸다.

163.suyari

164.sou, qiang

165 소데가라미

sodegarami

- 길이: 2.5~3.0m
- 중량: 2.0~2.5kg
- 시대: 무로마치~에도(14~19세기)
- 지역: 일본

소데가라미는 무로마치 시대에 중국에서 일본으로 전해진 무기다. 이름 그대로 소매(袖)에 걸기(搦) 위해 사용했다. 야가라모가라(やがらもがら)라고도 한다. 창끝에는 가시 덩굴 같은 갈고리가 달려 있으며, 모양과 개수 등에 특별히 정해진 형식은 없다. 창두는 철로 덮여 있고 가시가 있다. 도입 초기에는 수상전에서 적을 물에 빠뜨리거나 물에 빠진 동료를 구출하는 등 구마데(128p)와 비슷한 용도로 사용되었다. 에도 시대 이후에는 포졸이 다루는 주무기로 사스마타(152p), 쓰쿠보(158p)와 함께 상대를 구속, 속박하기 위해 사용되었다.

166 나기나타

naginata

- 길이: 1.2~3.0m
- 중량: 2.5~5.5kg
- 시대: 헤이안~에도(8~19세기)
- 지역: 일본

나기나타는 휘어진 외날 도신을 가진 일본의 무기다. 창이 등장하기 전까지 전쟁의 주무기였다. 용법은 베어 내리기 외에도 다리 베기, 뒤집어서 밑단으로 치는 공격 등 다양하고 입체적이다. 도신은 우치가타나(8p)와 비슷하고, 시간이 지나며 전장에서 검으로 변형해 사용하기도 했다. 근대로 넘어오며 나기나타는 점차 여성들의 무기로 인식이 변하였다. 현재도 나기나타를 이용하는 일본의 전통 스포츠 '나기나타' 선수는 여성이 대부분이다.

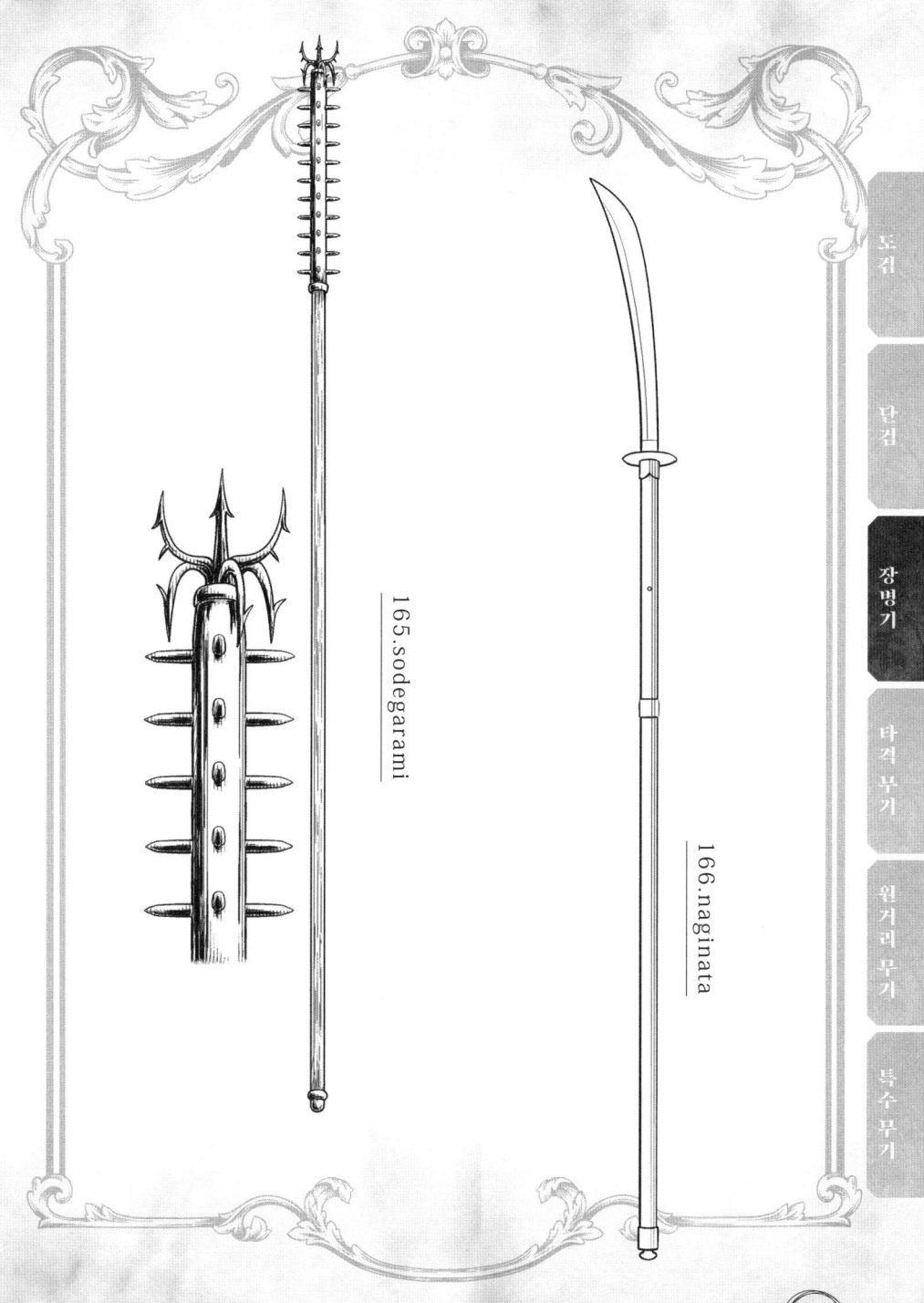

167 파르티잔

partizan, partisan

- 길이: 1.5~1.8m
- 중량: 2.0~2.2kg
- 시대: 15~17세기
- 지역: 서유럽

파르티잔은 양날이 있고 창두가 다소 넓은 무기다. 파르티잔은 체제나 외세에 저항하는 게릴라 조직을 가리키기도 하는데, 파르티잔은 그러한 활동을 하던 농민들이 사용하던 무기였다. 이탈리아에서 탄생한 장창인 랭드베브(langdebeve)가 원형이라고 한다. 정규군에도 도입되었으나 하프 파이크(164p)가 등장하며 점차 사라졌다. 이후 프랑스의 부르봉 왕가와 영국 근위병 사이에서 의례용으로 사용되었다.

168 핼버드

halbert, halbard, halberd

- 길이: 2.0~3.5m
- 중량: 2.5~3.5kg
- 시대: 15~19세기
- 지역: 유럽

핼버드는 15세기 말경 스위스에서 만들어진 무기다. 창과 도끼, 갈고리를 하나로 합친 창두를 가지고 있어 베기, 찌르기, 걸기 등 다양한 공격이 가능한 무기였다. 일설에 따르면 벌지(voulge)라는 뾰족한 도끼에 갈고리를 붙인 무기가 원형이었다고 한다. 보병이 기병에 대항하는 무기로 매우 효과적이어서 유사한 무기가 유럽 전역에서 유행했다. 위압감을 주는 디자인으로 인해 의례용으로도 사용되었다.

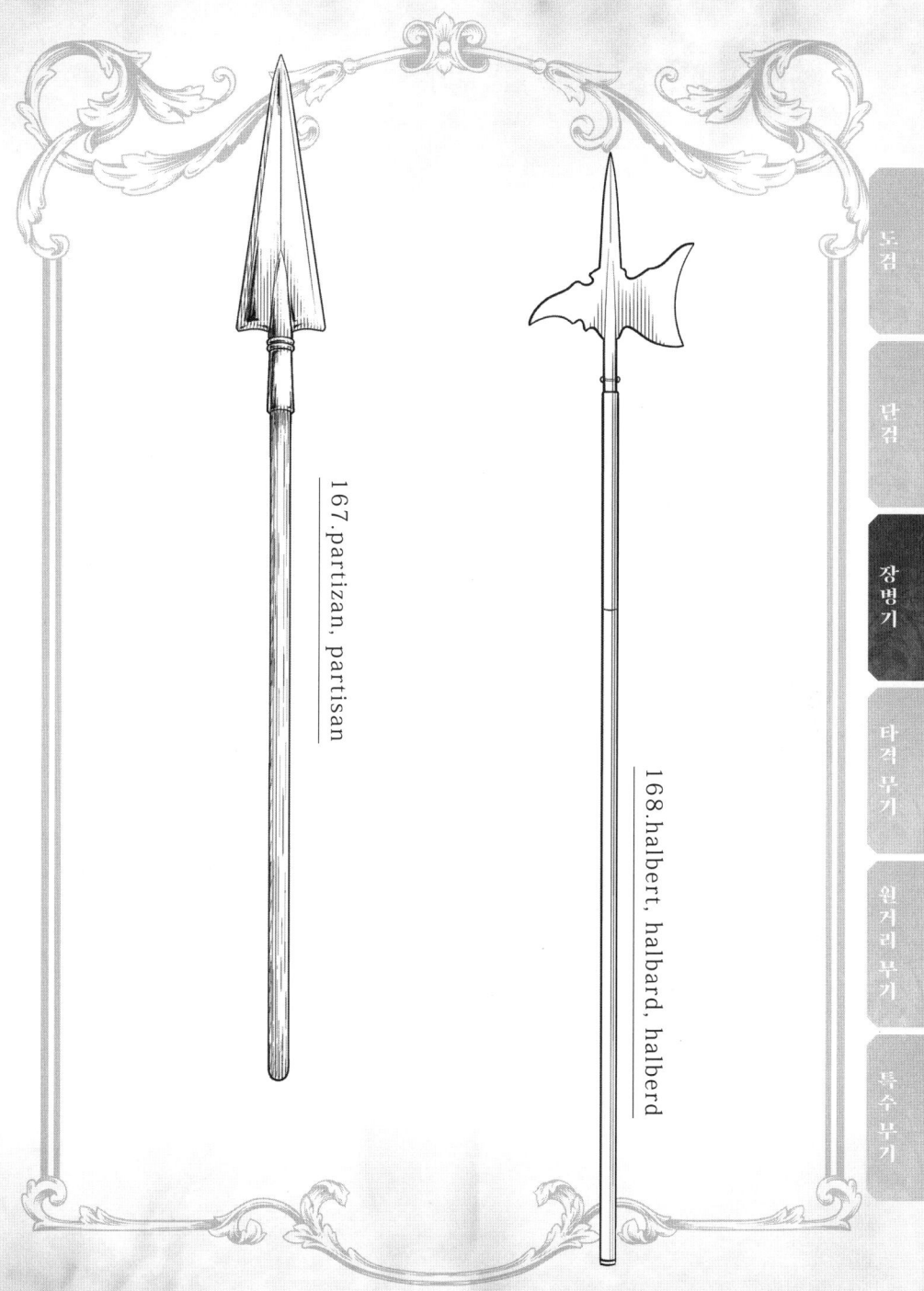

169 방천극(方天戟)

houtengeki, fangtianji

- 길이: 1.8~2.2m
- 중량: 3.0~5.0kg
- 시대: 송~청(10~20세기)
- 지역: 중국

방천극은 중국의 무기로, 극(148p)의 일종이다. 창두의 좌우에 월아(月牙)라고 부르는 초승달 모양의 날이 달려 있다. 월아가 하나뿐인 것은 청룡극(靑龍戟), 극도(戟刀)라고 불렀다. 찌르기, 베기 외에도 월아를 이용해 공격을 막거나 휘감을 수 있었다. 《삼국지연의》의 여포가 사용한 무기로 유명하지만, 방천극이 등장한 것은 《삼국지연의》의 배경이 되는 삼국시대보다 뒤인 송나라 시대 이후이다. 월아를 붙이는 아이디어가 유행하여 자루에 월아가 달린 일월건곤도(日月乾坤刀), 월아와 쇄분동(鎖分銅)을 각각 4개씩 장착한 혼천절(混天截) 등 복잡한 형태의 무기가 많이 만들어졌다.

170 모(矛)

bou, mao

- 길이: 2.0~5.6m
- 중량: 1.5~5.5kg
- 시대: 상~당(BC 16~AD 10세기)
- 지역: 중국

모는 중국 상나라 시대부터 사용하던 무기로 당시 전차병과 보병의 주무기였다. 창(132p)과 매우 유사하지만, 창은 찌르기에 특화되어 있는 데 반해, 모는 창두의 폭이 넓어 베기도 가능했다. 모 중에는 베기에 특화된 물결 모양의 창두가 특징인 사모(蛇矛)가 있다.

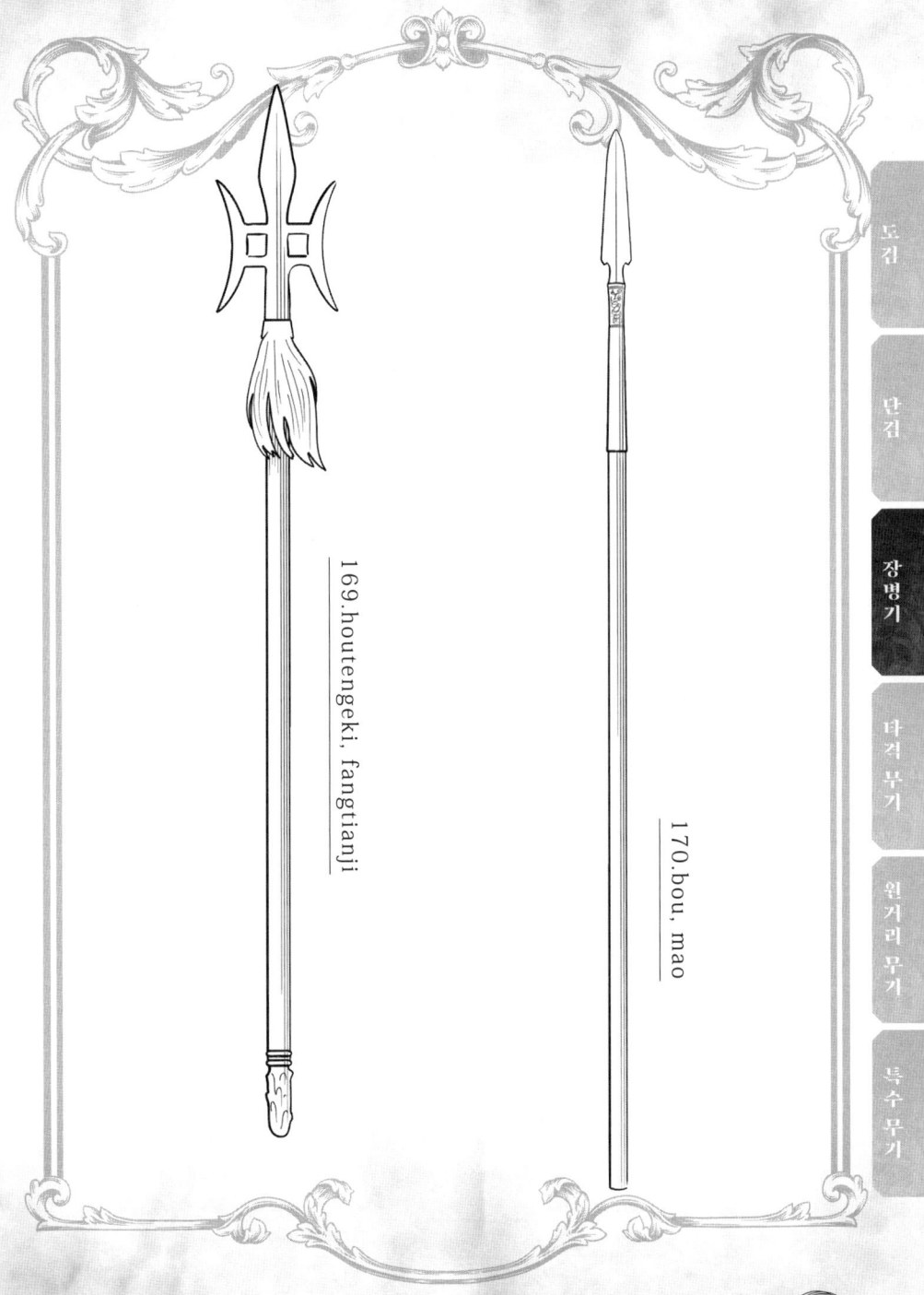

171 랜스

lance

- 길이: 3.6~4.2m
- 중량: 3.5~4.0kg
- 시대: 6~20세기
- 지역: 유럽

랜스는 유럽 기병들이 사용하던 창이다. 서유럽에서는 금속으로 만든 원뿔형 자루에 뾰족한 창두가 달린 것이 일반적이다. 뱀플레이트(vamplate)라고 부르는 우산 모양의 날밑이 달려 있어 주먹을 보호한다. 겨드랑이에 끼고 돌진해 말의 속도와 힘을 실어 상대를 찌르는 방식으로 사용했다. 기사들의 토너먼트 경기에서는 창끝을 안전한 것으로 교체해 사용한다. 동유럽에서는 자루가 더 가늘고 창두가 뾰족한 파이크(164p)가 만들어졌다. 파이크는 폴란드와 러시아의 코사크 병사들이 사용했으며, 제1차세계대전까지 계속 사용되었다.

172 롱 스피어

long spear

- 길이: 2.0~3.0m
- 중량: 1.5~3.5kg
- 시대: 연대 불명
- 지역: 전 세계

롱 스피어는 진형과 전술의 개념과 함께 발전한 무기다. 개개인의 능력보다 조직력을 바탕으로 전장에서 좋은 효과를 낼 수 있었다. 쇼트 스피어(156p)로 분류되던 초기의 창은 사정거리가 짧아 전차, 활, 투석기 등에 취약했는데, 이에 맞서 먼 거리에서 공격이나 위협을 할 수 있도록 창을 길게 만든 것이 롱 스피어의 시작이다. 롱 스피어는 화기가 등장하기 전까지 많은 지역에서 주무기가 되었다.

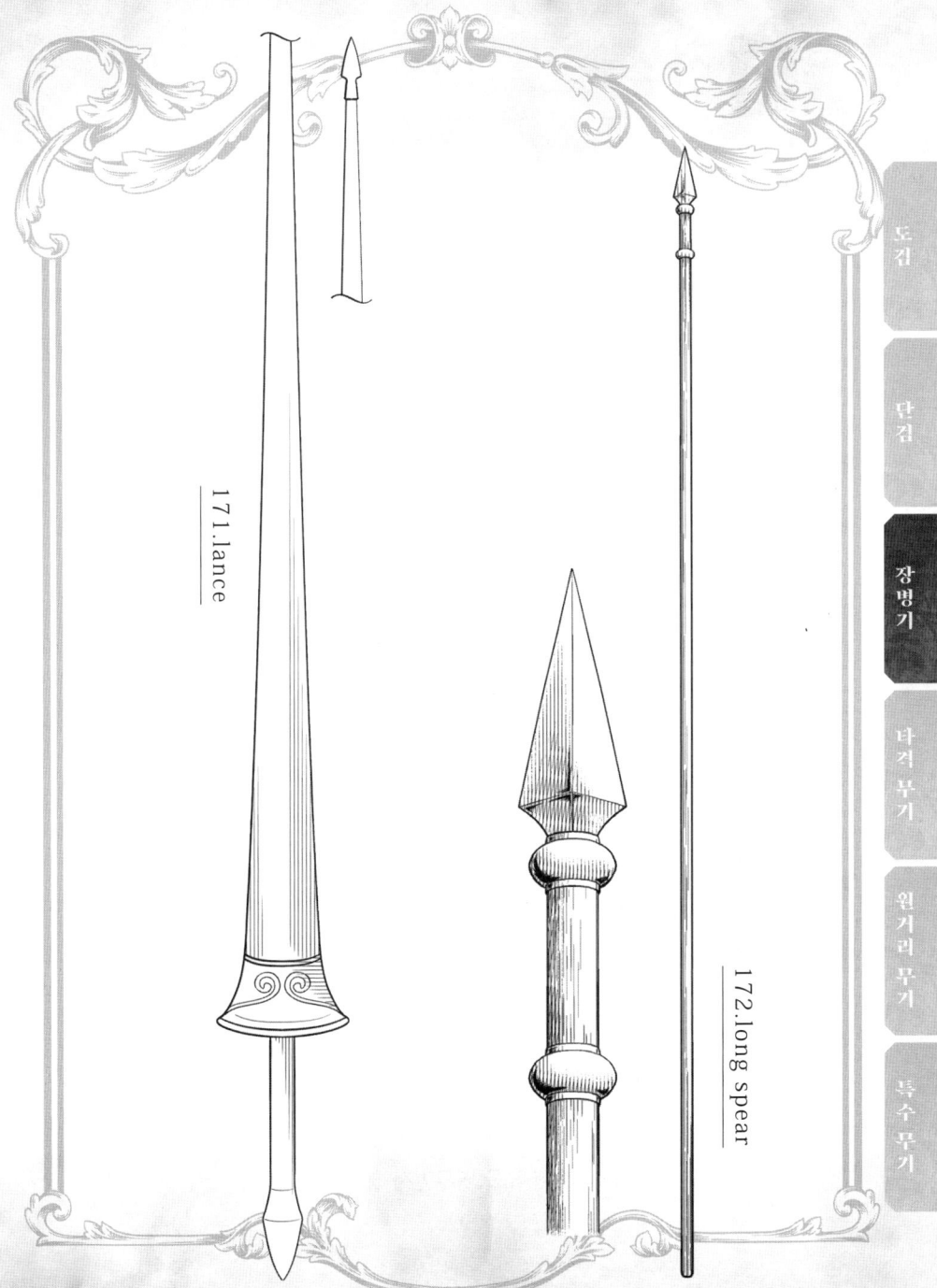

173 알슈피스

ahlspiess

- 길이: 1.25~1.5m
- 중량: 1.5~2.0kg
- 시대: 15~16세기
- 지역: 서유럽

알슈피스는 서유럽에서 사용하던 길고 큰 원뿔형 창두를 가진 창이다. 전체 길이의 절반이 창두로, 상대를 완전히 관통할 수 있었다. 원형의 날밑이 장착되어 있고, 나무로 된 자루에는 나선형으로 무두질한 가죽이 감겨 있다. 신성로마제국에서 1497년부터 1500년까지 3년 동안만 생산되었고, 보헤미아 지방의 병사들이 사용했다.

174 알라흐

allarh

- 길이: 1.5~2.1m
- 중량: 2.0~3.0kg
- 시대: 16세기~현재
- 지역: 아프리카 북부

알라흐는 사하라 사막의 유목민 투아레그(Tuareg)족이 사용하는 창이다. 전체가 금속으로 만들어졌으며, 자루는 매우 가늘다. 찌르기뿐만 아니라 얇고 넓게 퍼진 밑단으로 베는 것도 가능한 창이다. 길이는 다양하며, 사용자의 키보다 머리 하나 정도 긴 것이 적당하다. 니제르 남부에서는 투척이 가능한 짧은 알라흐도 많이 사용됐다.

175 올 파이크

awl pike

- 길이: 3.0~3.5m
- 중량: 2.5~3.0kg
- 시대: 15~16세기
- 지역: 유럽

올 파이크는 송곳 모양의 창두를 가진 창으로, 위에 나온 알슈피스가 발전된 형태이다. 알슈피스보다 자루와 창두가 더 길어 손을 보호할 필요성이 줄어들면서 날밑이 없거나 옆면에 날이 달린 것도 생겨났다. 금속 갑옷을 관통하는 것도 가능했지만, 이윽고 저렴하고 단순한 파이크(164p)가 주류를 이루면서 창두가 긴 올 파이크는 사라졌다.

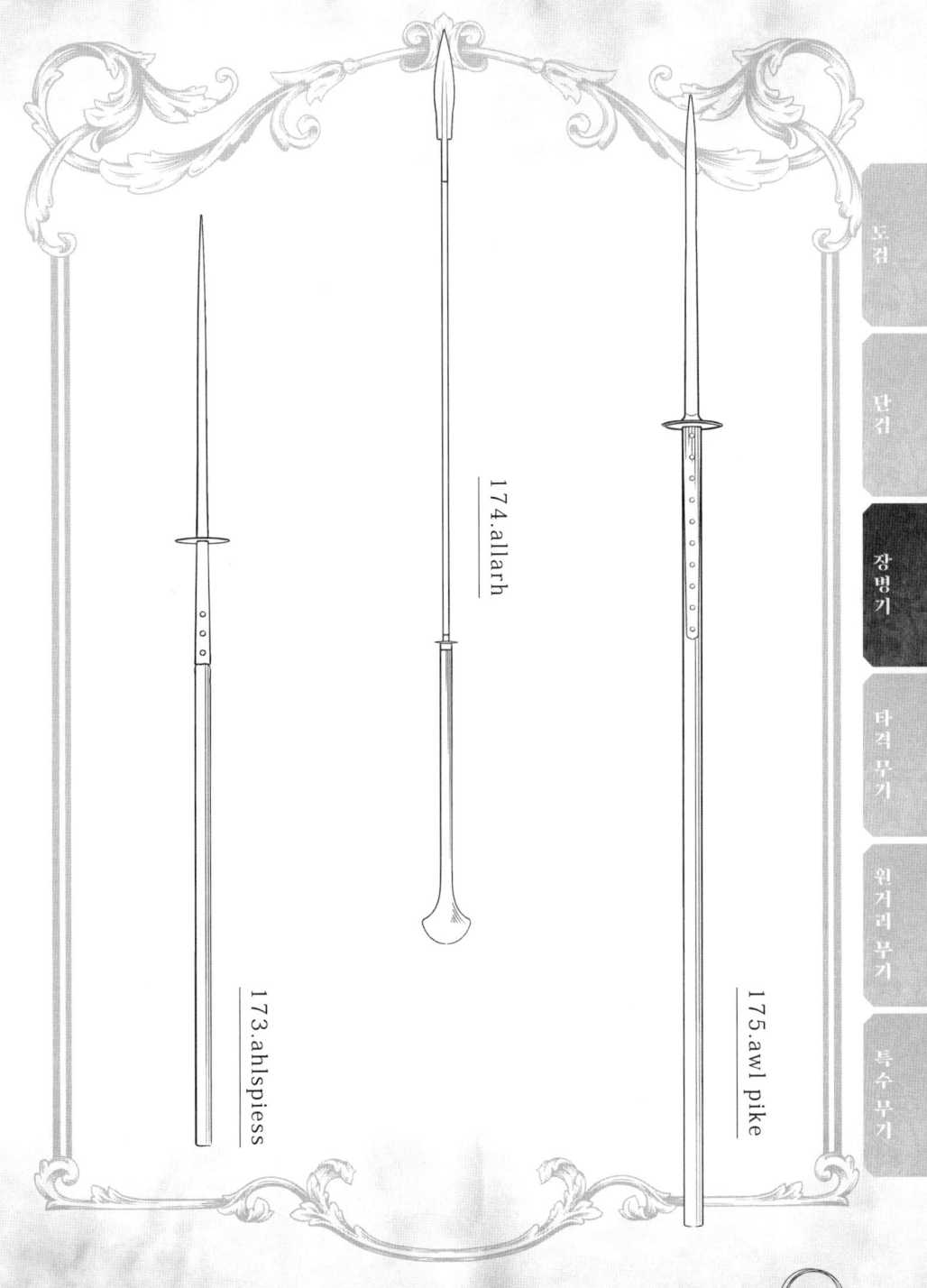

176 오미야리
omiyari

- 길이: 2.3~3.0m
- 중량: 3.5~6.0kg
- 시대: 무로마치~에도(14~19세기)
- 지역: 일본

오미야리는 무로마치 시대 말기부터 에도 시대까지 일본에서 사용하던 창두가 긴 창을 말한다. 호장창(穗長槍), 장신창(長身槍)이라고도 한다. 창두가 1척(약 30cm)이 넘는 창을 오미야리로 분류하는 경우가 많다. 스야리(132p)에 비해 매우 무겁기 때문에 무게를 줄이기 위해 창 몸통에 홈을 팠다. 하지만 그럼에도 불구하고 다루기가 어려워 전장에서 효용이 있었는지 알기 어렵다.

177 가기야리
kagiyari

- 길이: 2.0~4.0m
- 중량: 2.0~3.5kg
- 시대: 아즈치모모야마~에도(16~19세기)
- 지역: 일본

가기야리는 전국시대에 탄생한 일본의 창이다. '요코테(横手)'라고 부르는 탈부착이 가능한 갈고리 모양의 금속이 창두 끝에 부착되어 있다. 이것은 창의 한쪽이나 양쪽에 달려 상대의 창을 막거나 휘감기 위한 것으로, '십자(十)'형, '만자(卍)'형 등이 있었다. 이 구조가 매우 효과적이었기에 세키가하라 전투 이후 사용된 창은 대부분 가기야리였다고 한다.

178 가마야리
kamayari

- 길이: 2.5~3.0m
- 중량: 2.8~3.5kg
- 시대: 아즈치모모야마~에도(16~19세기)
- 지역: 일본

가마야리는 창두에 나뭇가지처럼 갈라진 날을 가진 창을 총칭한다. 갈라진 가지가 1곳이면 가타카마야리(片鎌槍), 2곳이면 주몬지야리(十文字槍)로, 갈라진 가지의 길이와 날 끝이 향하는 방향에 따라 이름이 세분화된다. 바로 위에 나온 요코테를 부착한 가기야리와는 달리 가마야리는 창두가 가공되어 있어 날이 나눠진 부분이 약하고 내구성이 다소 떨어진다. 뛰어난 무기이긴 하지만 제대로 사용하려면 많은 연습이 필요했다.

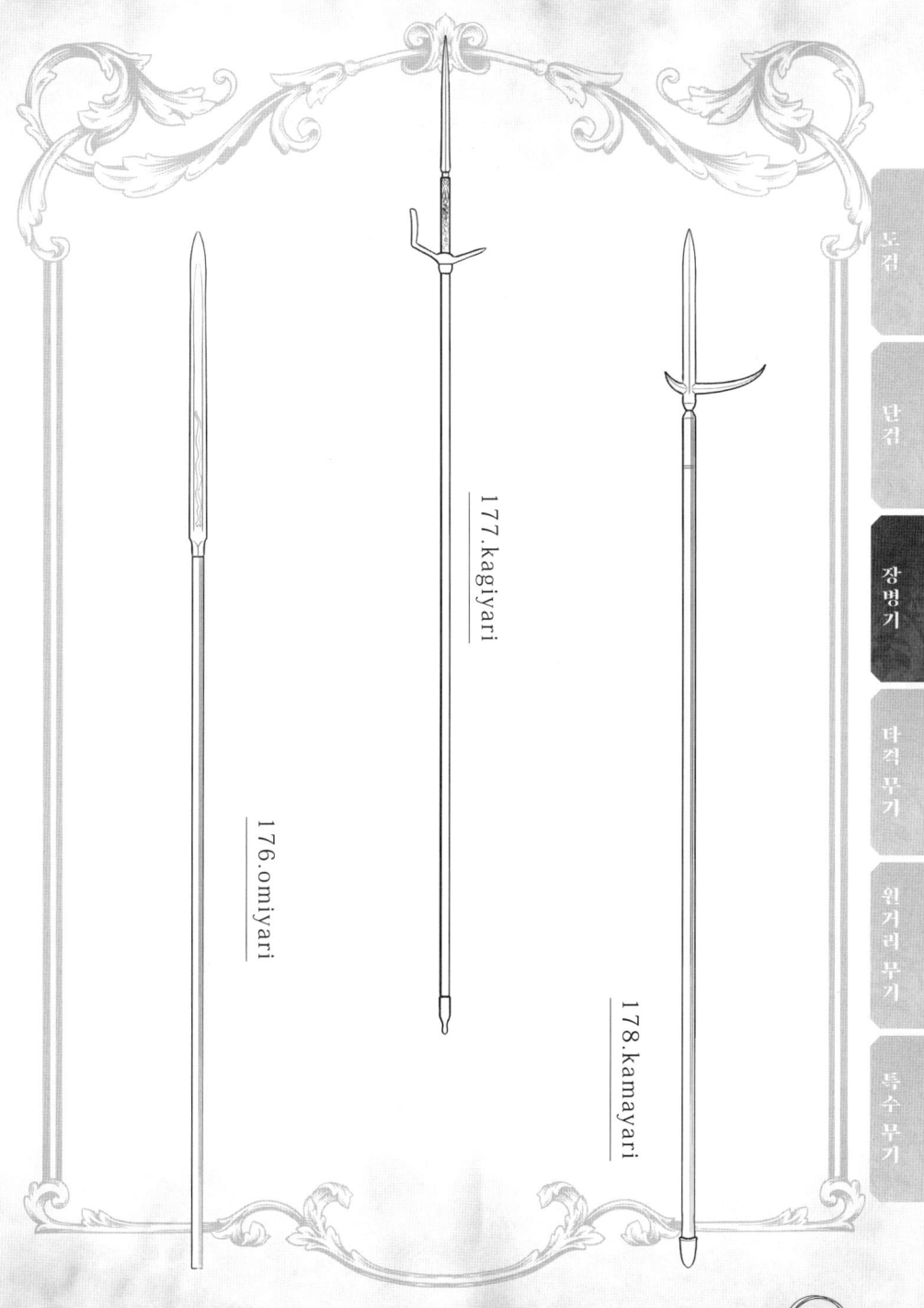

179 기쿠치야리

kikuchiyari

- 길이: 2.0~2.5m
- 중량: 1.5~2.0kg
- 시대: 남북조~무로마치(14~16세기)
- 지역: 일본

기쿠치야리는 남북조 시대 규슈의 지쿠시 지방에서 사용하던 창으로, 단도처럼 생긴 외날 창두가 특징이다. 이는 남조의 호족 기쿠치 다케미쓰(菊池 武光)가 대나무 장대 끝에 단검을 달아 병사들에게 사용하게 한 것이 기원이다. 이를 이용해 기쿠치 다케미쓰는 1,000명의 병사로 3,000명의 병사를 물리쳐 '기쿠치 1,000개의 창'이라는 뜻의 '기쿠치센본야리(菊池千本槍)'라 불렸다. 전장에서 창이 사용되기 시작하게 된 계기로 전해진다.

180 캔들 스틱

candle stick

- 길이: 3.0~5.5m
- 중량: 3.5~5.5kg
- 시대: 15~16세기
- 지역: 유럽

캔들 스틱은 유럽에서 사용하던 창이다. 원뿔형 창두와 원반형 날밑이 특징이며, '촛대(candle)'를 닮은 모양 때문에 이런 이름이 붙었다. 창두에 날이 없는 찌르기에 특화된 장창이다. 15~16세기에 전성기를 누렸지만, 기원은 더 오래되어 영국에서는 그보다 몇 세기 전부터 사용됐던 것으로 보인다.

181 쿠제

couse, kuse

- 길이: 2.2~2.8m
- 중량: 2.5~3.2kg
- 시대: 16~17세기
- 지역: 서유럽

쿠제는 16~17세기 독일에서 사용하던 글레이브(148p)의 일종이다. 주로 궁정 근위병이 사용했다. 날의 길이가 80cm 정도 되는 넓은 창두는 살짝 휘어진 양날의 도신을 가지고 있다. 위엄을 나타내기 위해 칼날의 측면에는 황제의 이름과 다양한 문양이 정교하게 새겨져 있다. 이 화려한 장식으로 인해 쿠제는 현대에 이르러서는 고가의 미술품으로 취급되고 있다.

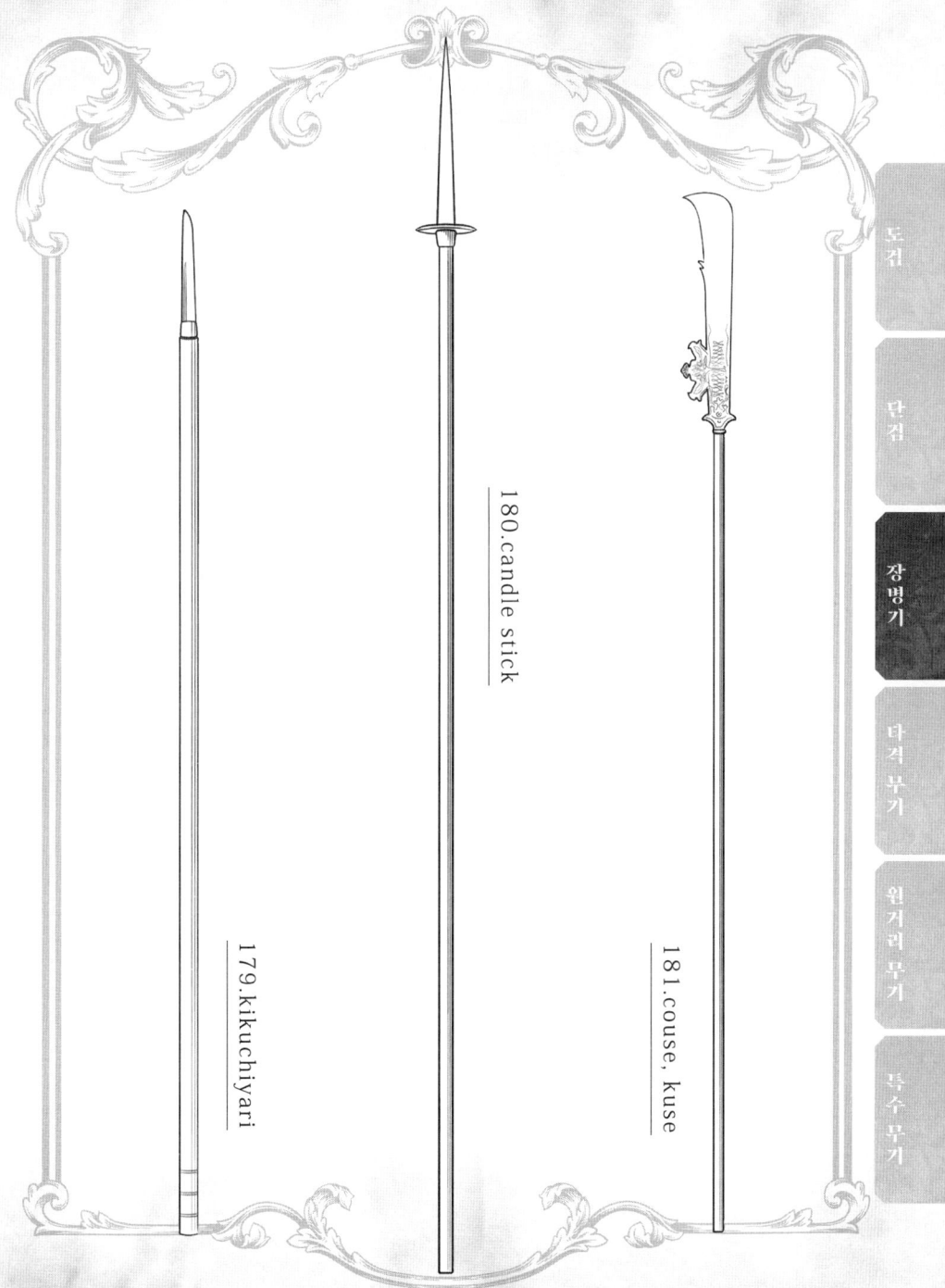

182 구다야리
kudayari

- 길이: 3.36m
- 중량: 3.5kg
- 시대: 전국시대 중기~에도(15~19세기)
- 지역: 일본

구다야리는 자루에 수관(手管)을 끼워 사용하는 일본의 창이다. 수관은 철, 동 등 금속으로 만들어진 손잡이로 갈고리 모양의 날밑이 달려 있다. 수관을 잡은 채로 뒷손으로 자루를 내밀면 빠른 찌르기가 가능했다. 그래서 구다야리는 '빠른 창'이라는 의미의 조창(早槍)이라 불리기도 한다.

183 글레이브
glaive

- 길이: 2.0~2.5m
- 중량: 2.0~2.5kg
- 시대: 12~17세기
- 지역: 유럽

글레이브는 12세기경 유럽에서 탄생한 무기다. 창두는 끝이 뾰족한 외날로, 도신의 중간 부분이 볼록하다. 원래는 메소포타미아 문명의 농기구인 대낫이나 펄션(22p)에 자루를 붙인 것이라고도 한다. 16세기 이후에는 핼버드(136p)나 코르세스카(150p)에 자리를 내주고 의례용으로 사용했다.

184 극(戟)
geki, ji

- 길이: 2.0~3.8m
- 중량: 2.5~3.0kg
- 시대: 상~송(BC 16~AD 13세기)
- 지역: 중국

극은 중국 상나라 시대부터 송나라 시대까지 사용하던 무기다. 자루와 직각을 이루는 가로날이 있는 '과(戈)'와 곧게 뻗은 날이 있는 '모(矛)'를 합친 모양이다. 기병을 말에서 끌어내린 뒤, 모로 찌르는 식의 복합적인 전법을 구사할 수 있었다. 한 손으로 사용하는 수극(手戟)과 양손으로 사용하는 장극(長戟)이 있으며, 모든 병종에서 사용했다.

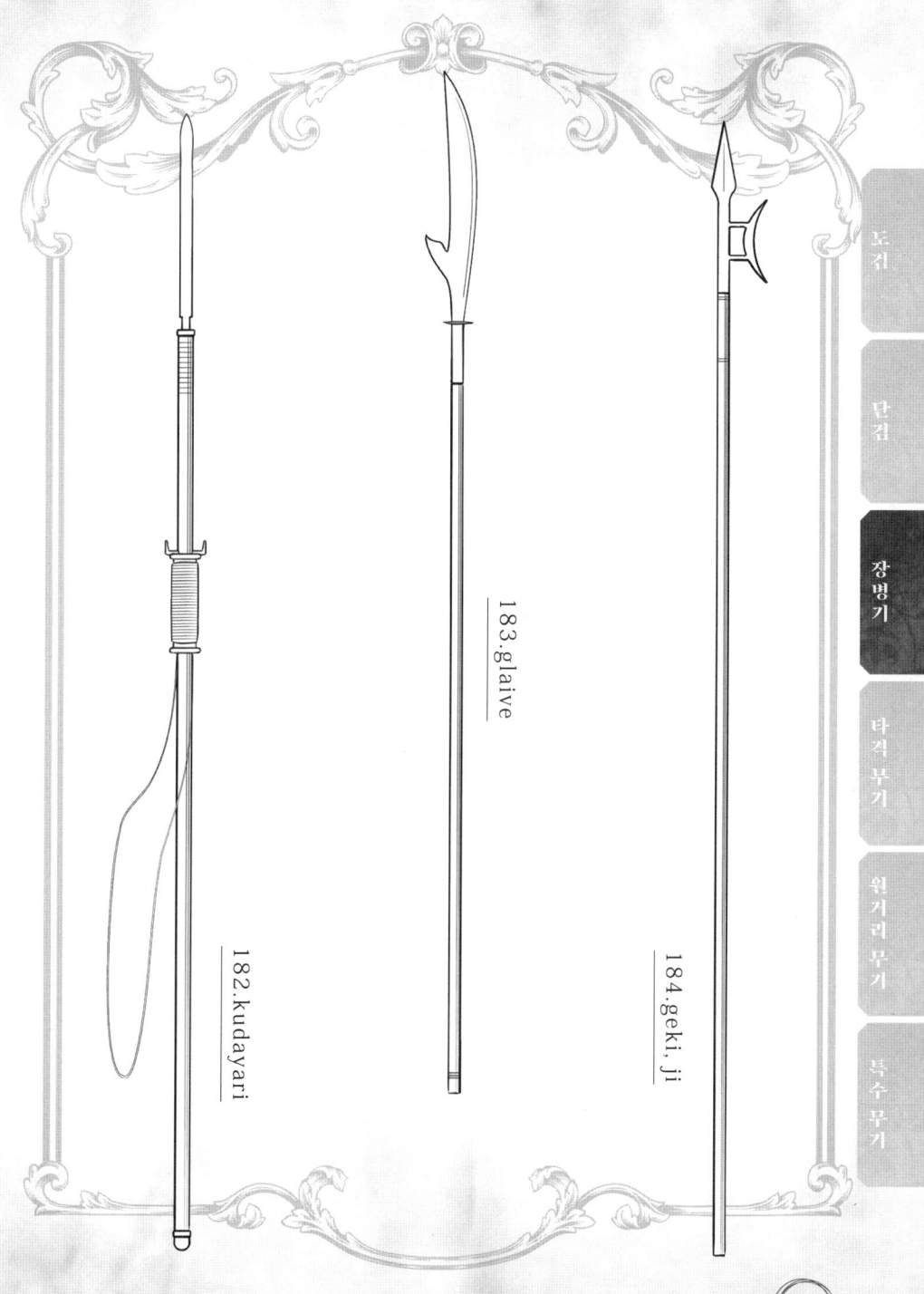

185　구겸창(鉤鎌槍)

kourenso, goulianqiang

- 길이: 2.0~2.5m
- 중량: 1.8~2.2kg
- 시대: 당~청(7~20세기)
- 지역: 중국

구겸창은 창두에 갈고리가 달린 창이다. 크게 휘어진 갈고리가 1개 달린 것이나, 2개 달린 것 모두 발견된다. 이런 형태는 상대를 걸어 쓰러뜨리는 데 특화되었다는 점을 의미하며, 기병에 대항하기 위한 하급 무사들의 중요 무기였다. 현대에도 중국 광저우 경찰 등이 구겸창을 모델로 한 제압 무기를 도입해 오토바이 등으로 도주하는 범인을 잡는 데 사용하고 있다.

186　코르세스카

corsesca

- 길이: 2.2~2.5m
- 중량: 2.2~2.5kg
- 시대: 15~17세기
- 지역: 서유럽

코르세스카는 15세기 이탈리아에서 탄생한 삼지창이다. 창두 좌우에 위쪽으로 휜 날이 뻗어 있다. 이 날은 상대의 공격을 방어하고, 너무 깊게 찔러서 빼내지 못하는 일을 방지하는 역할을 했다. 또한 기병을 말에서 끌어내리는 데도 효과적이었다. 유럽 각지로 퍼져 나갔고 특히 프랑스에서 많이 사용되었다.

187　차(叉)

sa, cha

- 길이: 2.8~3.0m
- 중량: 2.2~2.5kg
- 시대: 당~청(7~20세기)
- 지역: 중국

차는 중국에서 사용하던 끝이 갈라진 형태의 무기로 찌르기에 특화되어 있다. 2갈래와 3갈래인 것이 있다. 농기구나 어구가 무기로 변한 것으로 여겨진다. 갈라진 창두는 명중률을 높이고 복잡한 상처를 입히거나, 상대의 공격을 방어할 수 있는 장점이 있었다. 3갈래로 갈라진 삼지창은 기병들도 사용했는데, 좌우 날이 위를 향하는 것을 문차(文叉), 한쪽이 아래를 향하는 것을 무차(武叉)라고 불렀다.

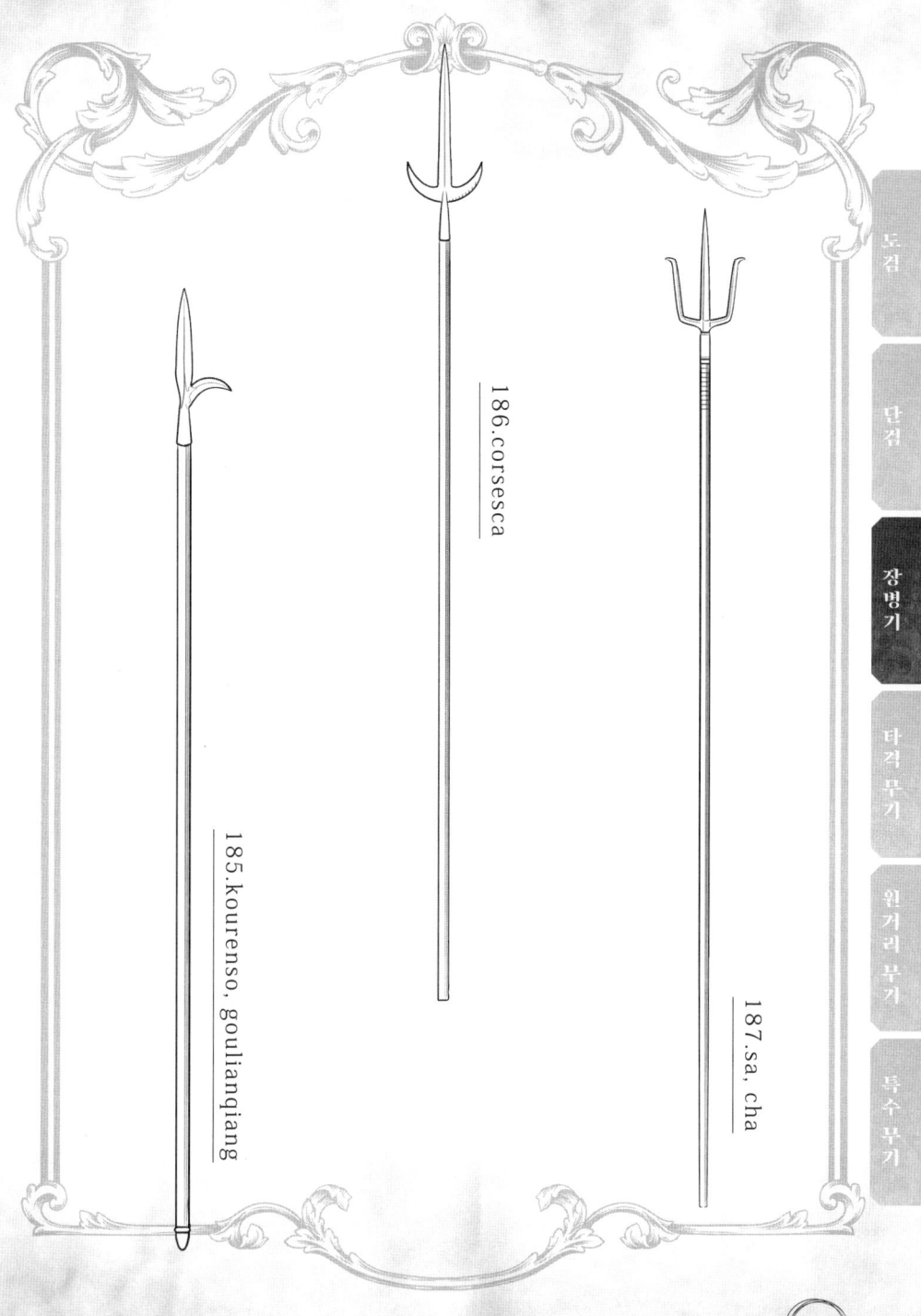

188 사이드

scythe

- 길이: 2.0~2.5m
- 중량: 2.2~2.5kg
- 시대: 16~20세기
- 지역: 유럽

사이드는 유럽에서 사용하는 긴 자루가 달린 커다란 낫이다. 풀을 베기 위한 농기구지만 무기로 활용되기도 했다. 근대 이후 농민군이 사용한 것은 낫이라기보다는 나기나타(134p)에 가까운 외형을 하고 있다. 주로 농기구로 활용되었고 군대의 정식 장비가 된 적은 없다.

189 삭(槊)

saku, shuo

- 길이: 4.0~6.0m
- 중량: 5.0~9.0kg
- 시대: 삼국~청(BC 3~AD 20세기)
- 지역: 중국

삭은 중국에서 장창을 부르는 총칭이다. 기병이 사용한 마삭(馬槊)은 한 손으로 다룰 수 있도록 자루에 끈을 연결해 어깨에 걸고 사용했다. 사람이 직접 휘두르기보다 말이 돌진하는 힘을 이용해 상대에게 피해를 입힌 것으로 보인다. 보병이 사용한 보삭(步槊)은 반대로 말의 돌진을 막기 위해 사용했다. 창두의 뿌리 부분이 휘어져 있는 것은 한 번 꽂히면 쉽게 빼낼 수 없었다.

190 사스마타

sasumata

- 길이: 2.5~3.0m
- 중량: 2.0~3.5kg
- 시대: 무로마치~에도(14~19세기)
- 지역: 일본

사스마타는 무로마치 시대에 중국에서 일본으로 전해졌다. 이후 에도 시대에는 경호, 포획 등 상대를 제압하는 무기로 정착했다. 창두 끝에 'U' 자 모양의 금속이 달려 있어 상대의 팔이나 목, 다리를 끼워 제압하는 데 사용했다. 화재가 발생했을 때 불이 번지지 않도록 가옥을 무너뜨리는 작업에도 사용하였다.

188.scythe

189.saku, shuo

190.sasumata

3장 | 장병기　153

191 사리사
sarissa

- 길이: 3.0~6.0m
- 중량: 4.5~6.0kg
- 시대: BC 4~BC 2세기
- 지역: 고대 그리스

사리사는 고대 그리스의 마케도니아군이 사용하던 창이다. 기존 창보다 더 길게 만들기 위해 2개의 막대기를 금속 파이프로 연결해 자루를 만들었다. 창두와 밑단은 교체할 수 있었다. 사리사는 창과 방패를 든 부대를 활용한 밀집 대형인 팔랑크스(Phalanx) 전법의 핵심이 되었다. 시대에 따라 길이가 길어졌지만, 너무 긴 창은 다루기 힘들고 부대의 기동력을 떨어뜨렸다고 한다.

192 산(鏟)
san, chan

- 길이: 1.5~3.0m
- 중량: 10~25kg
- 시대: 명~청(14~20세기)
- 지역: 중국

산은 중국에서 사용하던 '월아'라고 불리는 초승달 모양의 날을 가진 무기다. 원래는 농기구나 삽이나 대패로 사용했다고 한다. 밑단에 창이 달린 것도 있고, 월아가 달린 것도 있었다. 《서유기》의 사오정이 사용한 무기로 유명하고, 《수호전》의 노지심 승려 등 승려들이 사용해 '승려의 지팡이'라는 뜻의 선장(禪杖)이라고도 한다.

193 산두골타(蒜頭骨朶)
santoukotsuda, suantouguduo

- 길이: 1.8~2.1m
- 중량: 3.0~3.5kg
- 시대: 송~청(10~20세기)
- 지역: 중국

산두골타는 송나라 시대부터 청나라 시대까지 중국에서 사용하던 무기다. 산두골타는 특히 갑옷을 입은 상대에게 효과적이어서 갑옷이 발달한 송나라 시대부터 급속히 퍼져나갔다. 머리 부분은 나무, 금속으로 만들어졌다. 마늘을 닮았다고 해서 이름에 '마늘 머리'라는 뜻의 산두(蒜頭)가 붙었다. 밑단은 날카롭고 뾰족해 상대를 찌를 수도 있었다.

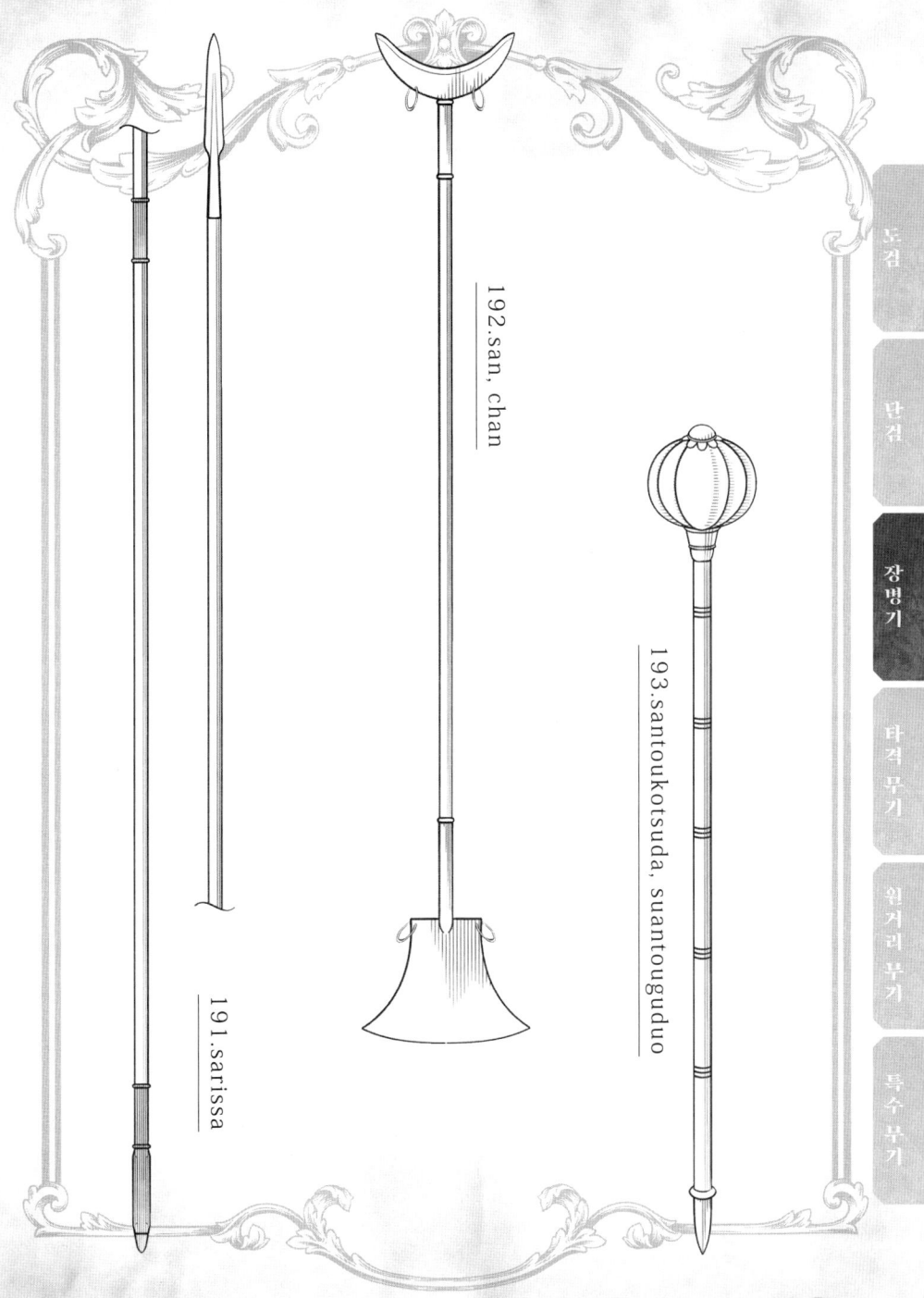

194 제드버러 액스
jedburgh axe, jeddart axe

- 길이: 2.5~2.8m
- 중량: 2.8~3.2kg
- 시대: 15~18세기
- 지역: 서유럽

제드버러 액스는 스코틀랜드가 독립국이던 무렵, 잉글랜드와의 전투에서 사용하던 무기다. 긴 나무 자루에 끝이 뾰족한 도끼가 달려 있다. 도끼의 반대편에는 갈고리가 있다. 핼버드(136p)처럼 걸어서 쓰러뜨리기, 베기, 찌르기 등 다양한 공격이 가능한 무기였다.

195 쇼트 스피어
short spear

- 길이: 1.2~2.0m
- 중량: 0.8~2.0kg
- 시대: 연대 불명
- 지역: 전 세계

쇼트 스피어는 시대와 지역을 불문하고 사용되어 온 창이다. 나무 막대기 끝에 뾰족한 창촉을 붙인 단순한 무기로, 선사시대의 수렵채집사회부터 사용됐다. 찌르기, 던지기 등 다양한 공격이 가능했다. 백병전, 기마전, 원거리전 등 전장의 모든 상황에서 사용되었으며, 화기류가 발명되기 전까지 지구상에서 가장 널리 보급된 무기였다.

196 스콜피온
scorpion

- 길이: 2.2~2.5m
- 중량: 2.5~3.0kg
- 시대: 16세기
- 지역: 서유럽

스콜피온은 영국에서 사용하던 창이다. 찌르기 위한 날카로운 창끝, 베기 위한 넓은 날, 걸기 위한 갈고리 등 복합적인 형태의 창두를 가지고 있다. 집게, 갈고리 모양이 '전갈(scorpion)'의 꼬리와 닮아 이런 이름이 붙었다. 영국에서는 예로부터 복합적인 형태의 창이 발전해 왔는데 스콜피온도 그중 하나다.

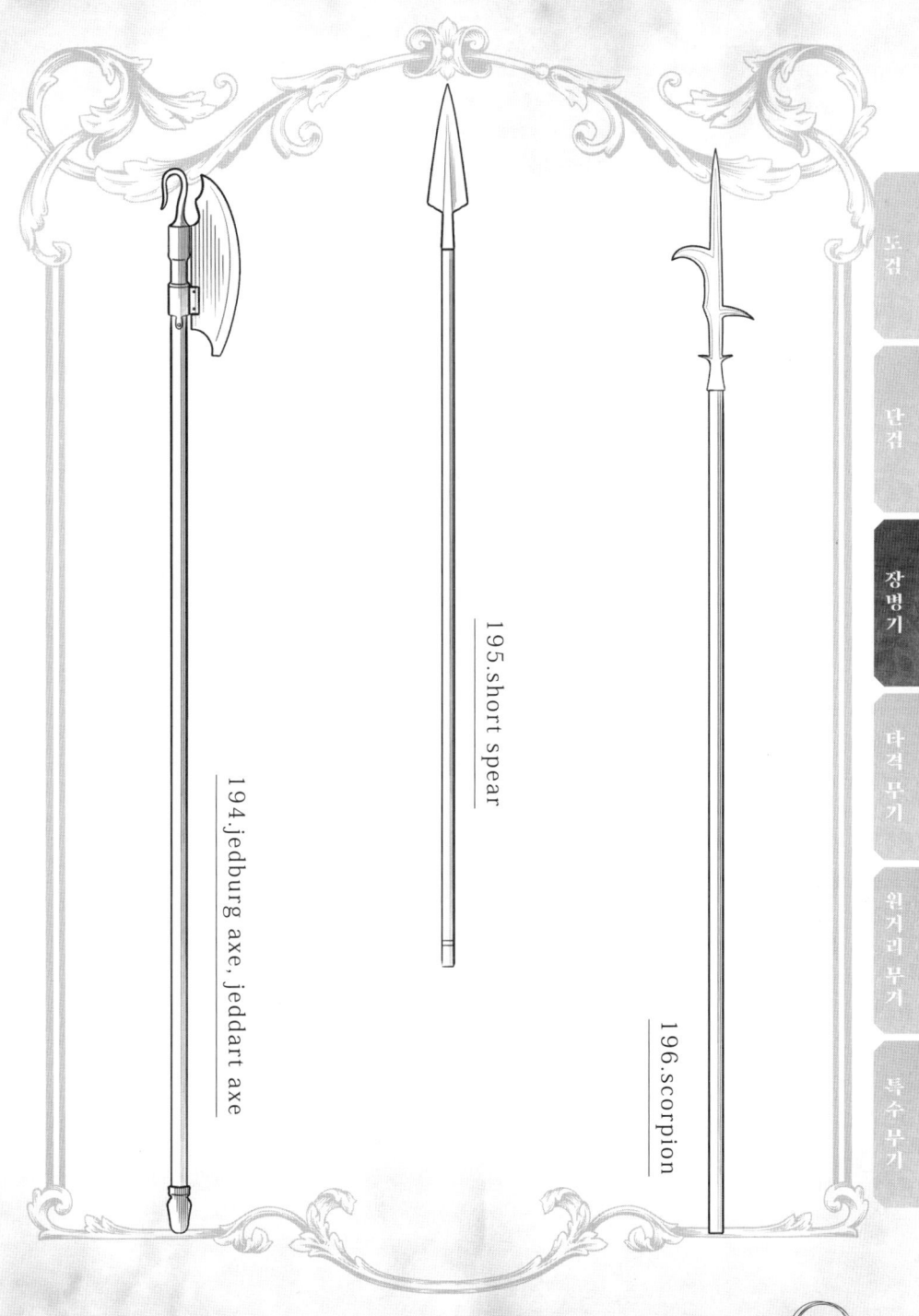

197 다케야리
takeyari

- 길이: 4.0m 전후
- 중량: 1.8~2.5kg
- 시대: 전국시대~근대(15~20세기)
- 지역: 일본

다케야리는 일본에서 사용한 창으로 주변에서 쉽게 구할 수 있는 대나무를 활용한 무기다. 대나무를 자루로 삼고, 끝에 철로 된 창두를 붙인 것과 단순히 끝을 뾰족하게 깎아 만든 것이 있다. 후자는 창끝에 기름을 묻힌 후 불에 구워 강도를 높이기도 했다. 단순하지만 가볍고, 나름대로 살상력도 있었다. 농민, 평민 등이 사용했다.

198 쓰쿠시 나기나타
tsukushi naginata

- 길이: 2.5~3.5m
- 중량: 3.0~4.0kg
- 시대: 헤이안~가마쿠라(8~12세기)
- 지역: 일본

쓰쿠시 나기나타는 헤이안 시대부터 가마쿠라 시대에 걸쳐 주로 규슈 지방에서 보급된 나기나타(134p)의 일종이다. 당시 일본의 무기는 슴베를 꽂은 형태가 일반적이었지만, 쓰쿠시 나기나타는 창두 끝부분에 고리 모양의 관을 단조하여 자루에 끼워 장착한 것이 특징이다. 일설에 따르면 중국의 극(148p)이 원형이라고도 한다.

199 쓰쿠보
tsukubou

- 길이: 2.0~2.5m
- 중량: 2.5~3.0kg
- 시대: 무로마치~에도(14~19세기)
- 지역: 일본

쓰쿠보는 무로마치 시대부터 에도 시대까지 일본에서 경호, 포획 등 상대를 제압하는 무기로 사용되었다. 나무 자루 끝에 가시와 갈고리가 달린 철제 봉이 달려 있다. 자루의 끝부분이 철로 덮여 있고 가시가 있어 상대를 베거나, 상대가 자루를 잡아 끌어당기는 것을 방지한다. 주로 기모노에 걸고 잡아당겨 쓰러뜨리거나 밀어붙이는 등의 용도로 사용했다.

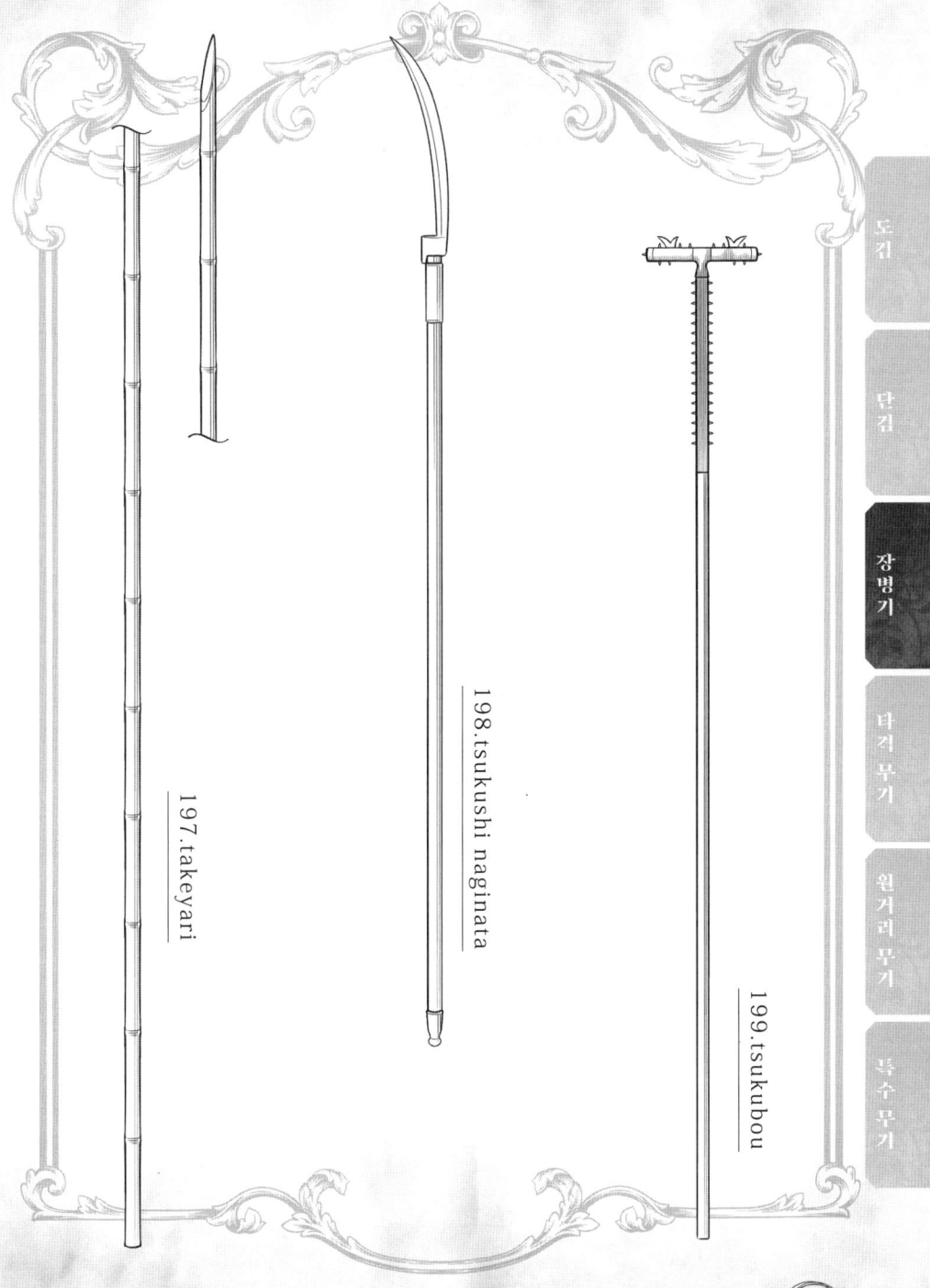

197.takeyari

198.tsukushi naginata

199.tsukubou

200 테포스토필리

tepoztopilli

- 길이: 1.8~2.2m
- 중량: 2.0~2.5kg
- 시대: 12~16세기
- 지역: 중앙아메리카

테포스토필리는 아즈텍인이 사용하던 창이다. 나무로 만들어졌으며 창두에는 뾰족하게 연마한 흑요석 날을 나란히 박아 넣었다. 장식과 날의 모양은 마쿠아우이틀(78p)과 공통점이 있다. 테포스토필리는 '찌르는 창'을 의미하지만, 날 끝으로 베는 용도로도 사용했다. 그림으로 남아 있는 모습을 보면 한 손으로 들고 원형 방패와 함께 사용한 것으로 보인다.

201 동권(銅拳)

douken, tongquan

- 길이: 1.5~1.8m
- 중량: 1.8~2.0kg
- 시대: 명~청(14~20세기)
- 지역: 중국

동권은 중국 명나라 시대에 만들어진 타격 무기다. 긴 자루 끝에 말뚝을 움켜진 주먹 모양의 금속 봉이 달려 있다. 일종의 해학이지만, 시각적으로 공포를 주는 효과도 컸던 것으로 여겨진다. 비슷한 무기로는 '학문의 신이 가진 붓'이라는 뜻의 괴성필(魁星筆)이 있으며, 이 무기는 붓을 움켜진 주먹 모양의 금속 봉이 특징이다.

202 도 산가

do sanga

- 길이: 1.5~1.8m
- 중량: 1.6~2.0kg
- 시대: 16~17세기
- 지역: 인도

도 산가는 무굴 제국에서 보병과 기병이 사용한 창두가 2갈래로 갈라진 창이다. 원래는 페르시아 기병이 사용하던 창이 원형이라고 전해진다. 창두를 끼워 넣는 방식으로, 물결치는 듯한 날이 달려 있다. 찌르기, 베기 모두 가능했다. 보병용은 자루가 약간 길게 만들어져 있다. 유럽에서는 포크 파이크라고 불렀다.

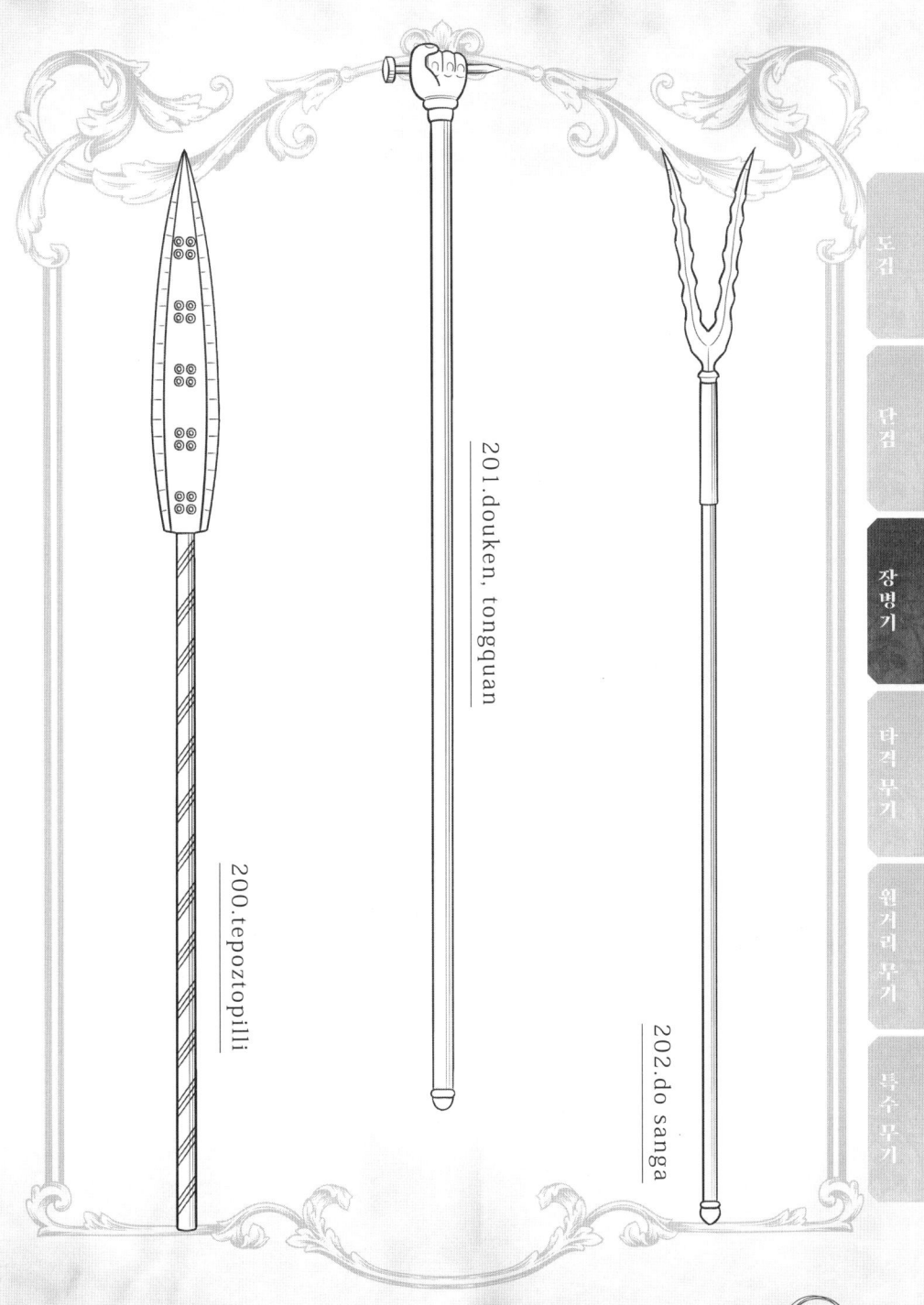

203 트라이던트
trident, tridens

- 길이: 1.5~2.0m
- 중량: 2.0~2.8kg
- 시대: 연대 불명~19세기
- 지역: 유럽

트라이던트는 유럽의 삼지창이다. 중앙의 날로 상대를 찔러 공격했고, 옆으로 퍼진 좌우의 날은 찌르기를 피한 상대에게 상처를 입히고, 상대의 공격을 막아낼 수도 있었다. 원래는 농기구나 어구로 사용하던 것이었다. 고대 로마의 검투사들도 비슷한 것을 사용했다.

204 나이가마
naigama

- 길이: 2.0~3.2m
- 중량: 1.8~3.0kg
- 시대: 가마쿠라~아즈치모모야마(12~16세기)
- 지역: 일본

나이가마는 가마쿠라 시대에 만들어진 긴 자루 끝에 낫이 달린 일본의 무기다. 목이나 팔다리를 베거나, 상대의 무기를 휘감는 등 다양한 공격법이 있으며, 전문 유파도 있었다. 아즈치모모야마 시대에는 '수초 제거기'라는 뜻의 모하즈시(藻外し)라는 이름으로 수군이 사용하였다. 모하즈시는 나이가마보다 낫이 약간 작았는데, 노 또는 방향타에 얽힌 수초를 자르거나 적의 선박을 잡아당기는 용도로 사용되었다.

205 나가마키
nagamaki

- 길이: 1.8~2.1m
- 중량: 5.0~7.0kg
- 시대: 무로마치~아즈치모모야마(14~16세기)
- 지역: 일본

나가마키는 일본 무로마치 시대에 탄생한 무기다. 노다치(18p)에 자루를 이어 붙여 연장한 것이 원형으로 사용법과 외형은 나기나타(134p)와 노다치의 중간 형태이다. 다루기 쉽고, 작은 힘으로도 큰 위력을 낼 수 있는 무기였다. 밑단에 작은 날을 붙여 일격이 빗나갔을 때 무기를 뒤집어 공격할 수도 있었다.

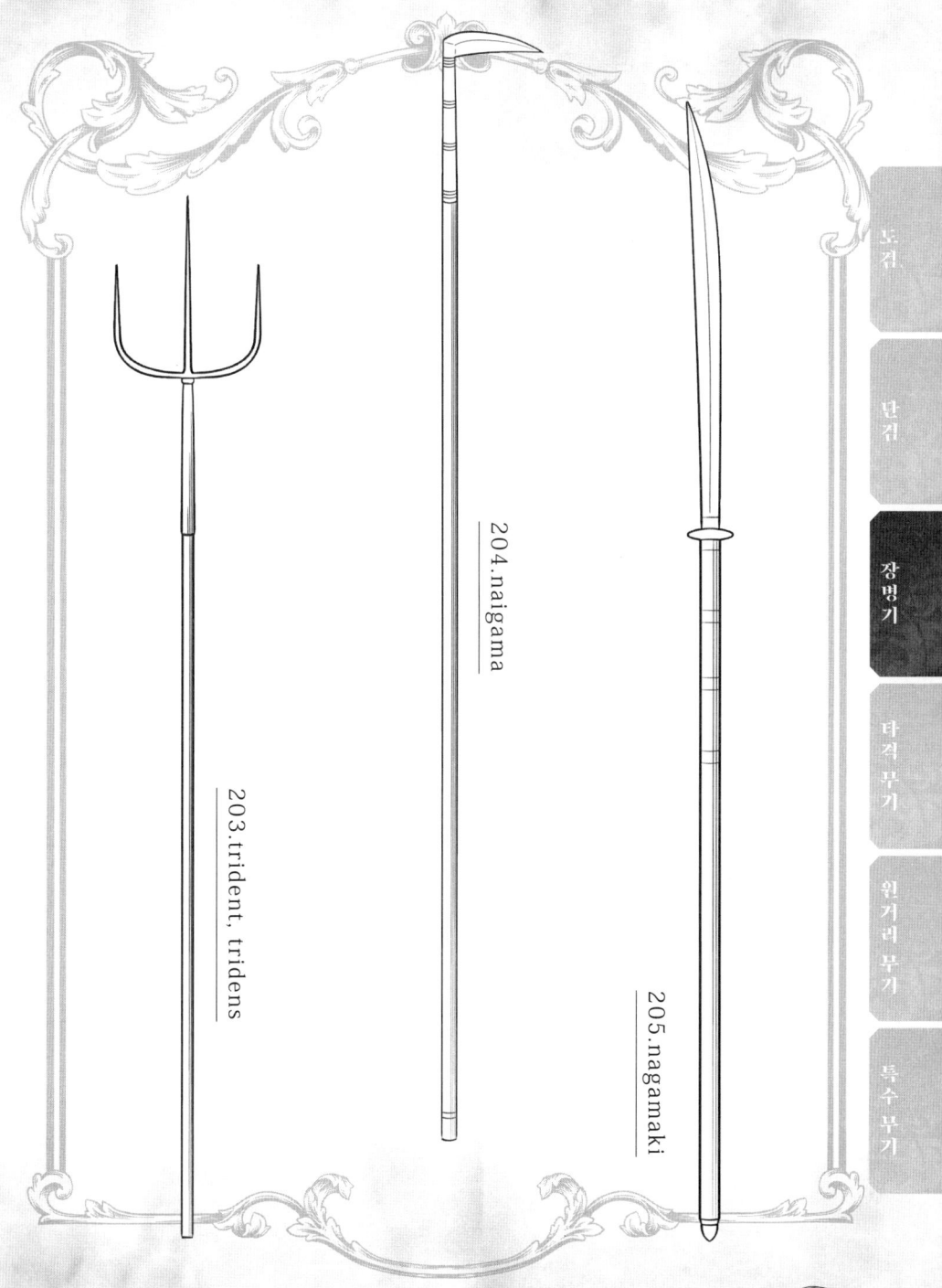

206 하프 파이크
half pike

- 길이: 1.8~2.5m
- 중량: 1.5~2.2kg
- 시대: 17~19세기
- 지역: 서유럽

하프 파이크는 넓은 창두를 가진 유럽의 창이다. 보병 부대의 하사관이 사용했다. 부대를 지휘하는 데 사용해 리딩 스태프(leading staff)라고도 불렸다. 부대 표식이나 깃발 같은 역할도 했으며, 전투가 끝나면 하프 파이크가 몇 개 서 있는지에 따라 생존한 하사관 수를 가늠하기도 했다.

207 파이크
pike

- 길이: 5.0~8.0m
- 중량: 3.5~5.0kg
- 시대: 15~17세기
- 지역: 유럽

파이크는 유럽의 기병을 상대하기 위한 창이다. 스위스에서 고안되었다. 창두를 긴 자루에 끼워 넣었으며, 무기를 들고 나란히 줄지어 서서, 자세를 취하는 것만으로도 기병이 접근하기 어려웠다. 날을 땅에 꽂아 바리케이드를 쌓거나, 기병으로부터 총병, 포병 등을 보호하는 역할을 맡았다.

208 배틀 훅
battle hook

- 길이: 2.0~2.5m
- 중량: 2.0~3.0kg
- 시대: 13~16세기
- 지역: 유럽

배틀 훅은 긴 자루 끝에 갈고리가 하나 달려 있는 아주 단순한 무기다. 13세기부터 16세기까지 유럽에서 농민, 시민군 등이 사용했다. 중무장한 보병이나 중기병에 대항하는 무기로, 갈고리로 끌어당겨 말에서 떨어뜨리기 위해 사용했다. 살상력이 없어서 떨어진 적은 여러 명이 함께 둔기 등으로 제압한 것으로 보인다.

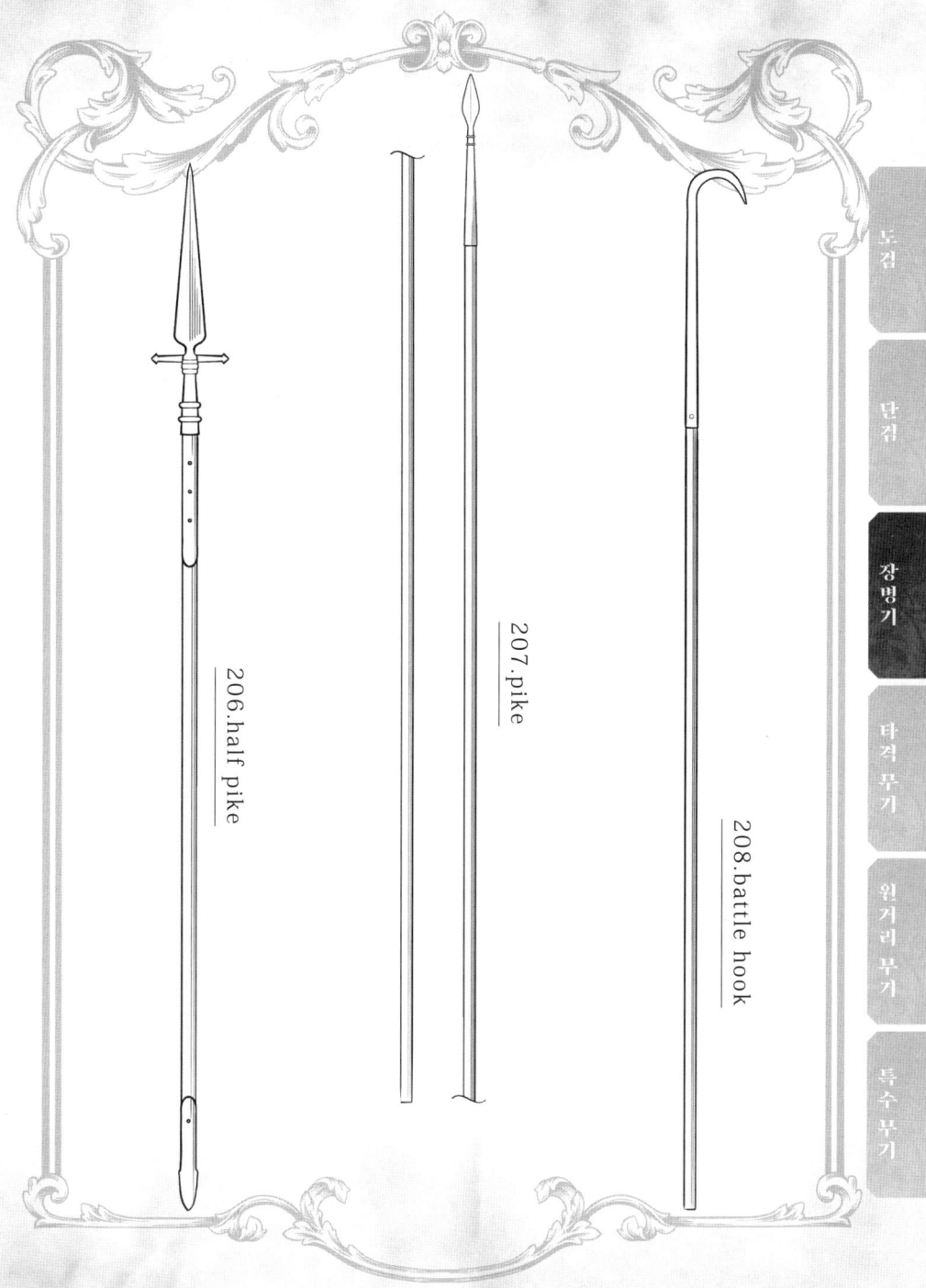

209 바디시
berdysh, bardiche

- 길이: 1.2~2.5m
- 중량: 2.0~3.5kg
- 시대: 16~18세기
- 지역: 동유럽

바디시는 동유럽에서 보병이 사용하던 무기다. 도끼를 닮은 큰 날을 가진 창으로, 베기에 특화되었다. 자루가 짧은 것과 긴 것이 있는데, 긴 것은 파이크(164p)와 마찬가지로 기병으로부터 총병, 포병 등을 방어하는 데 사용했고, 짧은 것은 반대로 기병이 공격용으로 사용했다. 대사관 도끼(embassy axe)라는 이름의 초대형 바디시는 의례용으로 사용되기도 했다.

210 미첨도(眉尖刀)
bisentou, meijiandao

- 길이: 2.5~3.0m
- 중량: 15~25kg
- 시대: 송(10~13세기)
- 지역: 중국

미첨도는 송나라 시대에 만들어진 중국 대도(大刀)의 일종이다. 단도가 눈썹처럼 생겼다고 해서 이름에 '눈썹'을 뜻하는 미(眉)가 붙었다. 완만하게 휘어진 외날이며, 내려쳐 베기에 적합했다. 단도 끝에는 방어를 위한 갈고리나 날밑이 달려 있다. 미첨도라는 이름은 일본에서는 나기나타(134p)의 별칭이기도 하지만, 나기나타가 더 먼저 나타났기 때문에 직접적인 관계는 없는 것으로 보인다.

211 빌
bill

- 길이: 2.0~2.5m
- 중량: 2.5~3.0kg
- 시대: 13~18세기
- 지역: 유럽

빌은 유럽에서 사용하던 모(138p)의 일종이다. 원래는 가지치기용 농기구였다. 창두는 거의 직각으로 구부러진 갈고리 모양의 외날이며, 날의 등 쪽에 핀(peen)이라고 부르는 뾰족한 부분이 달린 것도 있다. 베기, 치기, 걸기 등 다양한 공격이 가능해 기병을 말에서 끌어내리는 데 적합했다. 18세기 중반까지 프랑스의 일부 하사관들은 빌을 사용했다.

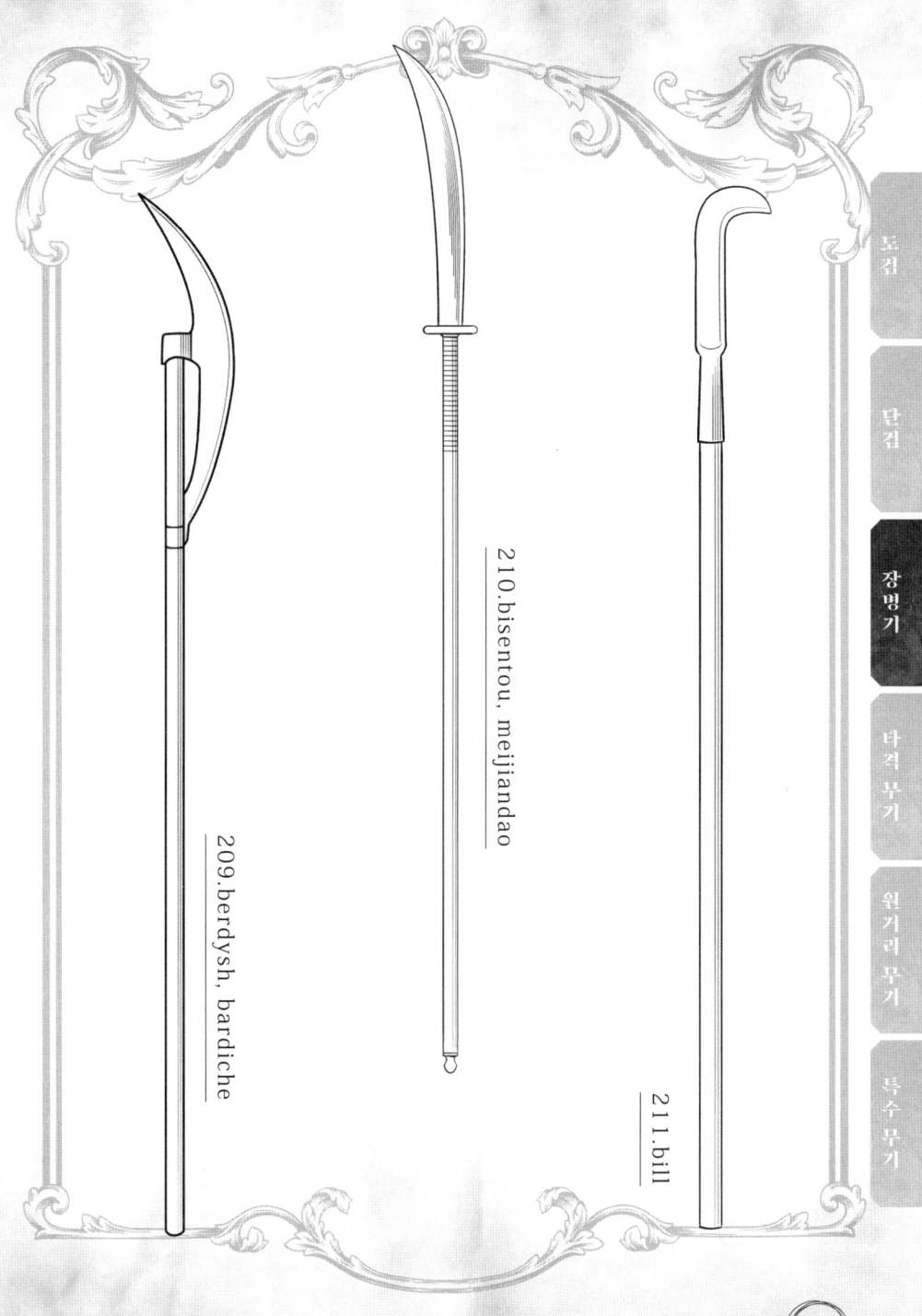

212 필룸 무랄리스

pilum muralis

- 길이: 1.8~2.0m
- 중량: 1.0~1.3kg
- 시대: BC 2~AD 3세기
- 지역: 고대 로마

필룸 무랄리스는 고대 로마군이 사용하던 나무로 된 창이다. 양 끝이 뾰족한 모래시계 모양으로, 손잡이는 가운데에 있다. 야영 시 기습 공격에 대비해서 준비해 두었다가 찌르거나 던지는 데 사용했다. 길이가 적당하고, 가벼워 다루기 쉬운 무기라고 한다. 얼핏 보면 임시방편으로 만든 무기처럼 보이지만, 단단한 나무를 깎아서 만들기 때문에 제작에 상당한 시간이 필요하다.

213 풋맨즈 액스

footman's axe

- 길이: 2.0~2.5m
- 중량: 2.0~3.0kg
- 시대: 15~20세기
- 지역: 서유럽

풋맨즈 액스는 영국에서 사용하던 무기다. 자루 끝에 창촉, 초승달 모양의 도끼, 갈고리가 달려 있으며, 모양과 용도는 핼버드(136p)와 거의 비슷하다. 이름 그대로 보병을 위한 도끼로 기병에 대항하는 능력이 높은 무기였다. 영국에서는 가장 대중적인 무기로 알려져 있으며 다양한 형태가 있다.

214 부르도나스

bourdonasse, bourdon

- 길이: 2.0~2.5m
- 중량: 2.0~3.0kg
- 시대: 15~20세기
- 지역: 서유럽

부르도나스는 나무로 만든 랜스(140p)이다. 창을 들고 말을 탄 채 상대 기사에게 돌진하는 마상 창시합에서 사용되었다. 가볍고 부드러운 미루나무를 사용했고, 속이 비어 있어 부딪히면 쉽게 부러지도록 만들어져 있다. 부르도나스 덕분에 시합 중 인명사고가 대폭 줄었다. 부러진 부르도나스는 새것으로 교체되며, 한쪽이 낙마할 때까지 경기는 계속되었다.

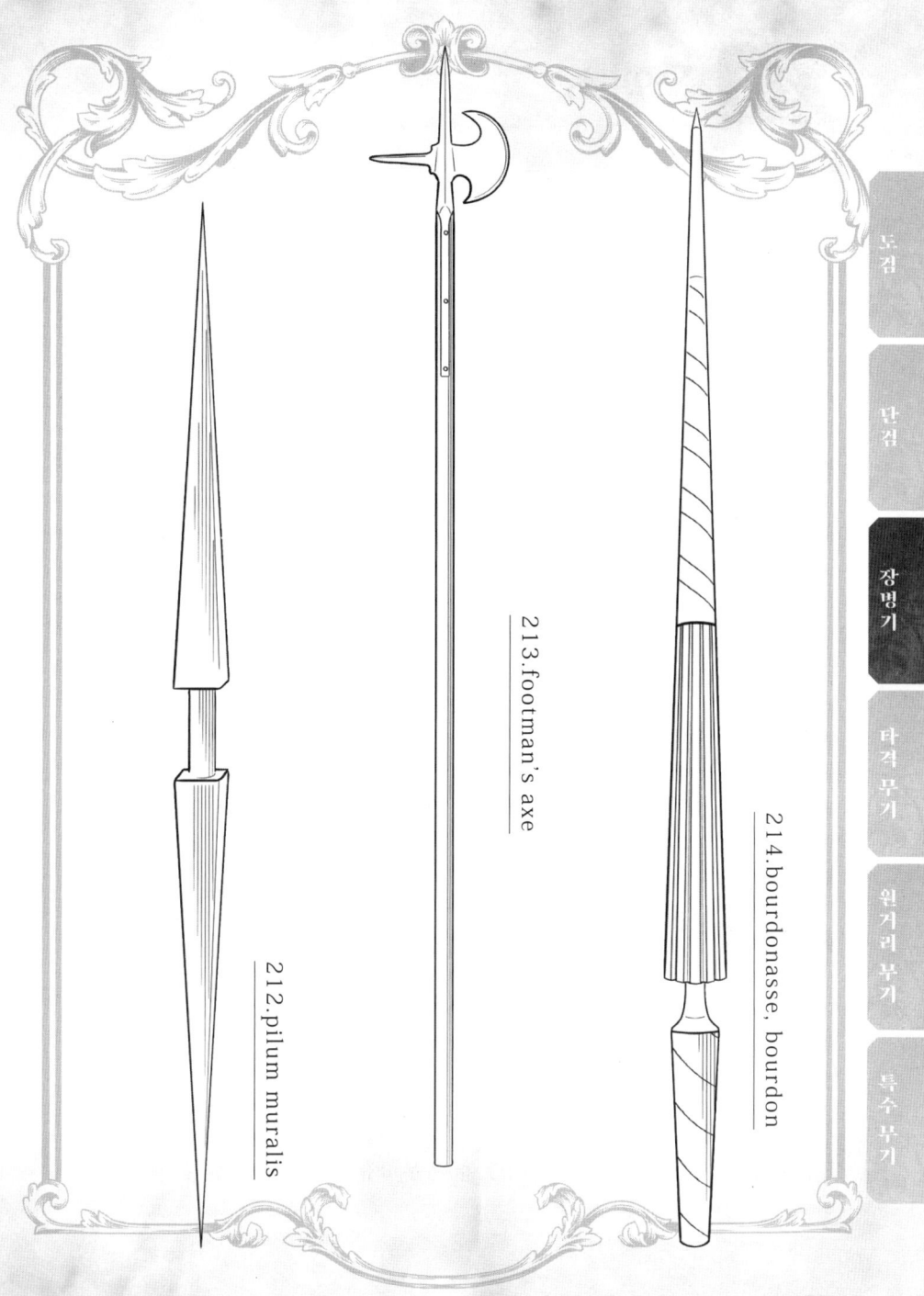

215 폴액스
poleaxe

- 길이: 1.8~2.1m
- 중량: 2.5~2.9kg
- 시대: 15~16세기
- 지역: 서유럽

폴액스는 데인(Dane)족이 사용하던 무기다. 금속으로 만든 자루 끝에는 창촉, 망치, 도끼가 달려 있어 찌르기, 때리기, 베기에 모두 가능했다. 밑단에 뾰족한 날을 달기도 했다. 워해머(174p)와 비슷하다. 하지만 폴액스는 중기병에 대항할 수 있도록 발전한 형식으로 자루에 원형의 날밑이 달려 있고 양손으로 잡는다는 차이가 있다.

216 호코
hoko

- 길이: 2.0~3.0m
- 중량: 2.5~3.5kg
- 시대: 고훈~전국시대(3~16세기)
- 지역: 일본

호코는 청동기 시대부터 사용된 일본의 무기다. 제례용으로도 사용되었다. 모양은 중국의 창(132p)과 크게 다르지 않아 보이지만, 슴베를 자루에 꽂아 고정하는 창과 달리 호코는 창두를 소켓처럼 자루에 끼우는 방식으로 고정했다. 그 밖에도 창두의 모양이 약간 둥글다는 점, 한 손으로 잡고 반대쪽 손에는 방패를 든다는 점 등의 차이점이 있다.

217 낭선(狼筅)
rousen, rangxian

- 길이: 4.0~4.6m
- 중량: 2.0~2.5kg
- 시대: 명(14~17세기)
- 지역: 중국

낭선은 중국 명나라 시대에 고안된 특수한 창이다. 가지가 달린 대나무에 창촉이 붙어 있는데, 이 가지로 상대의 공격을 방어할 수 있었다. 낭선을 든 병사는 선두에 서서 상대의 공격을 막았다. 비슷한 무기로는 긴 자루에 가지가 갈라진 나뭇가지를 꽂고 끝에 창두를 붙인 선창(筅槍)이 있다. 하지만 둘 다 부피가 커서 휴대에 어려움이 있었다.

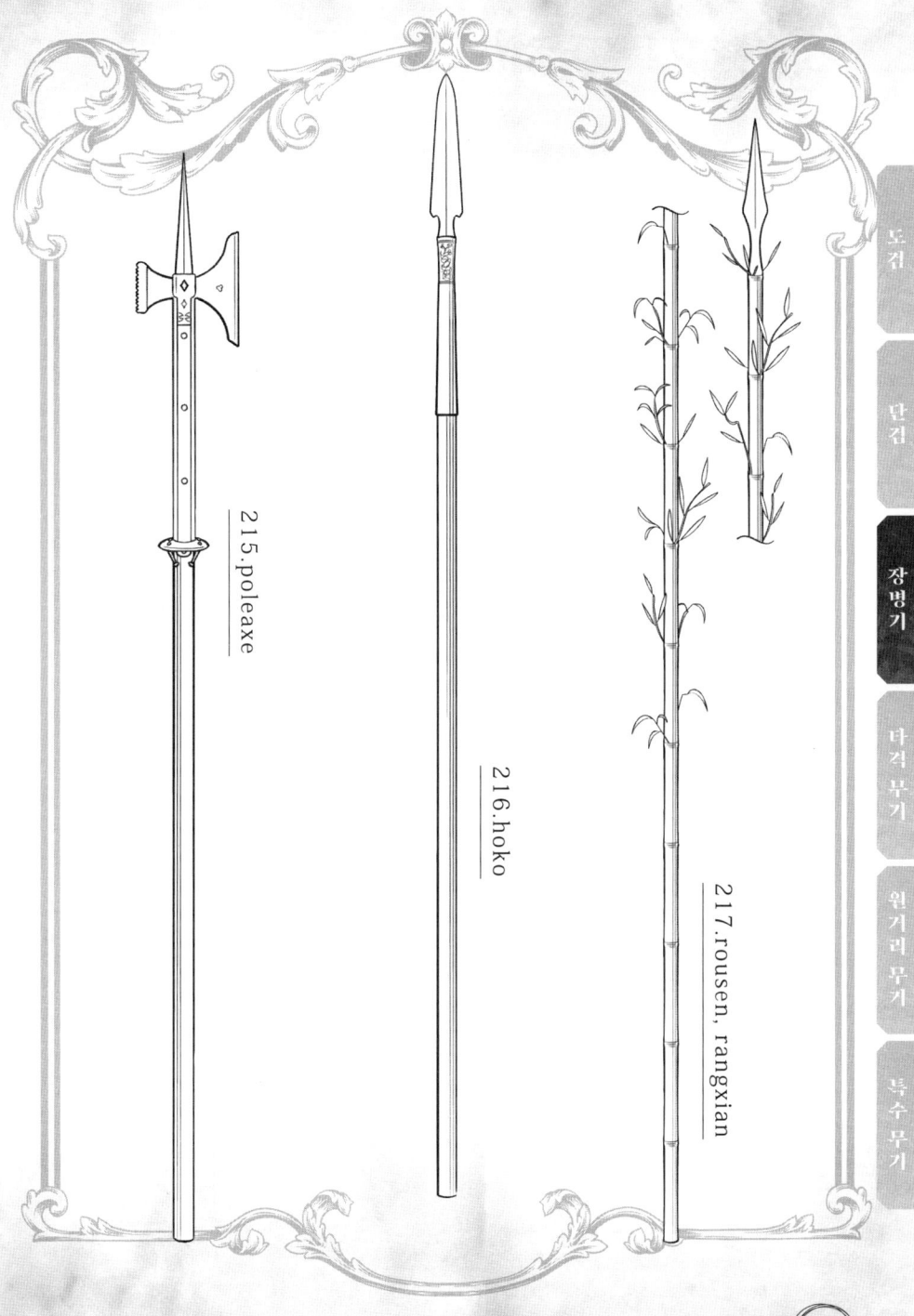

장병기 도해

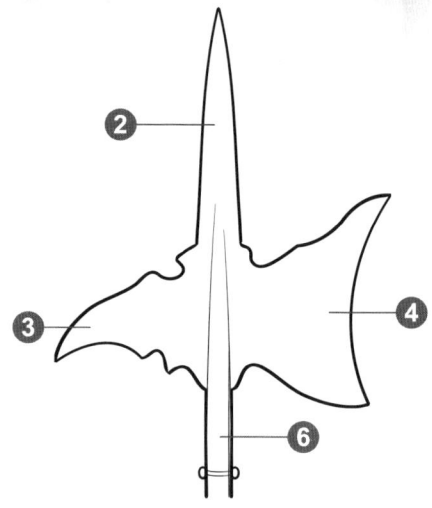
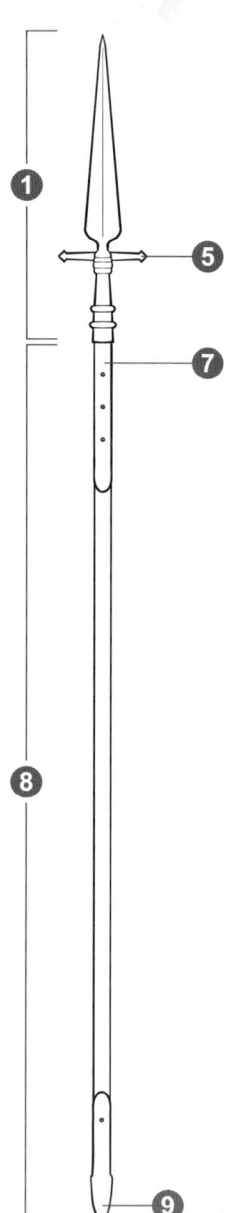

장병기
Pole Weapon

- ❶ 창두 | 스피어헤드(spearhead)
- ❷ 창촉 | 스파이크(spike)
- ❸ 갈고리 | 플루크(fluke)
- ❹ 도끼날 | 액스 블레이드(axe blade)
- ❺ 날밑 | 가드(guard)
- ❻ 금구 | 소켓(socket)
- ❼ 철판 | 랑겟(langet)
- ❽ 자루 | 폴(pole), 샤프트(shaft)
- ❾ 밑단 | 버트(butt)

4장
타격 무기

218 워해머

war hammer

- ◆ 길이: 50~200cm
- ◆ 중량: 1.5~3.5kg
- ◆ 시대: 13~17세기
- ◆ 지역: 유럽

워해머는 중세 유럽에서 사용하던 무기다. 자루 끝에 망치 모양의 머리가 달린 것으로, 갑옷이나 투구를 상대로 효과가 있었다. 자루 반대편에 도끼날, 갈고리가 달린 것이나, 자루 끝에 뾰족한 창두를 단 것이나, 자루 끝을 뾰족하게 만든 것도 있다. 처음에는 보병이 주로 사용했지만, 자루를 짧게 만든 기병용도 개발되었다. 한편 해머는 게르만어로 '돌로 만든 무기'라는 뜻으로 원형은 유목에 돌을 붙인 것과 같은 형태였던 것으로 추정된다.

219 가케야

kakeya

- ◆ 길이: 80~120cm
- ◆ 중량: 3.0~3.5kg
- ◆ 시대: 헤이안~에도(8~19세기)
- ◆ 지역: 일본

가케야는 헤이안 시대부터 에도 시대까지 사용하던 일본의 무기다. 참나무 등 단단한 나무로 만들었으며, 긴 자루와 머리로 구성되어 있다. 원래는 기둥이나 큰 말뚝을 박는 망치로 전장에서 말뚝이나 울타리를 박거나 성문이나 장애물을 부수는 등 전략적인 도구로 쓰이는 경우가 많았다. 그러나 미나모토노 요시쓰네의 가신이었던 '호걸 벤케이(弁慶)의 7가지 무기'에 포함되는 등 백병전에서도 사용한 것으로 보인다.

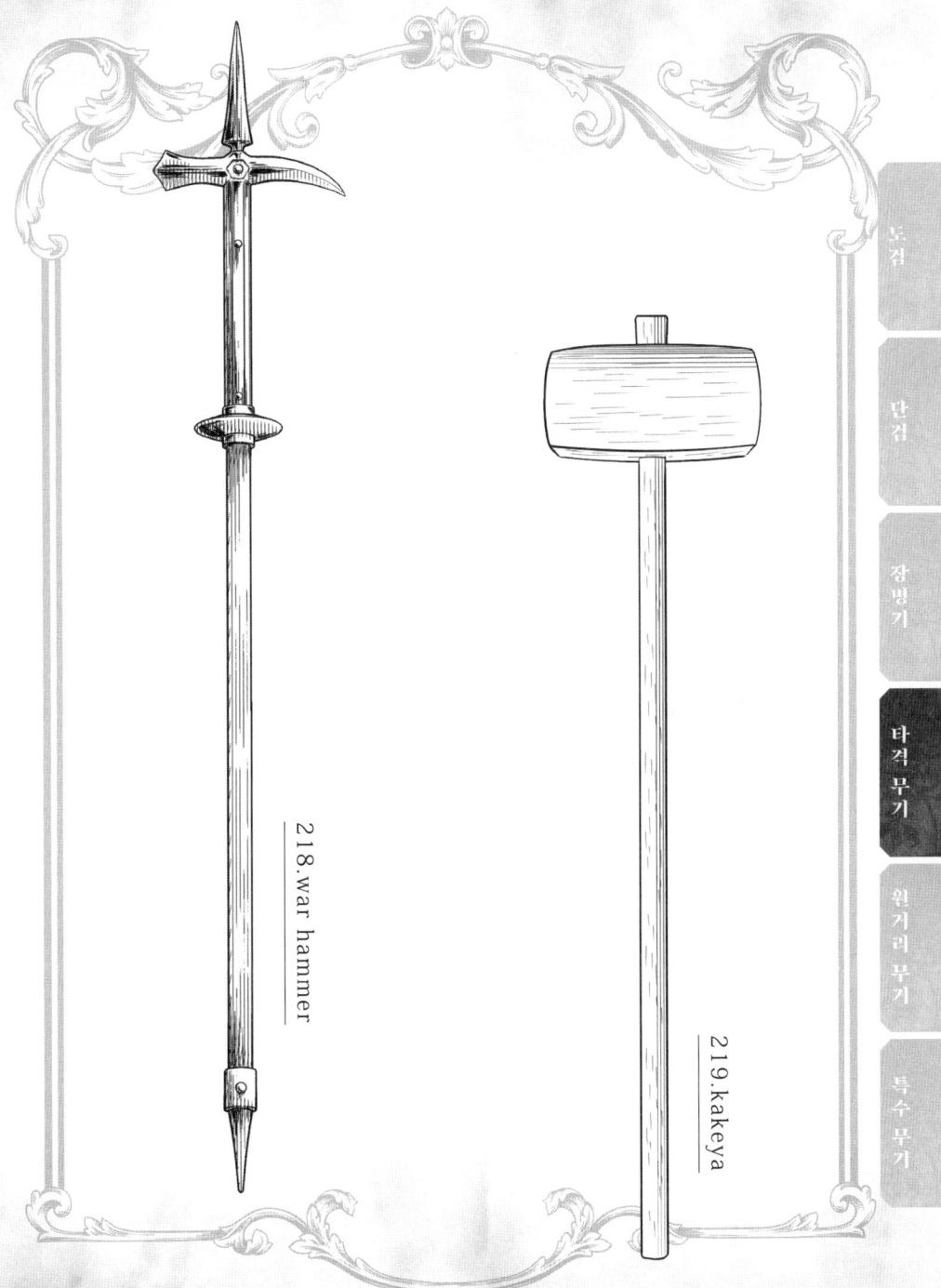

218. war hammer

219. kakeya

220 가나사이보

kanasaibou

- 길이: 200~350cm
- 중량: 3.0~5.0kg
- 시대: 가마쿠라~무로마치(12~16세기)
- 지역: 일본

가나사이보는 가마쿠라 시대부터 무로마치 시대까지 사용하던 일본의 무기다. 단단한 나무를 육각형이나 팔각형으로 가공한 대형 곤봉으로, '호시(星)'라고 부르는 가시나 못이 박혀 있다. 옛이야기에 나오는 '도깨비방망이'에 가깝다. 이후에는 표면에 띠 모양의 판금이나 철판을 덮은 것이나, 주조나 단조로 만든 것도 등장했다. 가나사이보는 무사의 강인함을 과시하는 상징이었지만, 전쟁의 형태가 개개인의 능력보다 조직력을 중시하는 방향으로 변화하면서 점차 사라졌다.

221 건스톡 워클럽

gunstock warclub

- 길이: 60~100cm
- 중량: 0.6~1.0kg
- 시대: 18~20세기
- 지역: 북아메리카

건스톡 워클럽은 북미 원주민들이 사용하던 무기다. 건스톡(gunstock)은 '개머리판'이라는 뜻으로 모양이 총과 비슷해 유럽에 소개될 때 이런 이름이 붙여졌다. 건스톡 워클럽의 기록은 18세기부터지만 그 이전부터 계속 사용되어 기원은 불분명하다. 전체가 'ㄱ' 자 모양으로 휘어져 있고, 휘어진 바깥쪽에 뾰족한 돌출부가 있다. 이 돌출부는 금속으로 만들어지는 경우도 있다. 돌출부를 이용한 찌르기 외에 던지기, 휘어진 안쪽으로 때리기 등 다양한 공격 방법이 있었다.

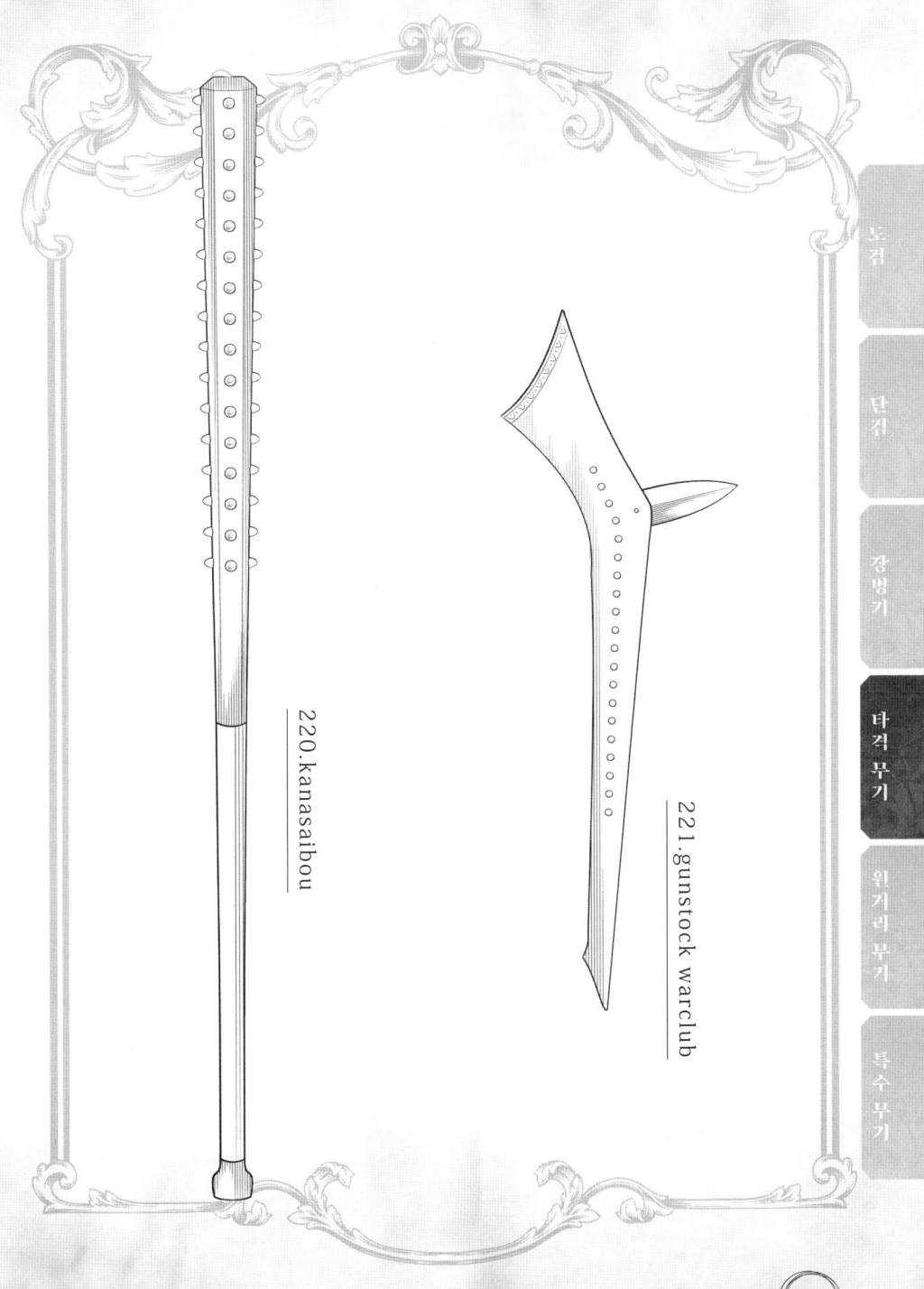

222 고덴닥

godendag

- 길이: 180~220cm
- 중량: 3.0~3.5kg
- 시대: 14세기
- 지역: 유럽

고덴닥은 14세기 유럽에서 농민 등이 사용하던 무기다. 고덴닥은 네덜란드어로 'good day'라는 아이러니한 뜻을 담고 있다. 농기구를 기반으로 한 풋맨즈 플레일(208p)의 일종으로 긴 자루, 금속 사슬, 머리로 구성되어 있다. 머리에는 금속으로 된 여러 개의 가시가 달려 있으며 그 모양은 다양하다. 1302년 일어난 플랑드르 반란에서 농민을 중심으로 한 시민군이 이 무기를 사용해 프랑스 중기병에게 막대한 피해를 줬다.

223 자그날

zaghnol, zaghnal

- 길이: 50~70cm
- 중량: 0.5~1.5kg
- 시대: 16~18세기
- 지역: 남아시아

자그날은 16세기부터 인도와 페르시아에서 사용하던 무기다. 자루에 금속으로 만든 날카로운 부리 모양의 머리가 달려 있다. 자그날은 '까마귀 부리'라는 뜻이다. 부리 모양의 머리는 양날이나, 끝이 2갈래로 갈라진 것도 있었다. 워피크(190p)와 오노(190p)의 중간 형태의 무기로 타격 외에도 걸어서 베거나, 말에서 적을 끌어내거나, 벽을 오를 때 활용했다. 원형은 파키스탄 부근에 살던 발루치족의 무기인 로하르(lohar)로 알려져 있다.

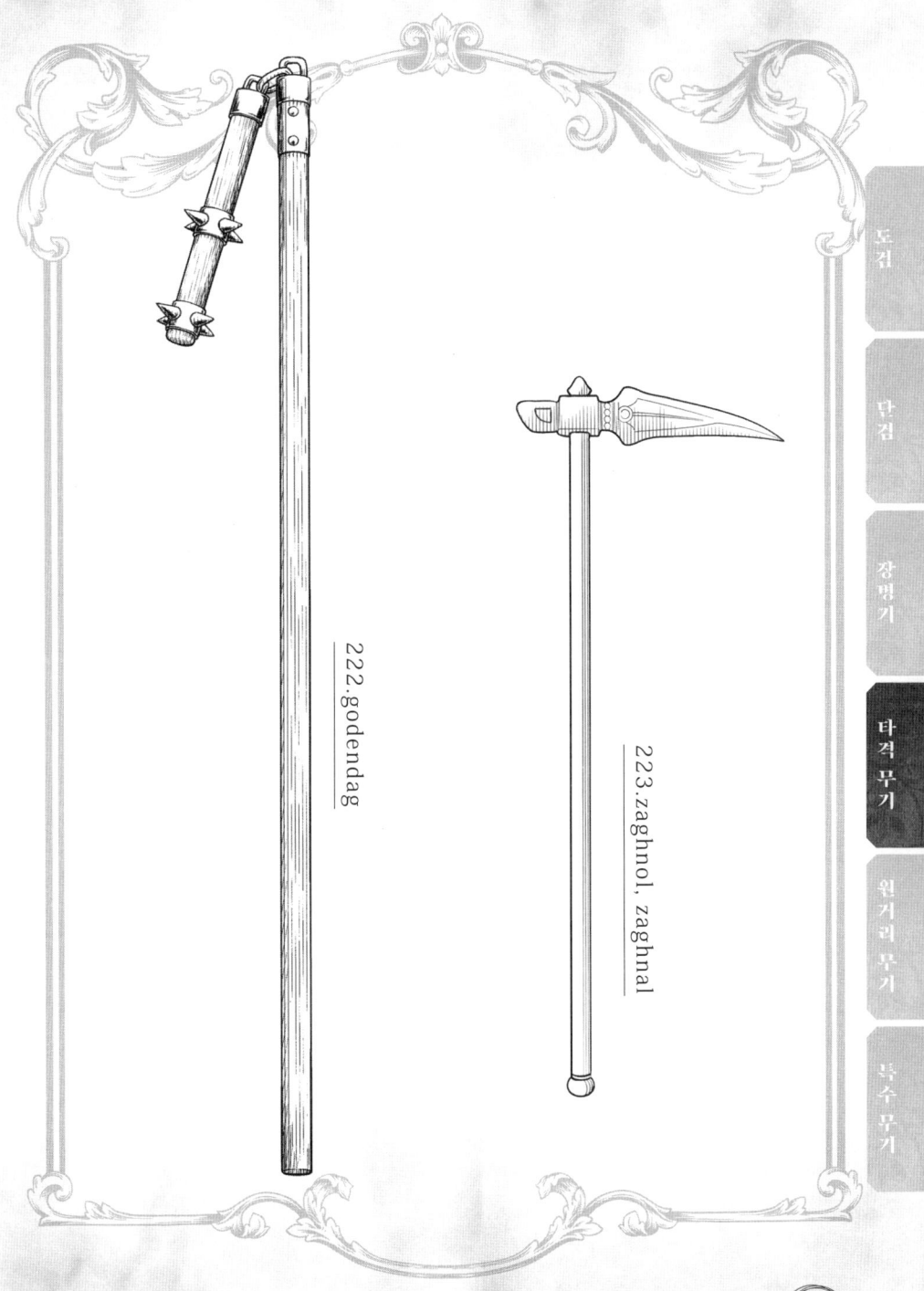

224 타바르

tabar

- 길이: 50~100cm
- 중량: 1.0~2.0kg
- 시대: 15~18세기
- 지역: 인도

타바르는 인도에서 사용하던 무기다. 도끼 모양은 반달형, 삼각형, 물고기 꼬리지느러미 같은 'M' 자형 등 매우 다양하다. 도금이나 조각 등의 장식을 한 것이 많다. 초기에는 대칭형으로 도끼가 2개 달린 것도 만들어졌으나, 사용성이 좋지 않아 사라졌다. 반달형 도끼는 양쪽 끝 가장자리 안쪽에도 날을 달아 말의 고삐를 잘랐다. 자루는 나무와 금속으로 된 것이 있으며 자루 안에 단검을 끼울 수 있는 것도 있다.

225 철편(鉄鞭)

tetsuben, tiebian

- 길이: 90~100cm
- 중량: 7.0~8.0kg
- 시대: 당~청(7~20세기)
- 지역: 중국

철편은 금속으로 만든 중국의 무기다. 경편(硬鞭)이라고도 한다. 자루와 자루 사이에 마디가 있고 단면이 원형인 것이 특징이다. 단면이 다각형인 간(鐧)이라는 무기도 있다. 옛날에는 청동으로, 이후 철로 만들어졌다. 도검류보다 강도가 높고, 다른 타격 무기에 비해 무게가 상당히 무겁다. 갑옷이나 투구를 상대로 충분한 위력을 발휘했고, 무기와 그대로 부딪쳐 상대의 무기를 부러뜨릴 수 있었다. 청나라 시대 기록에는 휘두른 철편에 맞아 단번에 팔이 잘려 나갔다는 이야기가 있다.

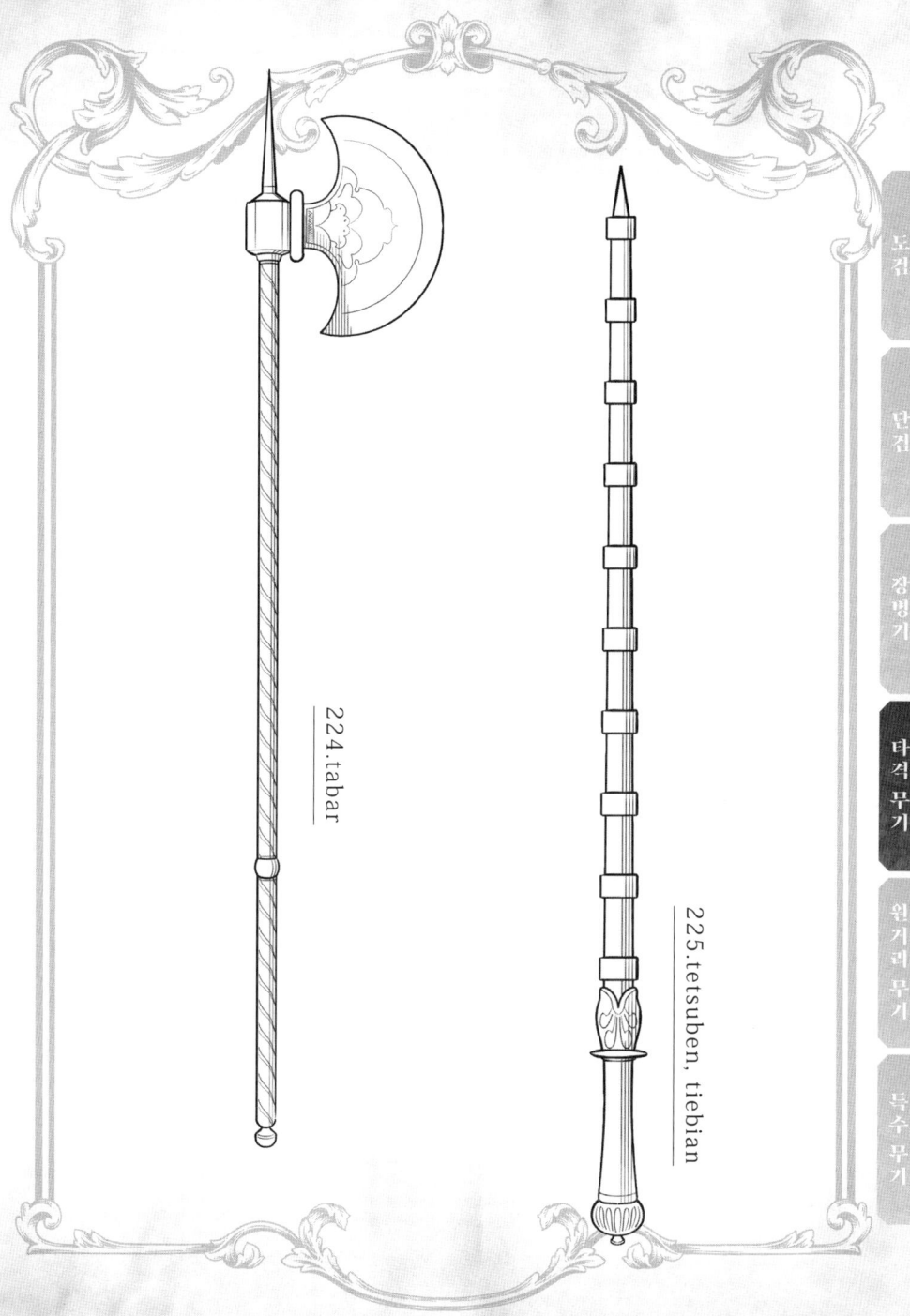

226 테와테와

tewha tewha

- 길이: 100~160cm
- 중량: 1.5~2.2kg
- 시대: 14~19세기
- 지역: 오세아니아

테와테와는 뉴질랜드 원주민인 마오리족이 14세기경부터 사용하던 무기다. 자루는 단단한 나무를 매끄럽게 다듬어 만들었다. 앞쪽은 도끼처럼 생겼지만, 공격에 사용하는 것은 반대편이다. 이 도끼 같은 부분은 무게와 위력을 높이는 동시에 공기 저항을 제어하는 날개 역할을 했다. 밑단이 날카롭고 뾰족해 찌르기도 가능하다. 또한, 무기뿐만 아니라 보석 장식이나 독특한 조각이 새겨진 공예품으로도 유명하다.

227 톤파

tonfa

- 길이: 40~50cm
- 중량: 0.3~0.8kg
- 시대: 17세기~현재
- 지역: 류큐(일본)

톤파는 류큐의 토족이 사용하던 무기다. 유래에는 여러 이야기가 있는데 배 젓는 노를 짧게 자른 것이나, 일상에서 맷돌 손잡이로 쓰던 것을 무기로 사용했다는 이야기가 있고, 중국에 비슷한 형태의 괴(拐)라는 무기가 있어 그것이 전해졌을 가능성도 있다. 모양은 원통형, 사각기둥형 등의 세로 막대에 짧은 가로 막대를 수직으로 꽂은 'ㅏ' 자 모양이다. 가로 막대를 잡고 원심력으로 휘둘러 공격하는 것 외에 세로 막대 부분을 잡으면 사스마타(152p), 짓테(196p), 낫, 망치처럼 공격할 수 있는 무기다. 현대에는 미국 경찰의 일부에서 진압용으로 사용하고 있다.

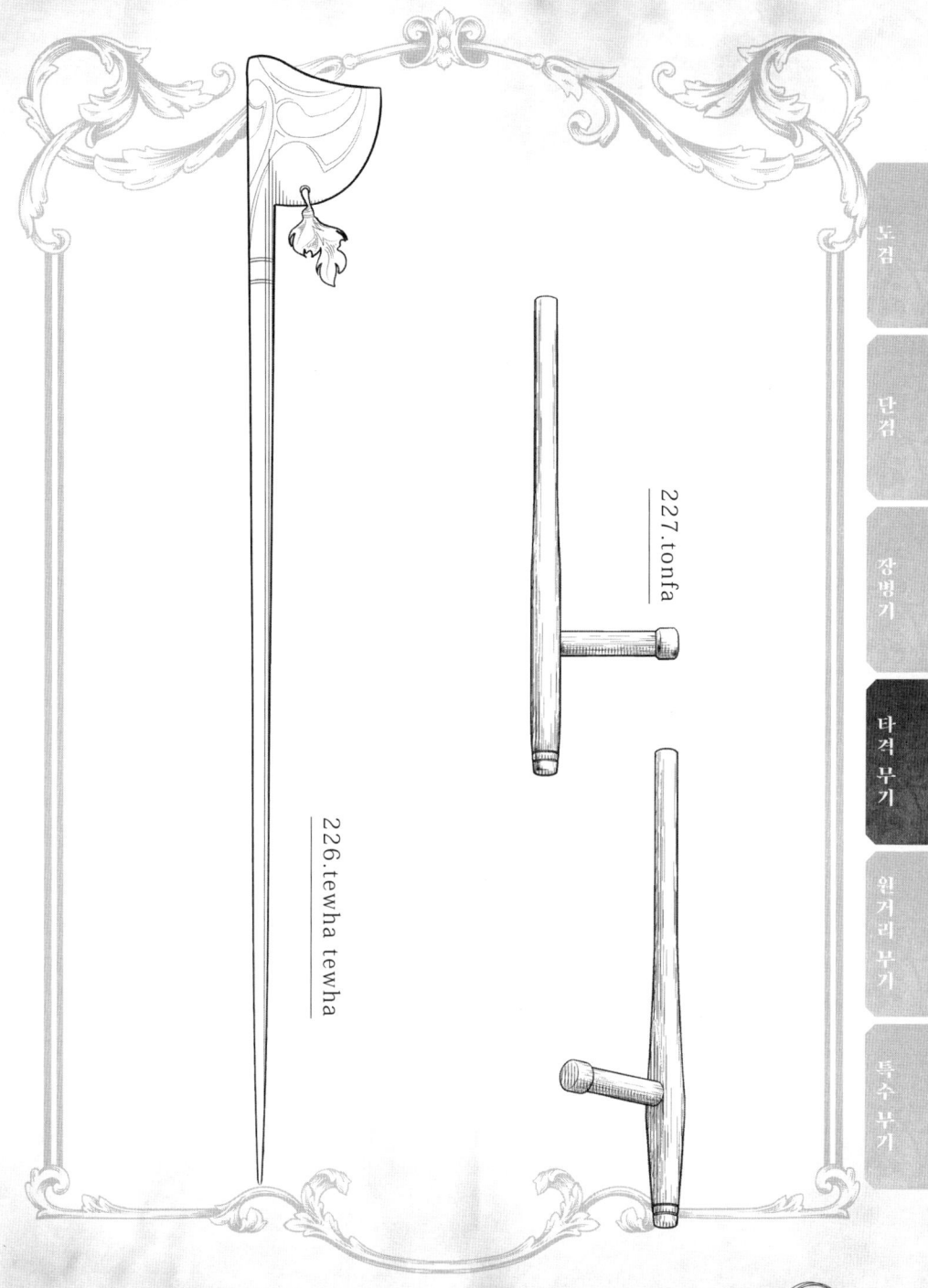

227.tonfa

226.tewha tewha

228 배틀액스

battle axe

- 길이: 60~150cm
- 중량: 0.5~3.0kg
- 시대: 6세기~근세
- 지역: 유럽

배틀액스는 유럽에서 사용하던 전투 도끼의 총칭이다. 날로 상대에게 피해를 입히기도 했지만, 갑옷을 입은 상대에게 피해를 입히기 위해 점차 메이스(231p)에 가까운 둔기와 같은 성격을 띠게 되었다. 모양은 반달형 도끼가 달린 것, 좌우 대칭으로 2개의 도끼가 달린 것, 갈고리가 달린 것 등 매우 다양하다. 짧은 것은 기병이 한 손으로 다루었지만, 긴 것은 파이크(164p), 바디시(166p)와 같이 지면에 자루를 꽂아 기병의 침입을 막는 바리케이드 용도로 사용되었다.

229 히터

hitter

- 길이: 60~150cm
- 중량: 1.5~3.5kg
- 시대: 15~16세기
- 지역: 유럽

히터는 유럽에서 사용하던 무기다. 16세기 독일에서 일어난 농민전쟁에서 대량으로 만들어졌다. 긴 자루 끝에 쇠사슬로 연결한 가시가 달린 금속 고리를 휘둘러 사용한다. 비슷한 무기로 모닝스타(188p)와 풋맨즈 플레일(208p)이 있지만, 히터는 머리가 가벼워 위력이 몇 단계 아래다. 원래는 도검의 칼자루 등 쓸모없는 부품을 임시방편으로 쇠사슬에 연결한 것이 시초였다.

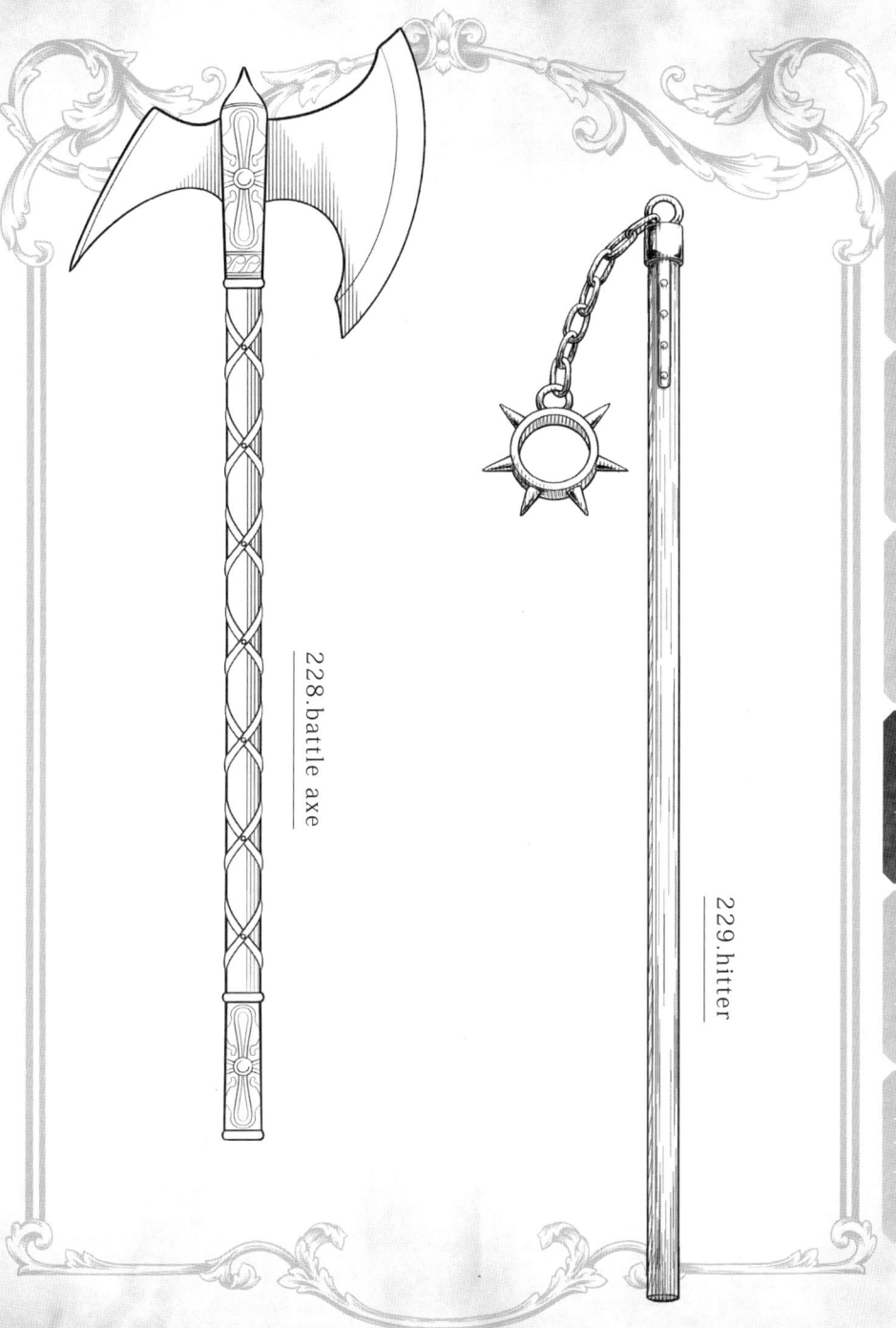

228. battle axe

229. hitter

230 호스맨즈 플레일

horseman's flail

- 길이: 30~50cm
- 중량: 1.0~2.0kg
- 시대: 12~16세기
- 지역: 유럽

호스맨즈 플레일은 유럽에서 사용하던 기병용 무기다. 쇠사슬로 자루와 머리 사이를 묶어 놓은 것이 특징이다. 한 손으로 다룰 수 있는 보병용 풋맨즈 플레일(208p)보다 자루가 짧은 것이 특징이다. 머리는 가시가 달린 막대기, 추, 여러 개의 금속구 등 다양했다. 말 위에서 사용할 때 전력을 다해 때려도 반동이 적어 다른 둔기보다 낙마의 위험이 적었다.

231 메이스

mace

- 길이: 30~80cm
- 중량: 2.0~3.0kg
- 시대: BC 14~AD 17세기
- 지역: 유럽

메이스는 유럽에서 사용하던 곤봉의 일종으로, 손잡이 부분에 밑단이 있고 여러 개의 부품으로 구성된 곤봉 일체를 가리킨다. 특히 독일과 이탈리아에서 발달했다. 머리의 모양은 다양하며, 구(球) 형태나 방사형 철편을 붙인 플랜지(flange) 형태 등이 있다. 고대에는 뼈나 돌, 나무를 조합한 단순한 무기로 널리 사용되었으나, 도검이 발달하며 사용하지 않게 되었다. 그러나 중세에 플레이트 메일을 착용한 기사가 등장하면서 도검보다 더 효과적인 무기로 주목받았다.

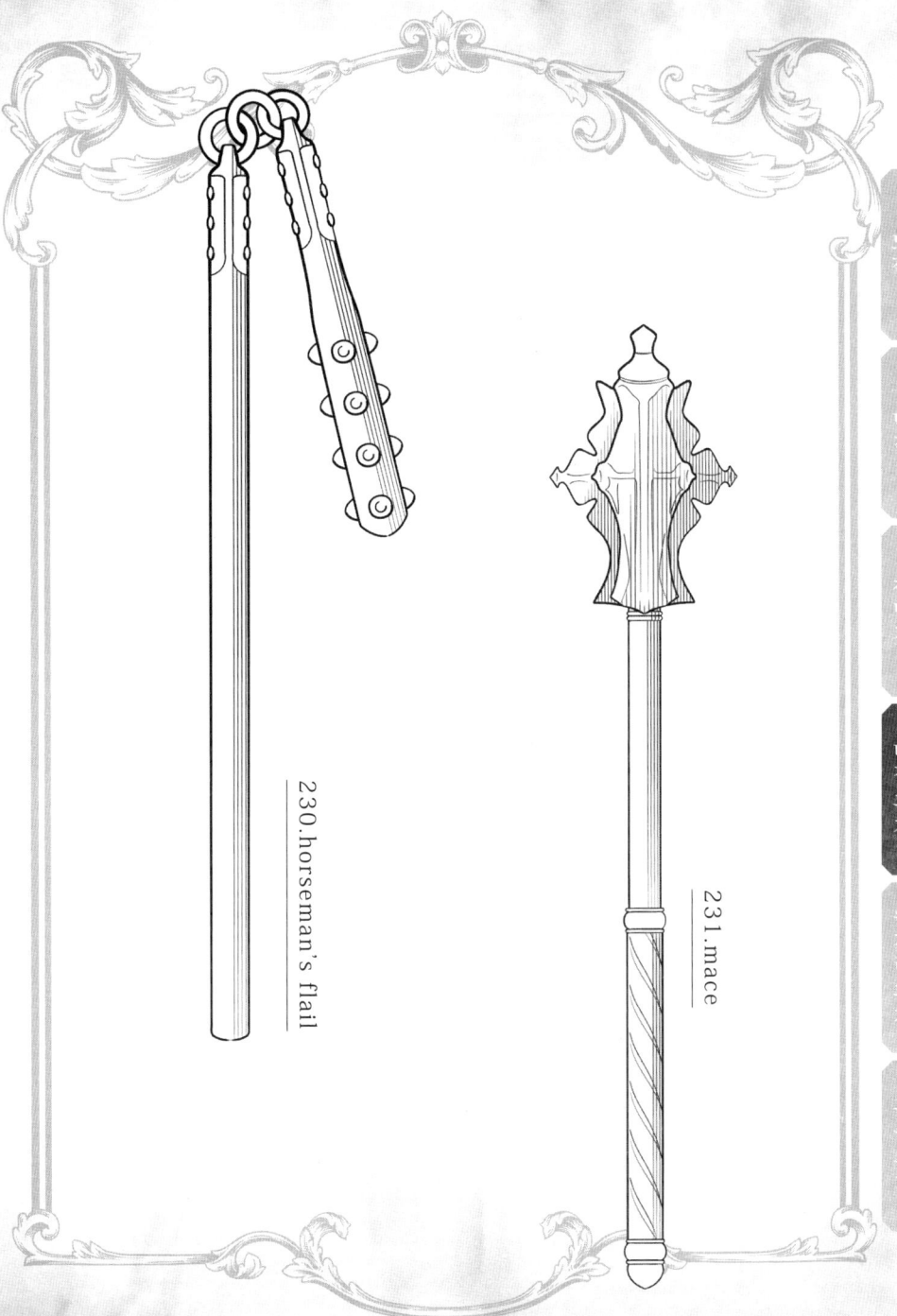

232 모닝스타

morning star

- 길이: 50~80cm
- 중량: 2.0~2.5kg
- 시대: 13~17세기
- 지역: 유럽

모닝스타는 13세기경 독일에서 탄생하여 병사나 기사 등이 즐겨 사용하던 메이스(186p)의 일종이다. 자루 끝에 금속 구가 달려 있고, 거기에서 방사형으로 가시가 튀어나와 있다. 타격부가 빛나는 별을 닮아 이름에 별(star)이 붙었다. 이러한 형태의 무기 전반을 모닝스타라고 부르기도 한다. 모양이 성직자가 성수를 뿌릴 때 사용하는 성수채를 닮았다고 해서 '홀리 워터 스프링클러(holy water sprinkler)'라고도 불리며, 실제로 성직자의 무기로도 사용되었다.

233 낭아봉(狼牙棒)

rougebou, langyabang

- 길이: 40~190cm
- 중량: 0.5~3.0kg
- 시대: 송(10~13세기)
- 지역: 중국

낭아봉은 중국 송나라 시대에 사용하던 추(198p)의 일종이다. 자루 끝에 철로 만든 방추형 타격부가 있고, 그 위에 날카로운 가시가 있다. 가시가 늑대의 송곳니처럼 생겨 '늑대의 이빨'을 뜻하는 낭아(狼牙)가 이름에 붙었다. 중무장한 병사의 갑옷을 부수기 위한 무기로, 한 손으로 다루는 기병용부터 양손으로 다루는 보병용까지 모두 같은 이름으로 불린다. 사용법은 위에 나온 유럽의 모닝스타와 거의 비슷하지만, 끝부분의 가시를 이용한 찌르기와 뾰족한 밑단을 이용한 공격이 가능한 것이 특징이다.

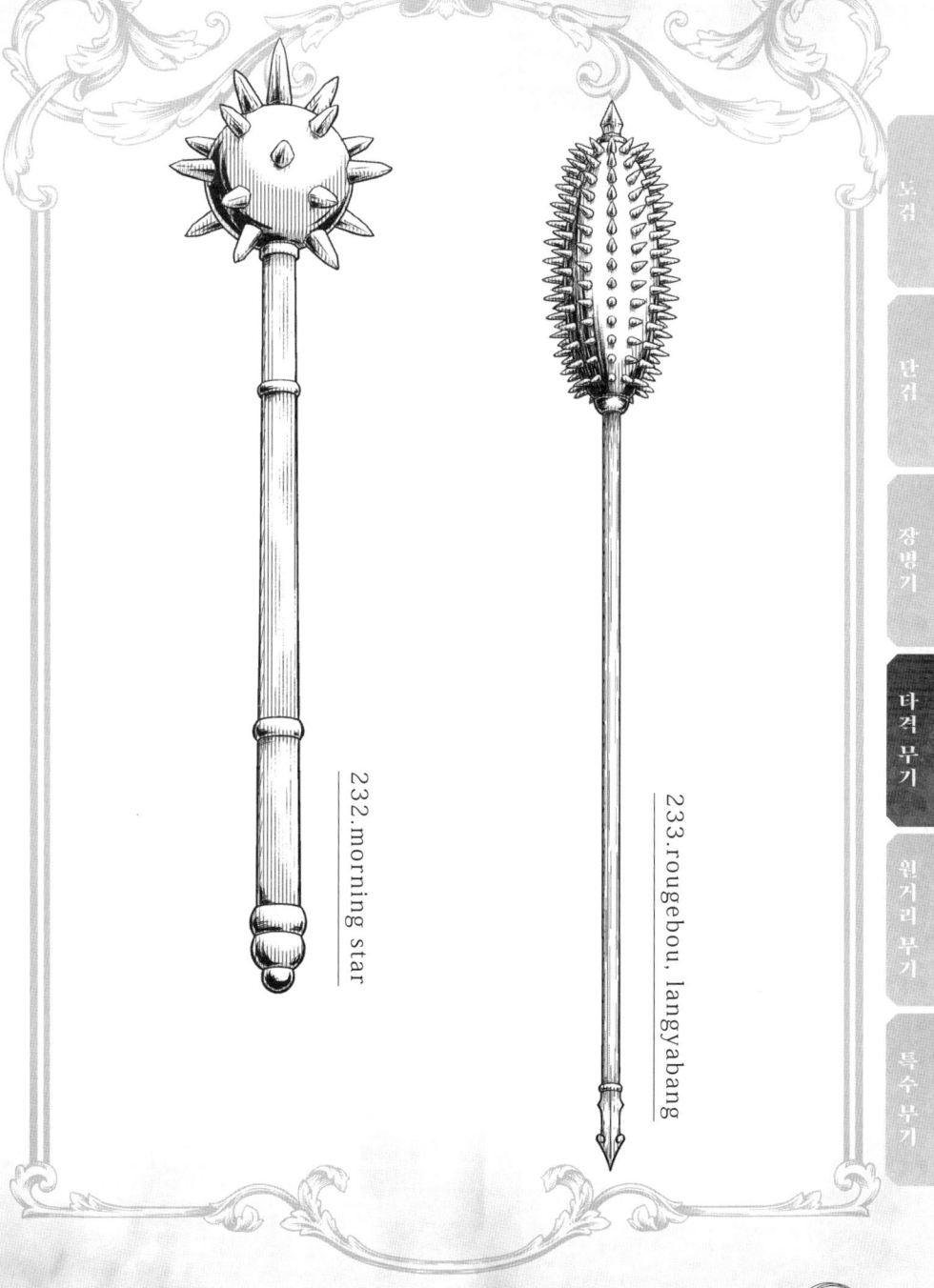

232. morning star

233. rougebou, langyabang

234 아쿠

aqhu

- 길이: 70~100cm
- 중량: 1.5~1.8kg
- 시대: BC 10~BC 5세기
- 지역: 고대 중동

아쿠는 고대 오리엔트 시대 무기다. 도끼에 구멍 2개가 나란히 뚫려 있는데, 이것이 눈처럼 보인다고 해서 아이 액스(eye axe)라고도 불린다. 도끼는 자루의 측면에 위치하거나 자루에 끼워 넣었다. 원래는 돌로 만들었으나, 구리나 청동으로도 만들어져 독특한 형태는 그대로 계승되었다.

235 워피크

war pick

- 길이: 50~60cm
- 중량: 0.8~1.2kg
- 시대: BC 7~AD 16세기
- 지역: 유럽

워피크는 기병이 사용하던 무기다. '호스맨즈 피크(horseman's pick)'라고도 한다. 곡괭이처럼 생겼으며, 짧은 자루에 금속으로 된 날카로운 머리(pick)가 달려 있다. 날카로운 쪽 반대편에는 망치나, 창두가 달린 것도 있다. 고대에는 스키타이족과 페르시아 기병이 사용했으며, 유럽에서는 13세기경부터 중무장한 병사를 상대하는 수단으로 사용되었다.

236 오노

ono

- 길이: 60~150cm
- 중량: 0.5~5.0kg
- 시대: 석기시대~전국시대(~16세기)
- 지역: 일본

오노(斧)는 일본에서 사용된 무기로, 공구로 사용되다가 무기로 발전한 것이 특징이다. 도끼를 뜻하는 마사카리(鉞)와 동일시되고 있지만, 엄밀히 말하면 날이 작고 두꺼운 것을 오노라고 부르고, 날이 크고 얇은 것을 마사카리라고 불렀다. 석기시대부터 사용했으며 활과 창이 등장하기 전까지 전장의 주무기 중 하나였다. 시간이 지나며 성문이나 요새를 파괴하는 도구로 사용하게 되었다.

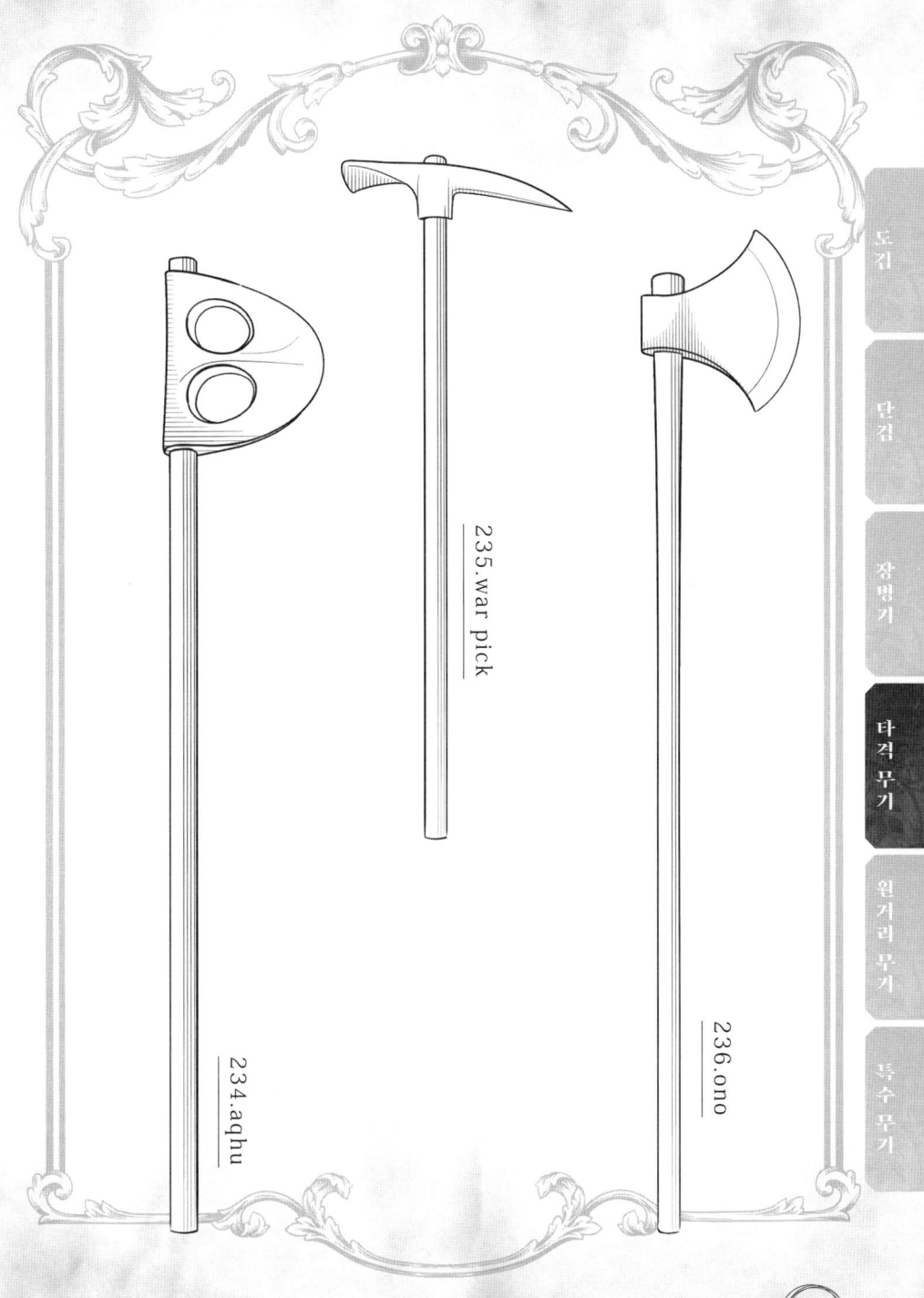

237 쿼터스태프
quarterstaff

- 길이: 2.0~3.0m
- 중량: 0.8~1.2kg
- 시대: 10~16세기
- 지역: 유럽

쿼터스태프는 10세기경 유럽에서 농부나 군인 등이 무기로 사용하던 단순하고 긴 나무 막대이다. 자루 끝에 금속이 달린 것도 있다. 중앙 부근을 양손으로 잡고 좌우 끝부분으로 찌르는 식으로 사용한다. 나무의 표면이 매끄럽지 않아서 동양의 봉술처럼 손 안에서 막대기를 미끄러뜨리며 사용하지는 않았던 것으로 보인다.

238 클럽
club

- 길이: 60~70cm
- 중량: 1.3~1.5kg
- 시대: 전 시대
- 지역: 전 세계

클럽은 세계 전역에서 사냥과 전투에 사용하던 무기이다. 인류의 가장 오래된 무기이자 모든 타격 무기의 뿌리다. 동물의 뼈나 나무, 석기, 금속 등으로 만들어지며, 무게중심을 맞추기 위해 끝부분이 두껍다. 전체가 하나의 덩어리라는 점에서 여러 부품을 결합해 만드는 메이스(192p)와 차이가 있다. 현대로 오면서 클럽은 '골프채'를 뜻하기도 한다.

239 구르즈
gurz

- 길이: 50~70cm
- 중량: 1.0~1.5kg
- 시대: 14~18세기
- 지역: 남아시아

구르즈는 인도와 페르시아에서 사용하던 메이스(192p)의 일종이다. 머리 모양이 특징으로, 똬리를 튼 모양, 동물 머리 모양, 머리가 3개 달린 모양 등 다양한 형태가 발견되었다. 특히 무굴 제국의 전성기에 많은 변형이 생겨났다. 화기의 발달로 실전에서 사라진 후에는 장식용으로 사용됐다.

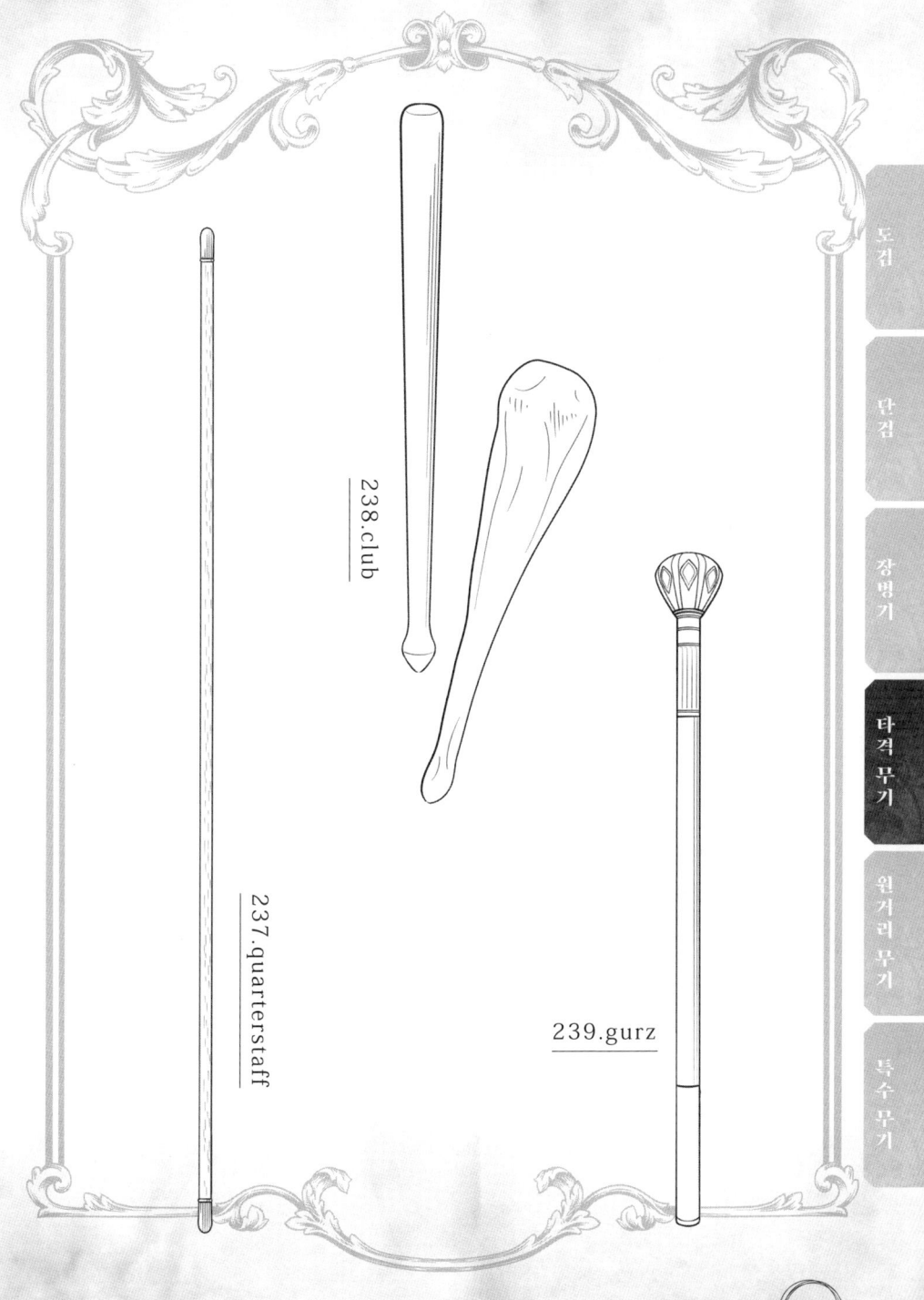

240 코티아테
kotiate

- 길이: 30~50cm
- 중량: 0.3~0.8kg
- 시대: 14~19세기
- 지역: 오세아니아

코티아테는 뉴질랜드 원주민인 마오리족이 사용하던 무기다. 나무나 고래 뼈로 만든 곤봉으로, 파초선(芭蕉扇) 같은 독특한 모양을 하고 있다. 밑단에는 부족마다 다른 문양이 새겨져 있고, 끈을 끼울 수 있는 구멍이 뚫려 있다. 유럽에서는 '간을 자른다'는 의미의 리버 커터(liver cutter)라고도 하는데 실제로 그렇게 사용했는지는 알 수 없다.

241 곤(棍)
kon, gun

- 길이: 110~300cm
- 중량: 0.7~2.0kg
- 시대: 중국 역사 전체
- 지역: 중국

곤은 중국에서 사용하던 무기다. 단단하고 유연한 나무를 매끄럽게 가공한 것으로, 끝부분 즈음에서 약간 가늘어진다. 유럽의 플레일처럼 곤을 쇠사슬로 연결한 초자곤(梢子棍), 쌍절곤, 연결 개수를 늘린 삼절곤 등도 있다. 곤을 다루는 '곤법'은 모든 병기술의 시작으로 여겨졌으며 병사, 승려, 무술가 사이에서 중시되어 널리 수련되었다.

242 샙
sap

- 길이: 30~50cm
- 중량: 0.3~0.5kg
- 시대: 19~20세기
- 지역: 북아메리카

샙은 19세기 미국에서 탄생한 근대적인 무기다. 짧고 유연한 곤봉으로, 가죽 주머니에 모래나 사철, 동전 등을 넣은 것이 일반적이다. 휴대성이 뛰어난 데다가 치명상을 입히지 않고 상대를 제압할 수 있으며, 타격 시 소리가 나지 않는다는 장점 때문에 범죄자들이 선호한다. 경찰봉 모양의 샙은 블랙잭(blackjack)이라고 불리며, 술집의 경비원이 애용했다.

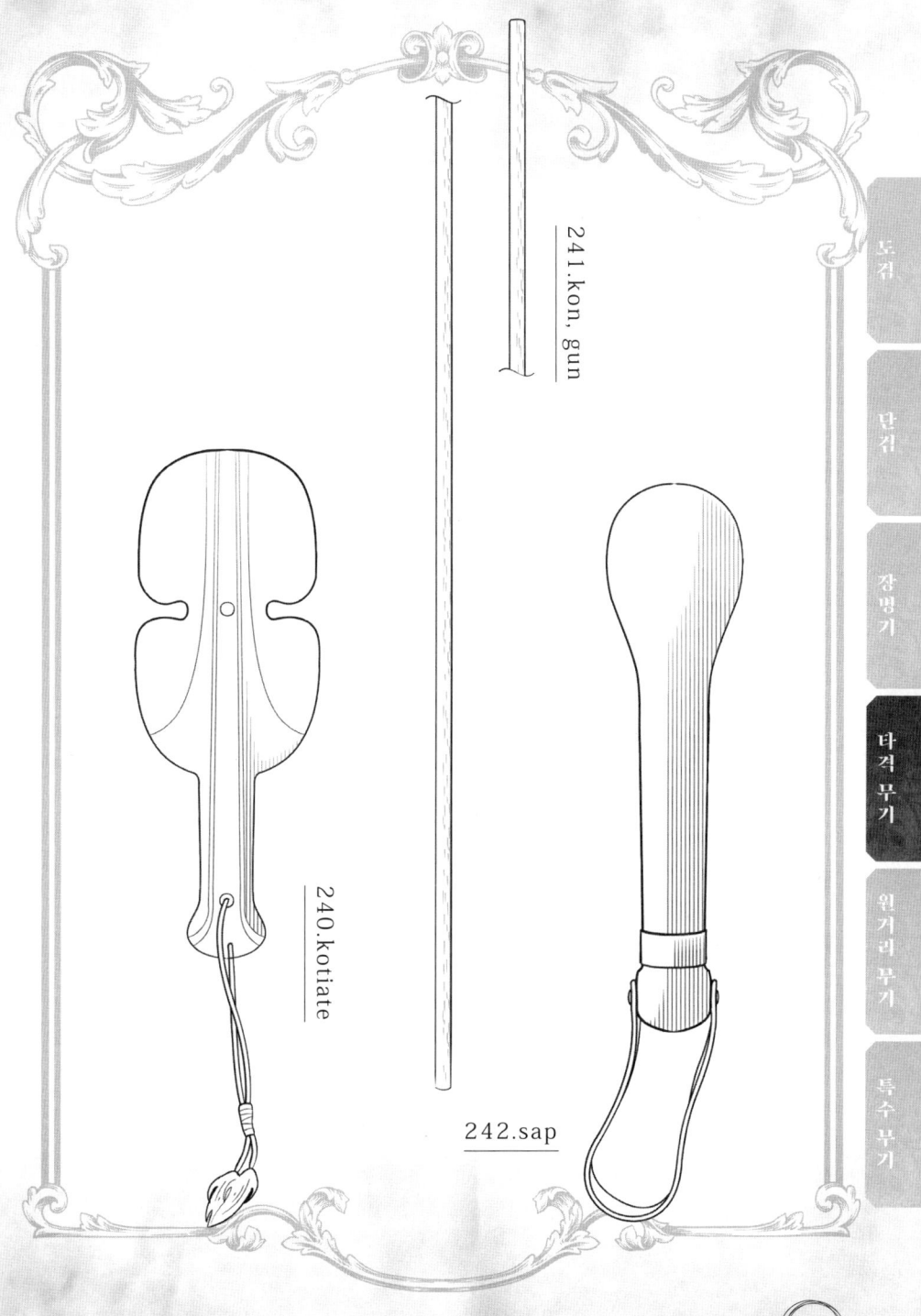

243 짓테
jitte

- 길이: 30~70cm
- 중량: 0.5~1.2kg
- 시대: 아즈치모모야마~에도(16~19세기)
- 지역: 일본

짓테는 일본의 무기다. 에도 시대에는 도신(同心), 요리키(与力) 등 포졸이 소지한 것으로 알려져 있다. 나무나 금속으로 만든 짧은 막대기로, 손잡이 윗부분에 갈고리가 달려 있다. 갈고리는 검을 끼우는 용도로 휘두르는 검을 정면으로 막는 것이 아닌, 허공을 가른 검의 칼등을 위에서 아래로 누르는 데 사용하는 것이 일반적이었다. 도검처럼 날밑이 달린 것도 있었다.

244 샤시부르
shashbur, shishpar

- 길이: 30~50cm
- 중량: 0.3~0.5kg
- 시대: 15~19세기
- 지역: 남아시아

샤시부르는 인도에서 15세기 이후에 사용하던 무기다. 유럽의 메이스(186p)와 비슷한 구조이다. 타격부는 철편을 방사형으로 6~8개 접합해 만들었다. 타격부 끝에 창촉이 달린 것도 있다. 손잡이는 동시대의 도검과 같은 펀자브 양식도 있고, 단순하게 둥근 밑단만 있는 경우도 있다.

245 자다그나
ja dagna

- 길이: 50~70cm
- 중량: 0.8~1.2kg
- 시대: 17세기~근대
- 지역: 북아메리카

자다그나는 북아메리카 원주민이 사용하던 무기다. 안쪽으로 휘어진 나무 자루 끝에 구형의 머리가 달려 있다. 마치 뱀이나 동물이 머리를 물고 있는 것처럼 보이며, 실제로 그런 장식을 새긴 것도 있다. 구의 중심에 금속 날이 달린 것도 있다. 그 모양 때문에 유럽에서는 '볼 헤드 클럽(ball-headed club)'이라고도 불렀다.

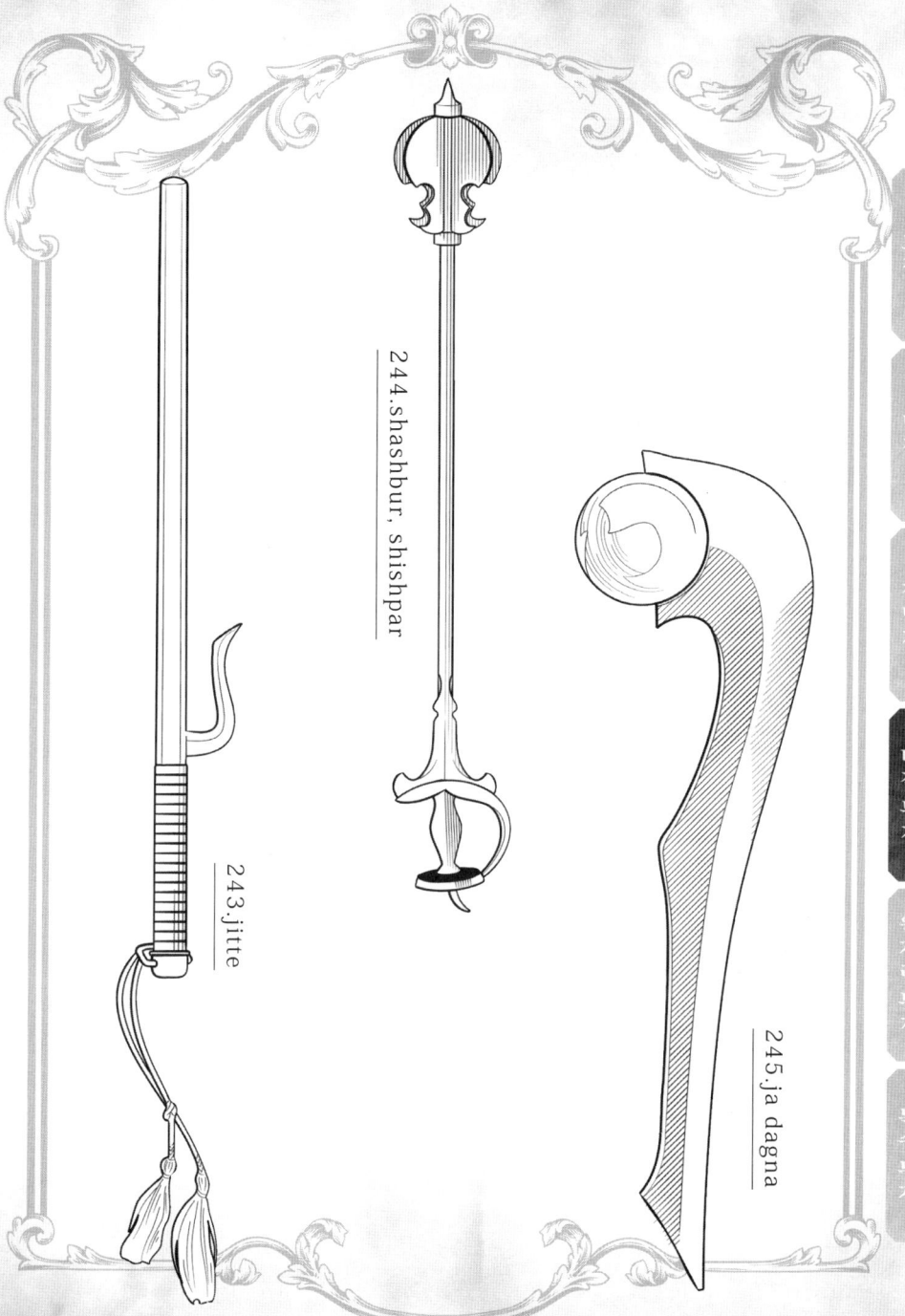

244.shashbur, shishpar

243.jitte

245.ja dagna

246 쇼카

- 길이: 80~100cm
- 중량: 0.6~0.8kg
- 시대: 17~19세기
- 지역: 아프리카 남부

shoka

쇼카는 동아프리카 탕가니카 호수 주변 부족들이 사용하던 무기다. 나무로 된 자루의 측면에 심을 꽂고 도끼를 얽혀서 맺어지게 한 형태로서 일상에서 공구로도 사용했다. 자루에 사용된 나무는 콩과에 속하는 바우히니아(Bauhinia)라는 나무인데, 탄력이 뛰어난 재질이기 때문에 타격 시 충격을 완화하는 효과가 있다.

247 추(錘)

- 길이: 60~80cm
- 중량: 0.5~2.0kg
- 시대: 송~청(10~20세기)
- 지역: 중국

sui, chui

추는 중국의 무기로 유럽의 메이스(186p)와 유사한 형태가 대표적이다. 짧은 것은 한 손에 하나씩 들고 사용했다. 14면체의 팔릉추(八稜錐), 오이처럼 둥글게 생긴 금과추(金瓜錘), 추에 줄을 달아 휘둘러 날리는 유성추(流星錘) 등 다양한 형태가 있다.

248 스콜피온 테일

- 길이: 40~70cm
- 중량: 2.0~3.5kg
- 시대: 11~15세기
- 지역: 유럽

scorpion tail

스콜피온 테일은 11세기 유럽에서 십자군 기사들이 사용하기 시작한 무기다. 호스맨즈 플레일(186p)의 일종으로, 자루 끝에 추를 연결한 쇠사슬이 3개씩 붙어 있다. 특히 가시가 달린 추를 선호했다. 일반적인 플레일에 비해 공격 범위가 넓어 명중률이 높고, 위력이 훨씬 강했다.

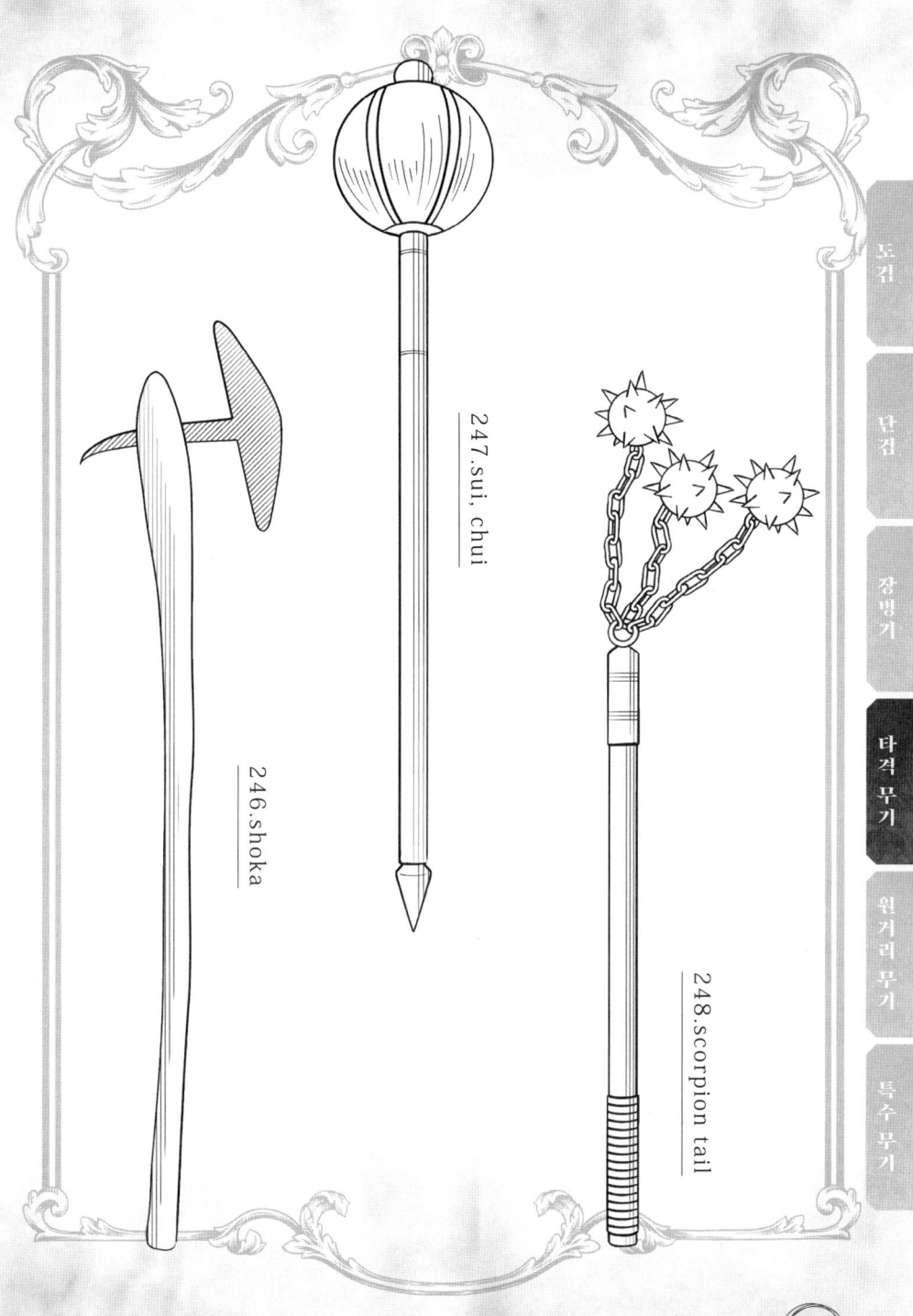

249 스파이크 클럽
spiked club

- 길이: 50~80cm
- 중량: 0.8~1.5kg
- 시대: 11~16세기
- 지역: 유럽

스파이크 클럽은 이름 그대로 클럽(192p)에 가시가 박혀(spiked) 있는 무기다. 유럽에서는 11세기 이후부터 본격적인 무기로 사용하기 시작했다. 타격 외에도 찌르거나 찢는 상처를 입힐 수 있었다. 당시에는 위생 상태나 의료 수준이 낮았기 때문에 스파이크 클럽에 상처를 입으면 파상풍 등 감염성 질환으로 사망에 이르는 경우가 많았다.

250 대부(大斧)
daifu, dafu

- 길이: 3.0m
- 중량: 5.0kg
- 시대: 송(10~13세기)
- 지역: 중국

대부는 중국 송나라 시대에 사용하던 무기다. 원래는 벌목이나 성벽을 파괴하기 위해 사용하는 도구였다. 긴 자루에 반달형 도끼가 달려 있다. 날 반대편에 갈고리가 달린 것이나 밑단에 작은 날이 달린 것도 있었다. 중기병을 상대하기 위한 보병의 무기로 효과적이었으며, 베지는 못하고 타격을 입히는 둔기로서 충분한 위력을 발휘했다.

251 다절곤(多節棍)
tasetsukon, duojiegun

- 길이: 80~200cm
- 중량: 0.5~2.0kg
- 시대: 춘추전국~청(BC 8~AD 20세기)
- 지역: 중국

다절곤은 중국의 무기로, 여러 개의 곤(194p)을 쇠사슬로 연결한 무기다. 자루와 타격부로 나눌 수 있다. 춘추전국시대에 사용되었으나 한동안 잊혔다가 송나라 시대에 유럽의 플레일이 소개되면서 다시 사용하기 시작했다. 플레일은 동양의 무기를 모방했다고도 전해지니 역수입을 통해 재평가를 받은 무기라 할 수 있다.

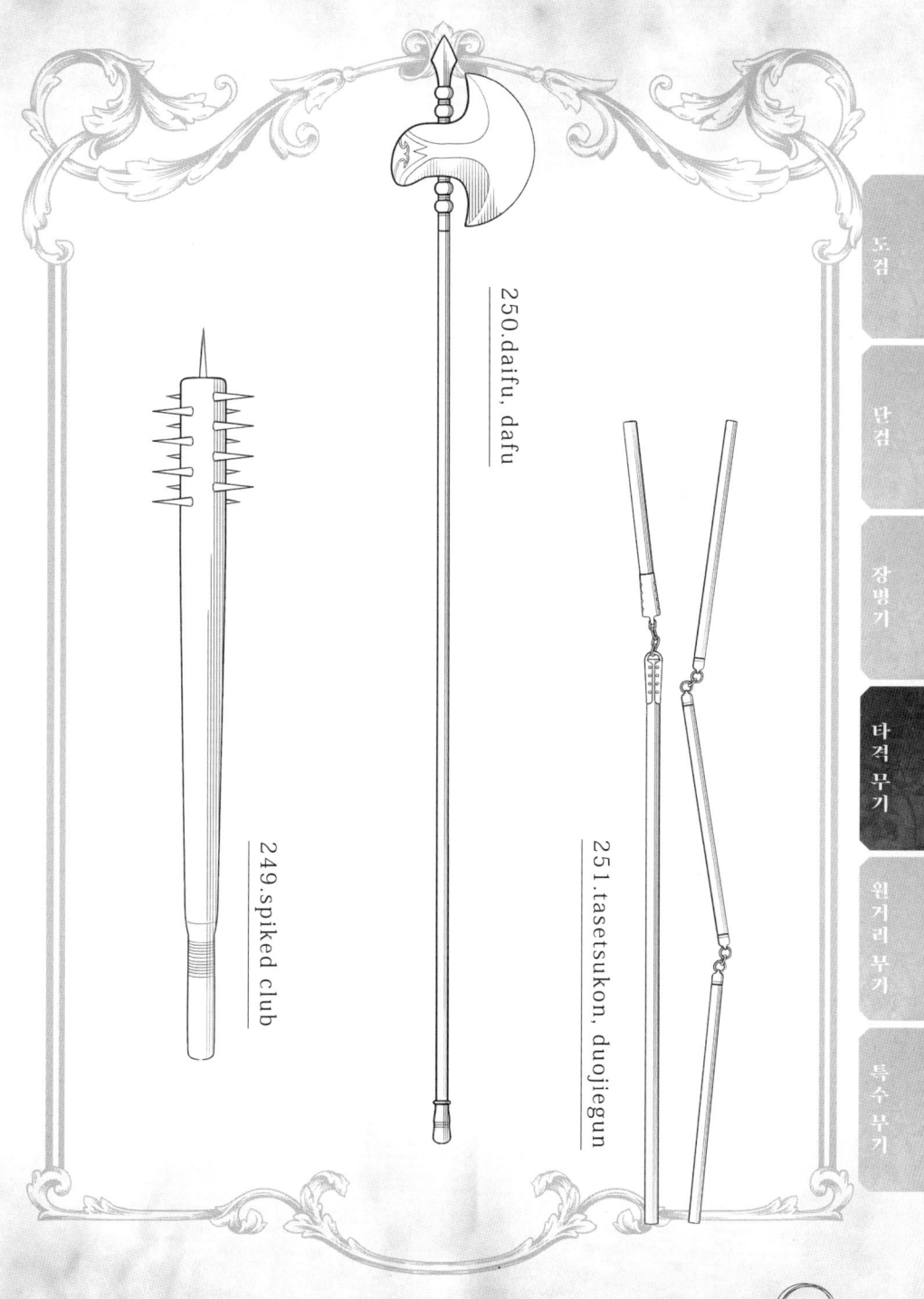

252 타바르진

tabarzin, tabar

- 길이: 45~70cm
- 중량: 0.8~1.2kg
- 시대: 15~18세기
- 지역: 인도

타바르진은 인도에서 사용하던 대표적인 무기다. 안장처럼 생긴 도끼날과 3개의 마디가 있는 짧은 금속 자루로 구성되어 있다. 타격이 목적으로 날은 그다지 날카롭지 않았다. 도끼 측면에는 정교한 문양이 새겨진 경우도 있어 미술품, 골동품으로서의 가치가 높다.

253 나에시

naeshi

- 길이: 30~40cm
- 중량: 0.1~0.2kg
- 시대: 에도(17~19세기)
- 지역: 일본

나에시는 일본 에도 시대에 포졸 등이 사용하던 무기다. 단면은 원형부터 사각형, 오각형, 육각형 등 다양했다. 밑단에는 고리가 달려 있고 거기에 끈이 연결되어 있다. 짓테(196p)의 갈고리를 없앤 것과 같은 형태로, 짓테를 다루지 못하는 하급 포졸들이 많이 사용했다. 한 손에는 짓테, 한 손에는 나에시를 들고 사용하기도 했다.

254 닐 리

nil li

- 길이: 60~80cm
- 중량: 1.5~2.0kg
- 시대: 14~17세기
- 지역: 오세아니아

닐 리는 호주 원주민인 애버리지니(Aborigine)족이 사용하던 무기다. 양 끝이 뾰족한 자루 끝부분에 돌로 만든 고리를 끼워 넣었다. 이 고리의 표면에는 칼금이 들어가 있는데, 타격 시 칼금 마찰로 인해 더 큰 상처를 입힐 수 있었다. 타격 외에도 날카로운 밑단을 이용해 찌르는 용도로도 사용되었다.

253. naeshi

252. tabarzin, tabar

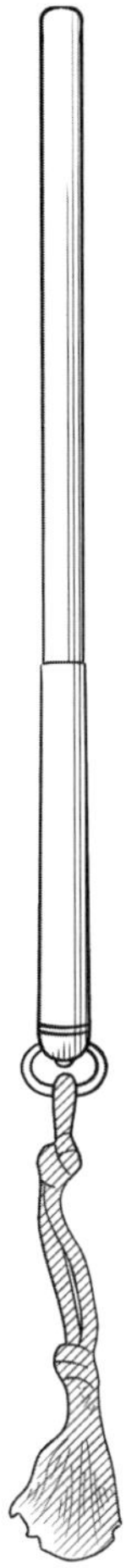

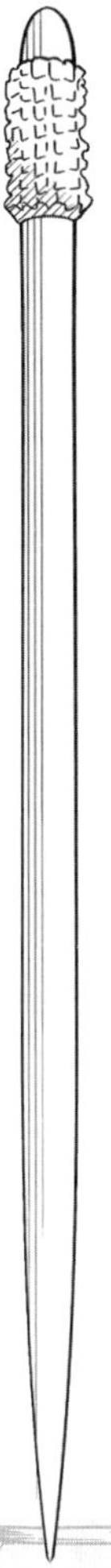

254. nil li

4장 | 타격 무기　203

255 파(鈀)

ha, pa

- 길이: 0.9~1.2m
- 중량: 1.0~1.1kg
- 시대: 명(14~17세기)
- 지역: 중국

파는 중국 명나라 시대에 사용하던 무기다. 농기구인 쇠스랑에서 유래했다. 긴 자루 끝에 가로 막대를 달고, 9개 또는 12개의 금속 날을 나란히 배열한 것이 일반적이다. 내리치는 공격력이 강하고 방어력 또한 뛰어나 왜구와의 전투에서도 사용되었다. 《서유기》의 저팔계가 사용하는 무기로 유명하다.

256 카르 이 마히

khar-i-mahi

- 길이: 30~50cm
- 중량: 0.3~0.5kg
- 시대: 13~17세기
- 지역: 남아시아

카르 이 마히는 13세기경 몽골에서 아시아 국가로 전해진 무기다. 큰 물고기의 등뼈에 금속 등의 자루가 달린 형태이다. 매우 원시적인 무기로 날카로운 뼈로 상대를 공격했다. 비슷한 형태의 무기로 차쿠(56p)가 있다.

257 바고로

baggoro

- 길이: 60~80cm
- 중량: 0.8~1.1kg
- 시대: 14세기~근세
- 지역: 오세아니아

바고로는 호주 원주민인 어보리진족이 사용하던 무기다. 나무로 만들었으며, 폭이 넓고 얇다. 손잡이는 가늘고 짧아 미끄러지지 않도록 손잡이에 무언가를 감은 있는 것도 있다. 한 손으로 들고 방패와 함께 사용했다. 모양과 용도는 도검과 비슷한데 목검과 유사한 무기로 여겨진다. 곤봉보다 빠르고 정확하게 휘두를 수 있었다.

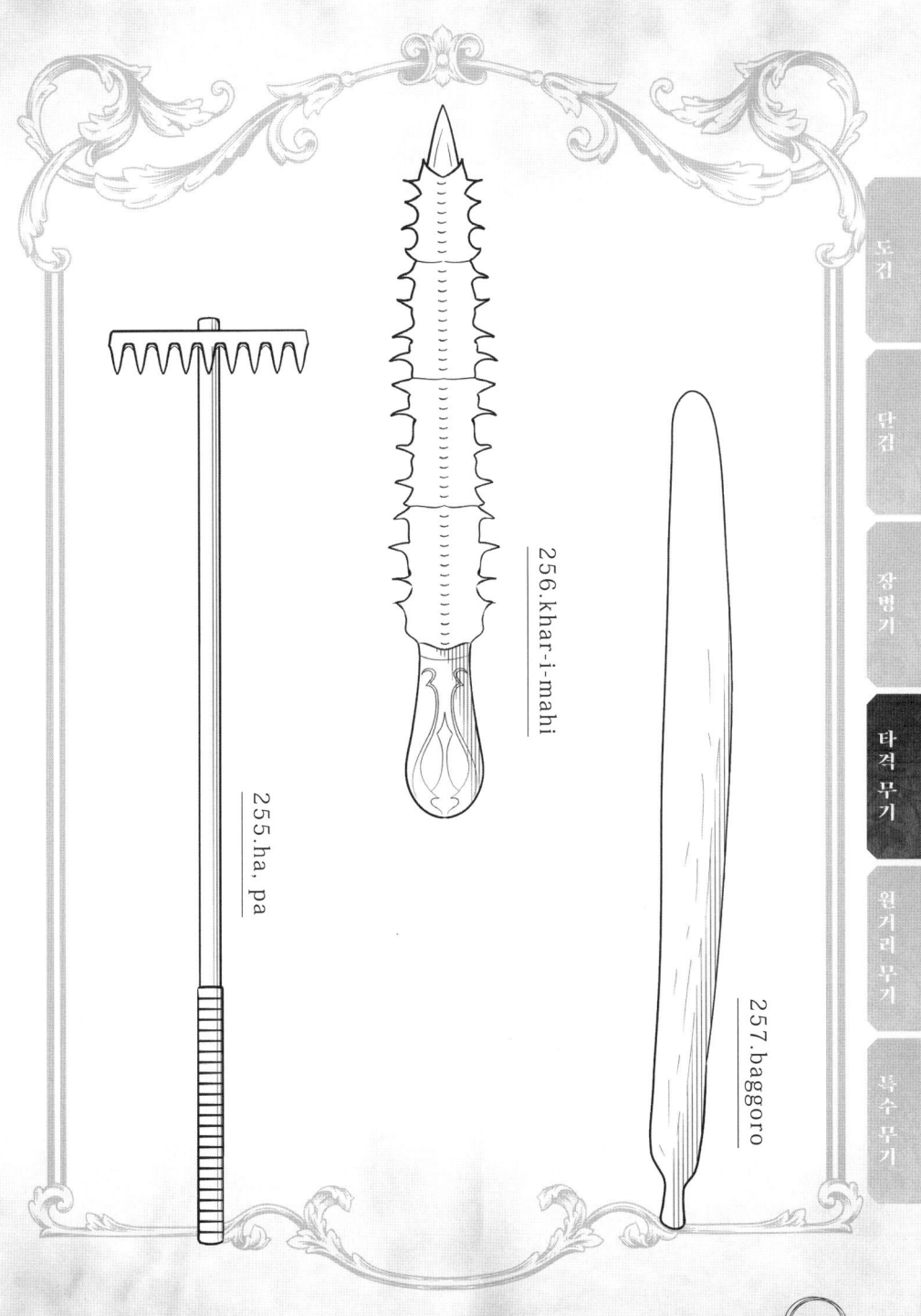

258 하나네지
hananeji

- 길이: 30~75cm
- 중량: 0.1~0.5kg
- 시대: 아즈치모모야마~에도(16~19세기)
- 지역: 일본

하나네지는 일본의 포졸 등이 사용하던 무기다. 나무 막대에 끈을 단 것으로, 길이와 굵기가 다양하다. 원래는 말을 타는 데 사용하는 마구(馬具)의 일종으로 말의 코에 끈을 걸고 막대기를 비틀어 반항하는 말을 다스렸다. 때리기나 찌르기 외에 상대의 팔이나 목 등을 압박했다. 일본 경찰이 사용하던 경찰봉의 모델이 바로 이 하나네지다.

259 필가차(筆架叉)
hikkasa, bijiacha

- 길이: 30~60cm
- 중량: 0.2~0.7kg
- 시대: 명~청(14~20세기)
- 지역: 중국

필가차는 중국 명나라 시대 무기로 호신용이나 암살용으로 사용됐다. 끝이 날카로운 금속 막대기로, 낱밑 위치에 위를 향한 갈고리가 좌우 대칭으로 달려 있다. 찌르거나 때리는 공격이 가능했고 상대의 공격을 방어할 수도 있었다. 작은 것은 거꾸로 잡으면 거의 손안에 숨길 수 있었다. 비슷한 형태의 무기로는 일본 류큐 지역의 사이(釵)와 서양의 메일 브레이커(100p)가 있다.

260 부(斧)
fu

- 길이: 80~100cm
- 중량: 1.5~2.0kg
- 시대: 송~청(10~20세기)
- 지역: 중국

부는 중국의 무기이다. 유래가 기원전으로 올라가는 무기로 시간이 지나 도구나 의례용으로 사용되었다. 송나라 때 농민군이 중무장한 병사들을 상대로 충분한 위력을 발휘해 다시 주목받기도 하였다. 한 손으로 잡는 짧은 자루의 수부(手斧)와 양손으로 잡는 긴 자루의 대부(200p)가 있다. 또한 도끼 모양에 따라 판부(板斧), 선화부(宣花斧), 어미부(魚尾斧) 등으로 분류된다.

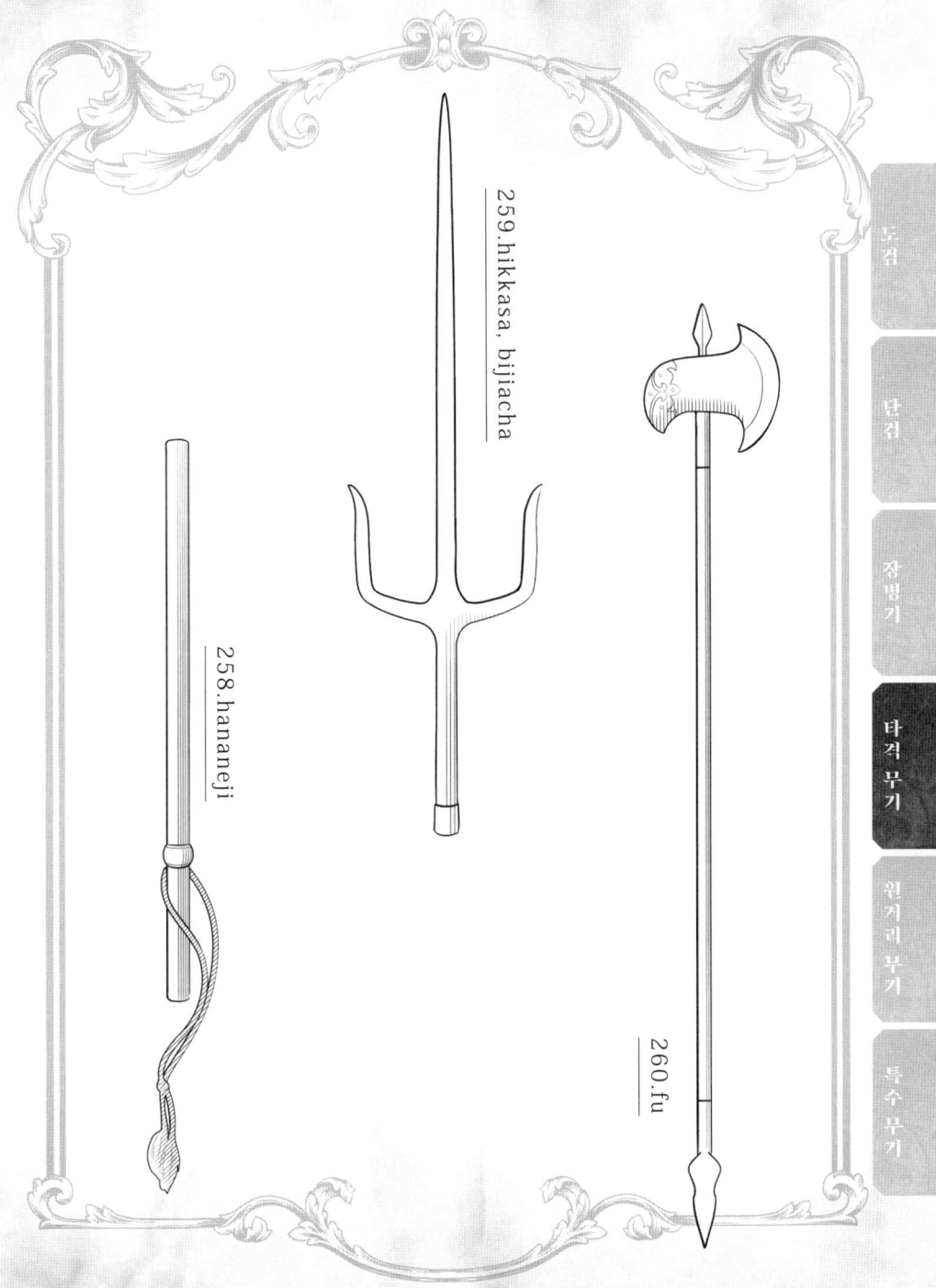

261 풋맨즈 플레일
footman's flail

- 길이: 1.6~2.0m
- 중량: 2.5~3.5kg
- 시대: 14~16세기
- 지역: 유럽

풋맨즈 플레일은 유럽에서 보병이나 농민군이 사용하던 무기다. 긴 자루 끝에 짧은 막대가 쇠사슬로 연결되어 있다. 양손의 힘을 모두 담을 수 있는 데다가 자루가 길고 원심력이 커서 그 위력은 기병용보다 몇 단계 더 높았다. 막대기가 금속으로 된 것, 가시가 달린 것도 있다. 원형은 중국에서 전해진 다절곤(200p)이라고 전해진다.

262 불로바
bullova

- 길이: 120~150cm
- 중량: 2.0~3.0kg
- 시대: 17세기~근세
- 지역: 남아시아

불로바는 17세기경부터 인도 동부에 사는 문다족이 사용하던 무기다. 전장에서 사용하거나, 도구로 사용했다. 초승달 모양의 날, 'ㅅ' 자처럼 가운데가 움푹 팬 날, 날이 2개로 나뉘어 있고 날카로운 것 등 다양한 형태가 있다. 자루는 탄력 있는 나무나 금속으로 만들어져 있으며, 미끄럼 방지용으로 마디를 넣거나 끈을 여러 군데에 달기도 한다.

263 보
bou

- 길이: 20~360cm
- 중량: 0.1~2.5kg
- 시대: 일본 역사 전체
- 지역: 일본

보는 일본의 무기로, 나무를 매끄럽고 균일한 두께의 원통형으로 깎아 낸 것이다. 경비나 포박 등의 용도로 주로 사용되었다. 치거나 찌르는 것 외에도 다리에 걸어 넘어뜨리거나 팔에 감아 관절을 꺾는 등의 기술이 발전했다. 사람 키보다 긴 것을 로쿠샤쿠보(六尺棒), 귀 높이 정도인 것을 미미키리보(耳切り棒), 가슴 정도인 것을 지기리키(乳切木)(272p)라고 불렀다.

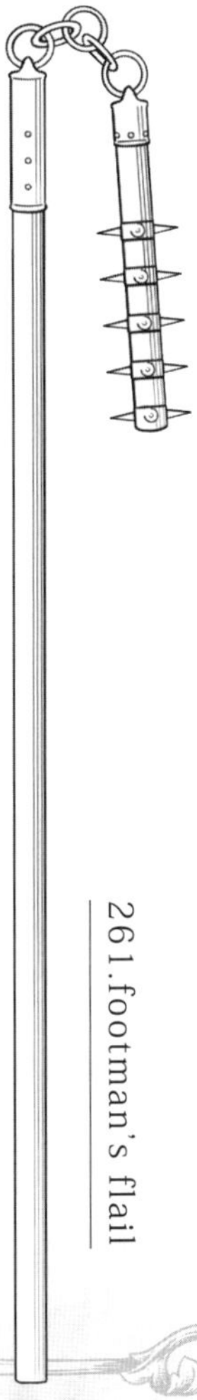

261. footman's flail

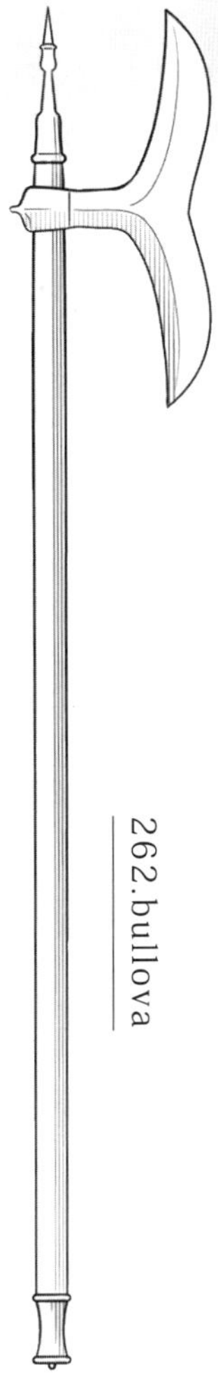

262. bullova

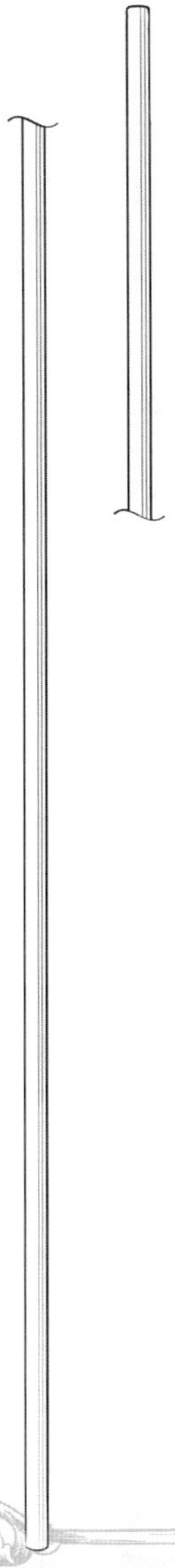

263. bou

4장 | 타격 무기

264 호에로아
hoeroa

- 길이: 120~130cm
- 중량: 2.0~2.5kg
- 시대: 14~19세기
- 지역: 오세아니아

호에로아는 뉴질랜드 마오리족이 사용하던 무기다. 향유고래의 아래턱뼈로 만들어졌으며, 완만한 'S' 자 모양이다. 끝에는 소용돌이 문양의 조각이 있다. 곤봉의 일종이지만, 타격뿐만 아니라 날처럼 생긴 부분으로 상처를 입힐 수도 있었다. 마오리족은 화기로 무장한 영국의 침략에 호에로아로 저항했다.

265 호스맨즈 해머
horseman's hammer

- 길이: 50~80cm
- 중량: 1.5~2.0kg
- 시대: 13~17세기
- 지역: 유럽

호스맨즈 해머는 13세기부터 유럽에서 사용하던 기병용 무기다. 독일에서 탄생했다. 전체가 금속으로 된 망치로 머리 부분에 갈고리나 창이 달린 형태, 자루에 날밑이 달린 형태, 말 위에서 던지기 좋은 형태 등이 있다. 갑옷이나 투구 상대로도 효과가 높아 16~17세기에 전성기를 누렸다.

266 마카나
macana

- 길이: 25~60cm
- 중량: 0.1~0.5kg
- 시대: 13~18세기
- 지역: 남아메리카

마카나는 남미 가이아(Guyana)나 원주민이 사용하던 무기다. 나무로 만들었으며 타격 외에도 던져서 공격하기도 했다. 다양한 모양이 있으며, 가운데가 잘록한 모래시계나 볼링 핀처럼 생긴 것도 있다. 중앙의 가느다란 부분이 손잡이다.

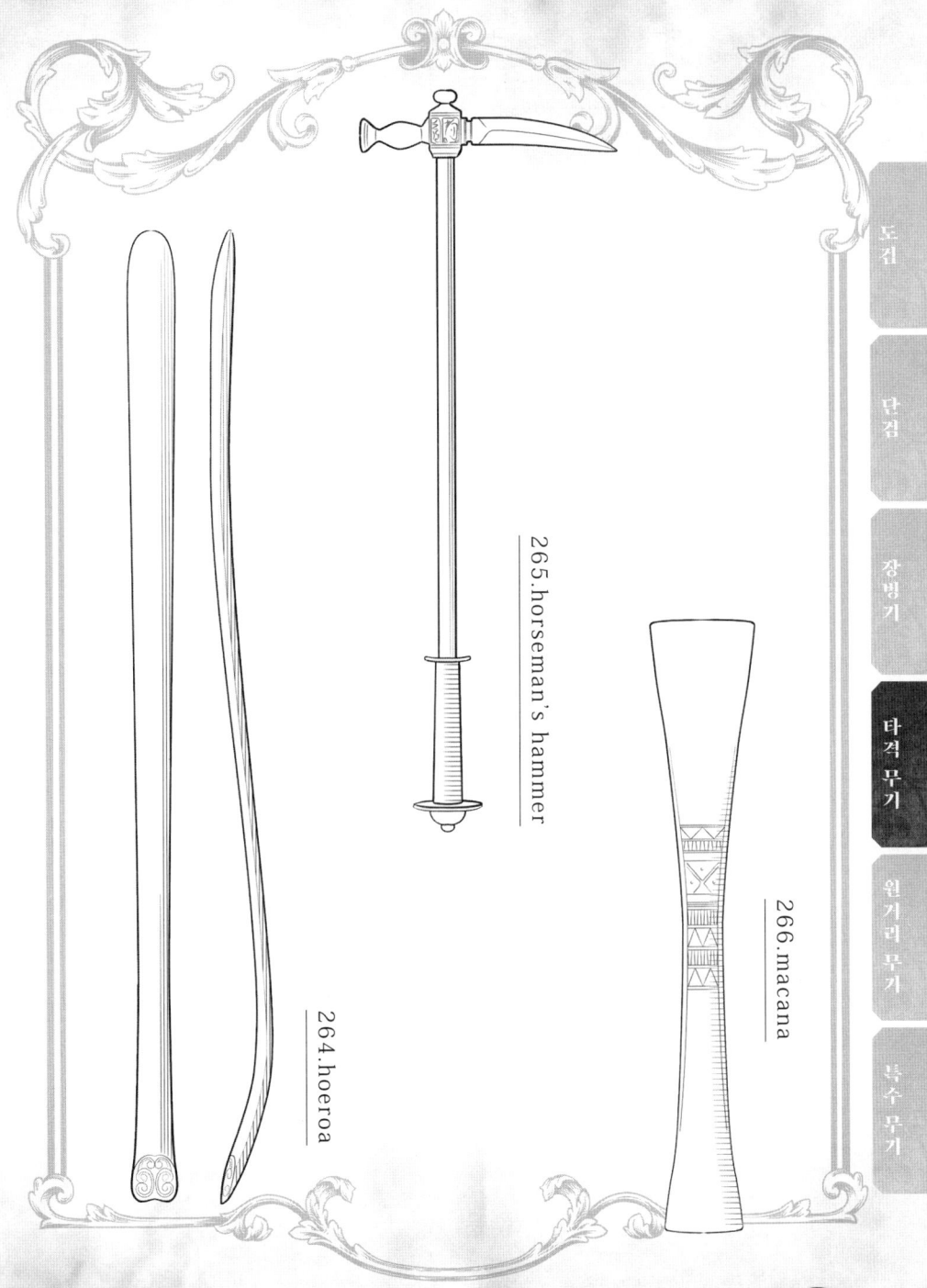

타격 무기 도해

도끼
axe

① 자루 | 폴(pole)
② 도끼뿔 | 훅(hook)
③ 도끼날 | 액스 블레이드(axe blade)
④ 쇠테 | 페룰(ferrule)
⑤ 밑단 | 버트(butt)

플레일
flail

Ⓐ 자루 | 샤프트(shaft)
Ⓑ 사슬 | 체인(chain)
Ⓒ 철추 | 헤드(head)

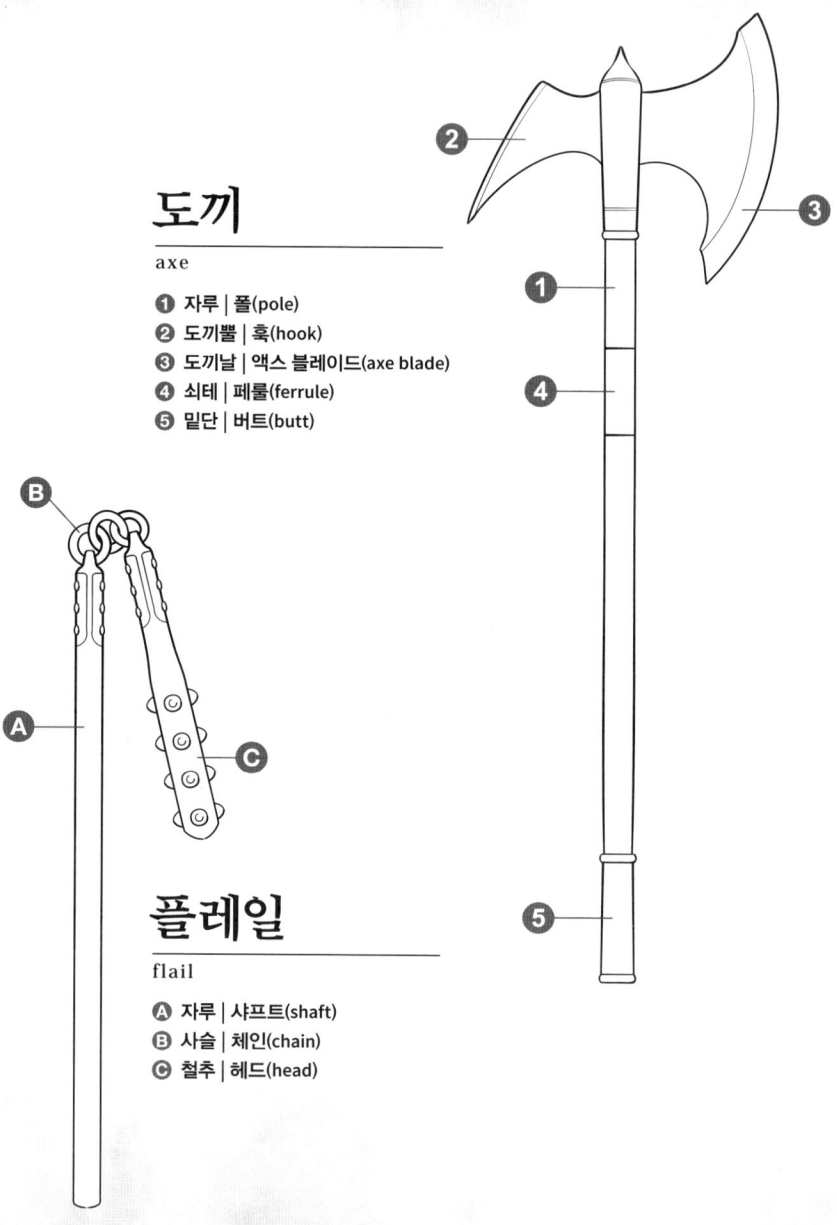

5장
원거리 무기

267 크로스보우

crossbow

- 길이: 60~100cm (폭)50~70cm
- 중량: 6.0~10.0kg
- 시대: 4~19세기
- 지역: 유럽

크로스보우는 4세기경 유럽에서 고안된 무기다. 나무 몸통에 활대를 옆으로 장착한 모양이다. 시위를 당긴 상태에서 화살을 장착하고 방아쇠를 조작해 화살을 발사했다. 활을 다루는 기술이 없는 사람도 쉽게 다룰 수 있었다. 시위를 감아올리는 릴(reel)이 있어 더 쉽게 시위를 당길 수 있었다. 다만 발사 간격이 길고 연사가 불가능하다는 단점이 있었다. 석궁에 사용하는 화살은 쿼럴(querrel) 또는 볼트(bolt)라고 불리는데, 화살촉이 네모나고 화살이 굵고 짧으며 깃털이 적은 것이 특징이다.

268 재블린

javelin

- 길이: 70~100cm
- 중량: 1.0~1.5kg
- 시대: 고대~15세기
- 지역: 유럽

재블린은 고대부터 여러 나라에서 사용하던 투척용 무기다. 나무 자루에 금속으로 된 창촉이 달려 있다. 창촉은 화살촉처럼 생긴 것, 원뿔형 등 다양한 모양이 있다. 투창 방법에는 손으로 던지는 방법 외에도 자루에 감은 밧줄에 고리를 만들어 손가락에 걸고 던지는 방법, 스피어 스로워(spear thrower)라는 갈고리 모양의 도구를 사용하여 던지는 방법 등 비거리를 늘리기 위한 여러 방법이 있다. 전쟁, 사냥에 사용되었으며, 사냥할 때는 창촉에 독을 묻혀서 사용하기도 했다. 현재는 이름에 재블린이 들어간 창 던지기(javelin throw)가 육상 경기 종목으로 전해지고 있다.

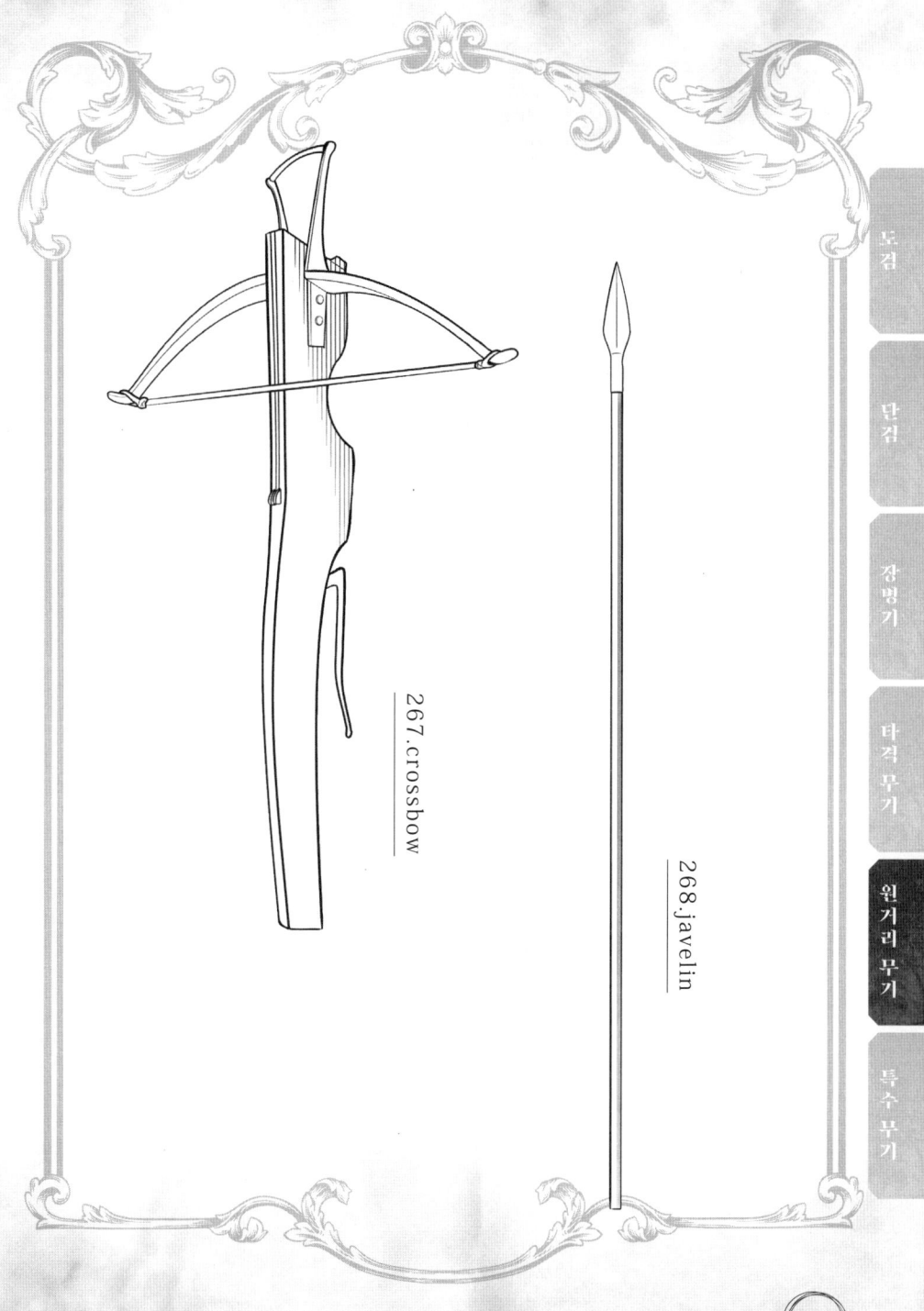

267.crossbow

268.javelin

5장 | 원거리 무기　215

269 슬링

sling

- 길이: 100cm 정도
- 중량: 0.3kg 정도
- 시대: 연대 불명
- 지역: 전 세계

슬링은 고대부터 세계 각지에서 사용한 투척용 무기다. 끈 중간에 돌을 감싸기 위한 가죽이나 천으로 만든 바구니가 있고, 끈의 양쪽 끝에는 손을 끼우는 구멍이 있다. 돌을 바구니에 감싼 상태에서 끈의 양쪽 끝을 잡고 허공에 가볍게 돌리다 목표를 향해 휘두르면 돌이 날아가는 방식이다. 투척 무기는 주변에서 쉽게 주울 수 있는 돌멩이나 이를 날카롭게 연마한 돌멩이, 쇠구슬 등을 사용했고, 투척 무기가 발달함에 따라 점차 위력이 강력해졌다. 적은 힘으로 높은 위력을 발휘할 수 있는 무기로, 구약 성경에서 다윗이 거인 병사 골리앗을 쓰러뜨린 무기로 유명하다.

270 탄궁(彈弓)

dankyu, dangong

- 길이: 40~170cm
- 중량: 0.1~0.3kg
- 시대: 춘추전국(BC 6~BC 3)
- 지역: 중국

탄궁은 중국에서 사용하던 활(224p)과 슬링(216p)의 중간 형태로, 모양은 활 모양이지만 시위에 화살이 아닌 돌이나 쇠구슬을 날리기 위한 바구니가 달려 있는 무기다. 초기에는 군사용으로 사용되었으나 위력이나 정확도가 활보다 떨어져 점차 민간에서 사냥용이나 암살용으로 사용되었다. 돌만 있으면 쏠 수 있어 간편하고, 돌은 화살과 달리 눈에 잘 띄지 않아 숨기기 쉽다는 장점이 있었다.

269.sling

270.dankyu, dangong

5장 | 원거리 무기

271 차크람

chakram, chacra, chakar, chakra

- 길이: 10~30cm(지름)
- 중량: 0.15~0.5kg
- 시대: 16~19세기
- 지역: 인도

차크람은 인도 북부의 시크교도가 사용하던 투척용 무기다. 전륜(戰輪), 원월륜(圓月輪)이라고도 한다. 얇고 폭이 넓은 금속 고리로, 바깥쪽에 날이 달려 있다. 원 안에 손가락을 넣어 회전시켜 던지는 방법과 프리스비처럼 손가락 사이에 끼워 던지는 방법이 있으며, 사거리는 40~50m 정도였다. 산스크리트어로 '고리'를 뜻하는 단어에서 이름이 유래되었으며, 인도에서는 힌두교의 주신인 시바의 소유물로 알려져 있다. 중앙아프리카에도 차크라니(Chakarani)라는 비슷한 무기가 있다.

272 토마호크

tomahawk

- 길이: 40~50cm
- 중량: 1.5~1.8kg
- 시대: 17~20세기
- 지역: 아메리카

토마호크는 17세기경부터 북미 원주민들이 사용하던 무기다. 나무 자루에 안장 모양의 도끼가 달려 있고, 반대편에는 망치나 갈고리가 달린 것도 있었다. 토마호크는 아메리카 원주민의 언어로 '자르는 도구'라는 뜻이다. 그 이름대로 휘둘러 자르거나, 던져 공격하는 용도로 사용했다. 수렵이나 도구, 심지어 자루 안쪽을 파내 담배를 넣어 파이프처럼 사용하기도 했다. 영국군에서 정식 장비로 채택하기도 했다.

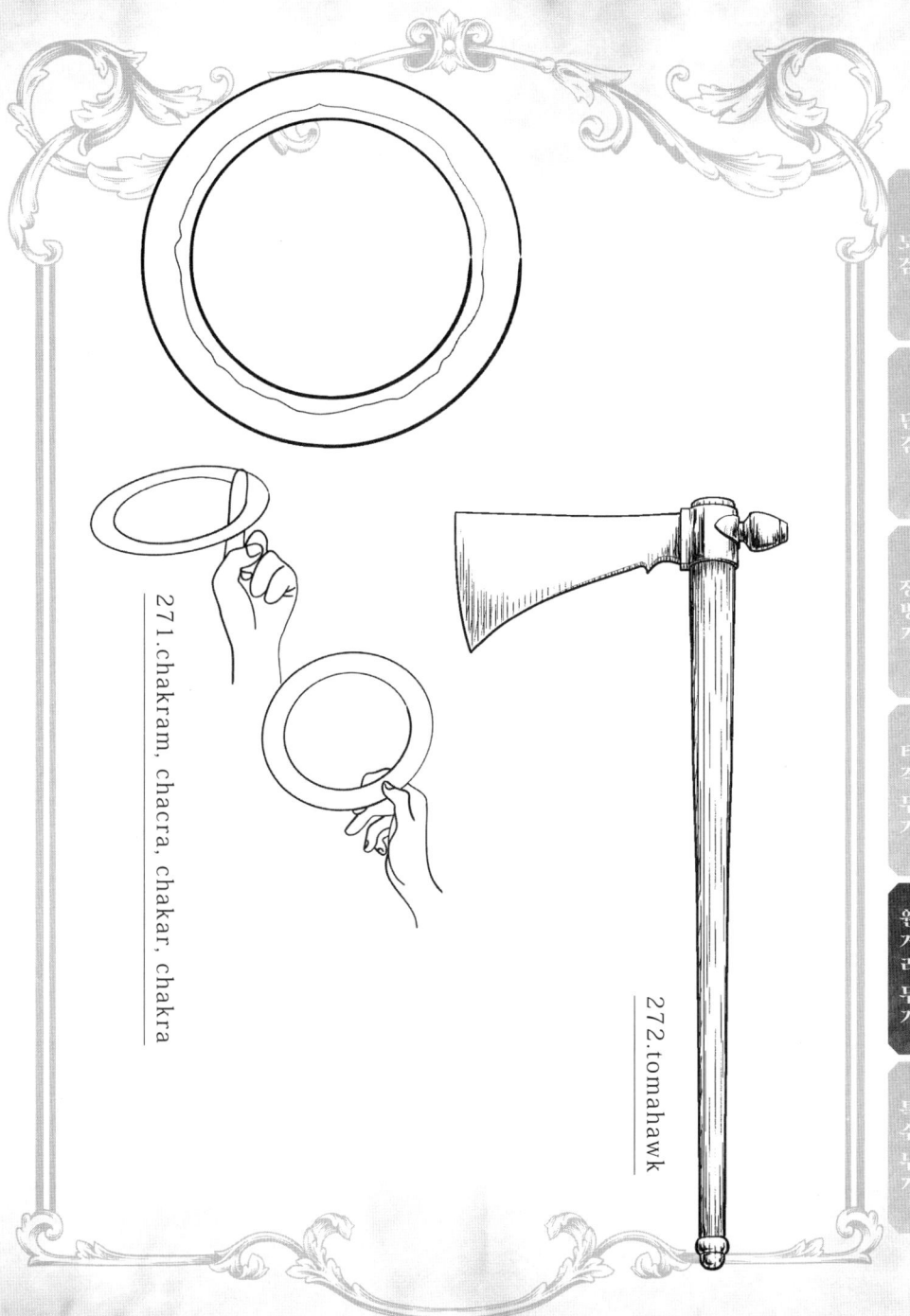

271. chakram, chacra, chakar, chakra

272. tomahawk

273 히고유미

higoyumi

- 길이: 120~170cm
- 중량: 0.2~0.3kg
- 시대: 무로마치 말기~에도(16~19세기)
- 지역: 일본

히고유미는 일본에서 만들어진 활의 일종이다. 이름에 들어가는 히고(弓胎)는 대나무를 세로로 쪼갠 '대오리'를 뜻한다. 중심과 바깥쪽 모두 대나무를 활용해 만들었는데, 특히 중심은 여러 장을 아교로 붙여 단단하게 만든 것이 특징이다. 외부에 옻칠을 하거나 등나무를 감아 가공한 것도 있다. 현대에도 비슷한 방식의 일본 활이 만들어지고 있지만 가격이 매우 비싸고 관리가 복잡해 상급자의 활로 여겨진다.

274 부메랑

boomerang

- 길이: 60cm 정도
- 중량: 0.2~0.8kg
- 시대: 14세기~근대
- 지역: 호주

부메랑은 호주 원주민들이 예로부터 사용하던 투척용 무기다. 주로 나무로 만들어졌다. 얇고 길며 'ㄱ'자로 휘어진 것이 특징하다. 되돌아오는 부메랑은 놀이용이며 수렵이나 전투용은 되돌아오지 않는다. 킬러 스틱(killer stick)이라고도 불리며, 어느 부위로 타격하더라도 위력을 잃지 않도록 만들어졌다. 비슷한 무기로 와라문가족이 사용하는 와틸리크리(250p)가 있다.

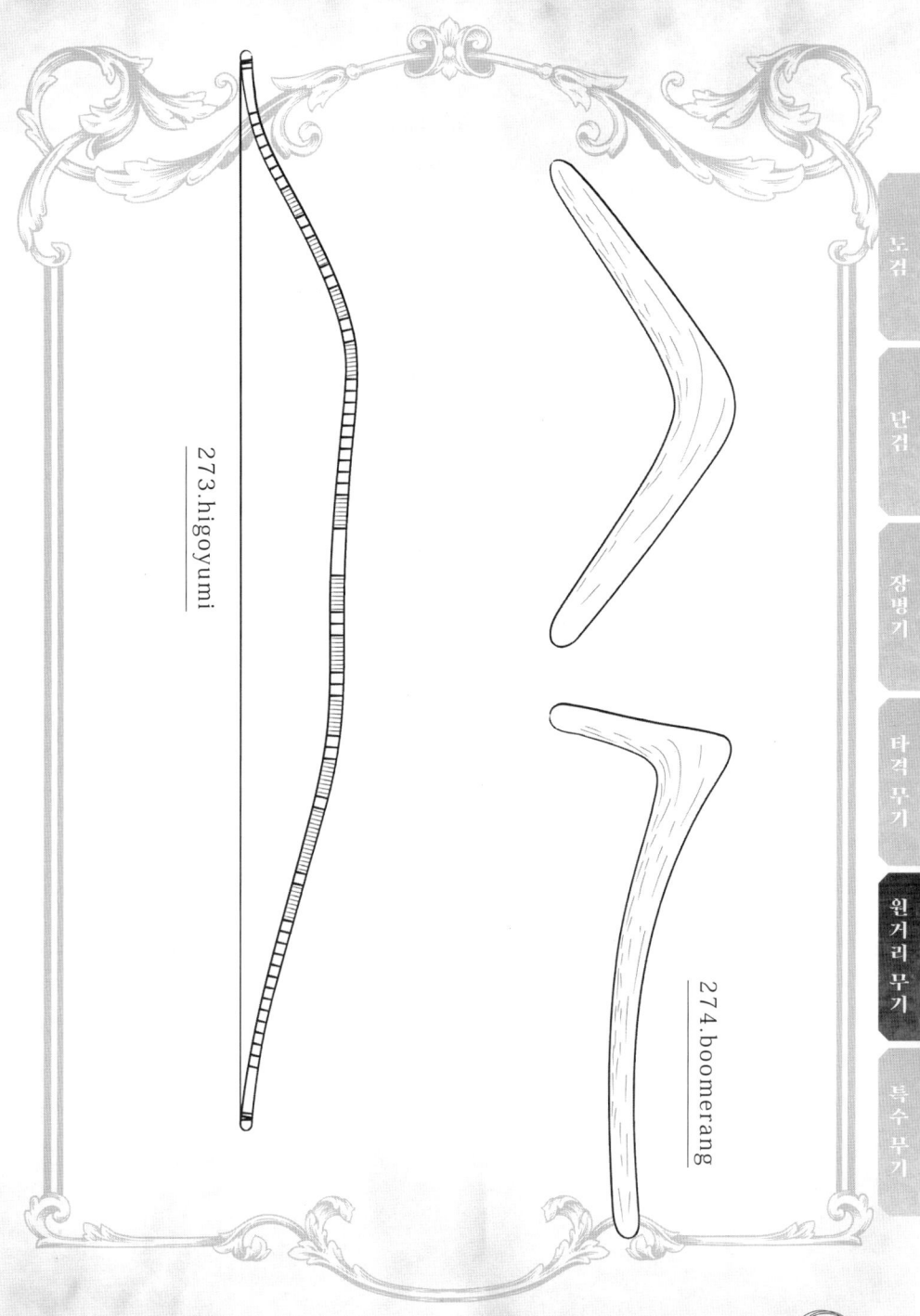

275 프랑키스카

francisca, flancisc, francisque

- 길이: 50cm 정도
- 중량: 1.2~1.4kg
- 시대: 4~7세기
- 지역: 유럽

프랑키스카는 프랑크족이 사용하던 투척용 무기이다. 위쪽을 향한 날이 완만하게 휘어져 있다. 초기의 도끼날은 자루를 덮는 소켓 형태였으나, 나중에는 자루에 끼우는 형태로 바뀌었다. 무게중심으로 인해 회전하며 날아가 12~15m 전후의 사거리에서 위력을 발휘한다. 발밑으로 던지면 어디로 튈지 예상할 수 없어서 방패를 든 상대 발밑으로 프랑키스카를 던져 공격하기도 했다. 프랑크족 법전에 따르면 프랑키스카는 성인이 되기 전까지 거래도, 소지도 금지된 위험한 무기였다고 한다.

276 볼라

bola

- 길이: 70cm 정도
- 중량: 0.8kg 정도
- 시대: 연대 불명~20세기
- 지역: 동남아시아/남미 등

볼라는 동남아시아를 발상지로 이누이트족과 남미 원주민 등이 고대부터 사용하던 투척용 무기다. 추가 달린 밧줄이 여러 개 묶여 있는 형태로, 허공에 가볍게 돌리다 목표를 향해 휘둘러 던졌다 남미에서는 밧줄의 양 끝에 추가 달린 것을 소마이(somai), 3갈래로 분리된 것을 아치코(achico)라고 부른다. 추는 동물의 뼈나 송곳니, 돌 등으로 만들어졌으며, 수렵용 볼라는 털에 상처가 나지 않도록 둥글게 만들어져 있다. 새나 야생마 등을 잡을 때도 사용했다. 단순한 타격뿐만 아니라 맞힌 후에 상대를 감아 포박할 수도 있었다.

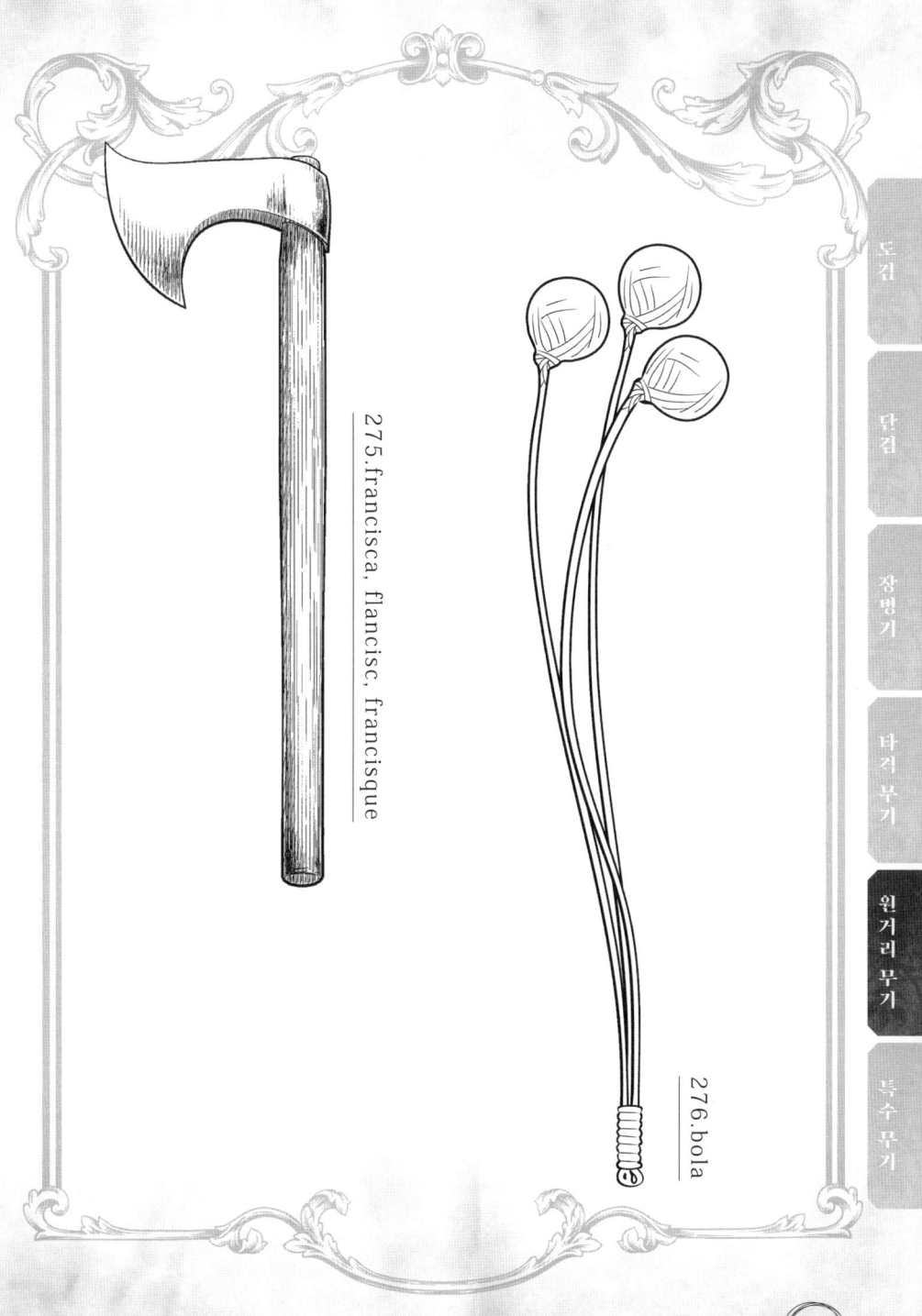

275. francisca, flancisc, francisque

276. bola

277 활

bow

- 길이: 60~170cm
- 중량: 0.7~1.0kg
- 시대: 연대 불명
- 지역: 전 세계

활은 일부 지역을 제외한 전 세계에서 오래전부터 사용하는 무기다. 나무나 대나무로 만든 몸체에 동물의 창자나 식물의 줄기 등 탄력 있는 것을 시위로 매달아 화살을 쏘아 날리던 것이 그 시작이다. 한 가지 재료를 이용하여 만드는 단일궁(self bow)과 여러 재료를 조합해 만드는 합성궁(composite bow)이 있다. 전쟁, 사냥 등에 사용되었으며 독화살, 불화살 등을 활용한 다양한 공격 수단이 만들어졌다. 또한 화살에 편지를 묶어 쏘는 방식을 통해 원거리 연락 수단으로도 사용되었다.

278 롱보우

longbow

- 길이: 150~180cm
- 중량: 0.6~0.8kg
- 시대: 13~16세기
- 지역: 서유럽

롱보우는 13세기경부터 사용하던 성인 키 정도의 무기다. 단일궁으로 본체 길이가 길수록 탄력이 커져, 관통력과 사거리도 함께 증가했다. 시위를 당기기 위해 상당한 근력이 필요해 다루기 까다로웠지만 매우 위력적이었다. 화살은 갑옷의 틈새를 뚫을 수 있도록 화살촉이 사각뿔 모양으로 날카롭고 가늘었다. 사거리는 크로스보우(214p)에 비해 떨어지지만, 연사 속도가 빨랐다. 백년전쟁에서 요먼(yeoman)이라 불리는 영국 자유민 병사들이 롱보우를 사용해 프랑스군을 상대로 큰 전과를 올렸다.

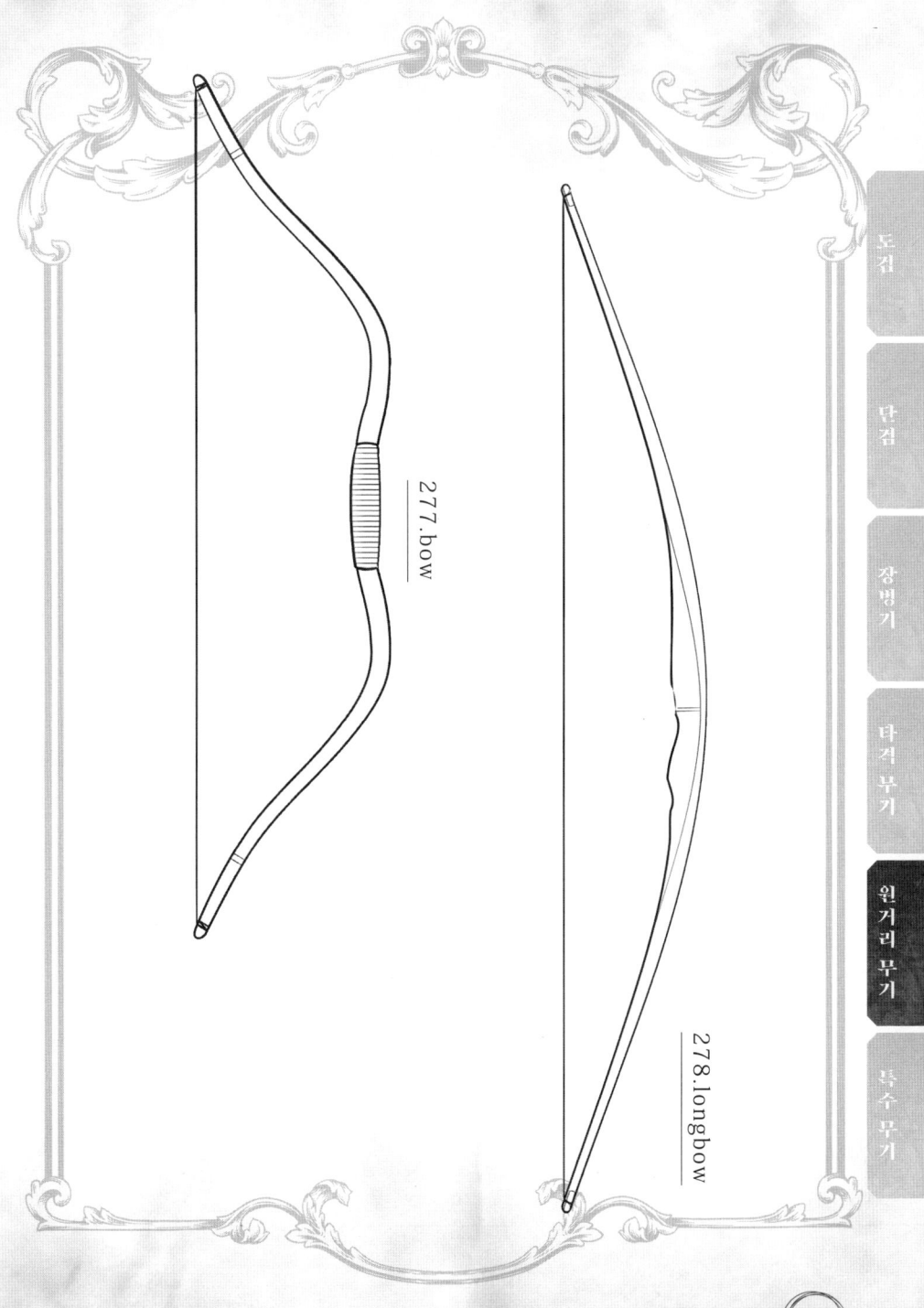

277.bow

278.longbow

5장 | 원거리 무기

279 아크리스

aclys, aklys

- 길이: 120~200cm
- 중량: 0.5~1.5kg
- 시대: BC 5~AD 2세기
- 지역: 서유럽

아크리스는 라틴족이 사용하던 투척용 무기다. 창촉이 가늘고 길어 관통력이 매우 높았다. 아크리스는 라틴어로 '작은 창'을 뜻하지만, 큰 창도 이 이름으로 불린다. 로마가 라틴족의 문화를 흡수하면서 투창을 모두 아크리스라는 이름으로 묶어 버린 것으로 보인다.

280 아자가이

azagai

- 길이: 100~130cm
- 중량: 0.8~1.0kg
- 시대: 14~15세기
- 지역: 스페인

아자가이는 스페인 카스티야 왕국에서 히네테(Jinete)라고 불리는 경기병이 사용하던 투척용 무기다. 한 사람당 2, 3개를 장비했다. 자루 끝에 화살처럼 생긴 깃털이 달려 있고, 창촉도 화살촉 모양으로 되어 있어 날아가는 궤도가 안정적이었다. 아자가이는 아랍어로 '관통하는 것'을 뜻한다.

281 아바레스트

arbalest, arbalete, alblast, arblast

- 길이: 75cm (폭)120cm
- 중량: 6.0~8.0kg
- 시대: 13~15세기
- 지역: 서유럽

아바레스트는 이탈리아에서 13세기에 유행한 크로스보우(214p)의 일종이다. 아바레스트는 중세 프랑스어로 '대형 석궁', '바리스타'를 뜻한다. 제노바 용병이 주로 사용했다. 활 끝에 고리가 달려 그것을 밟아 땅에 고정한 채 시위를 당길 수도 있었다. 탄력이 커 위력이 세다는 장점이 있었지만, 연사할 수 없다는 점이 치명적인 약점이었다.

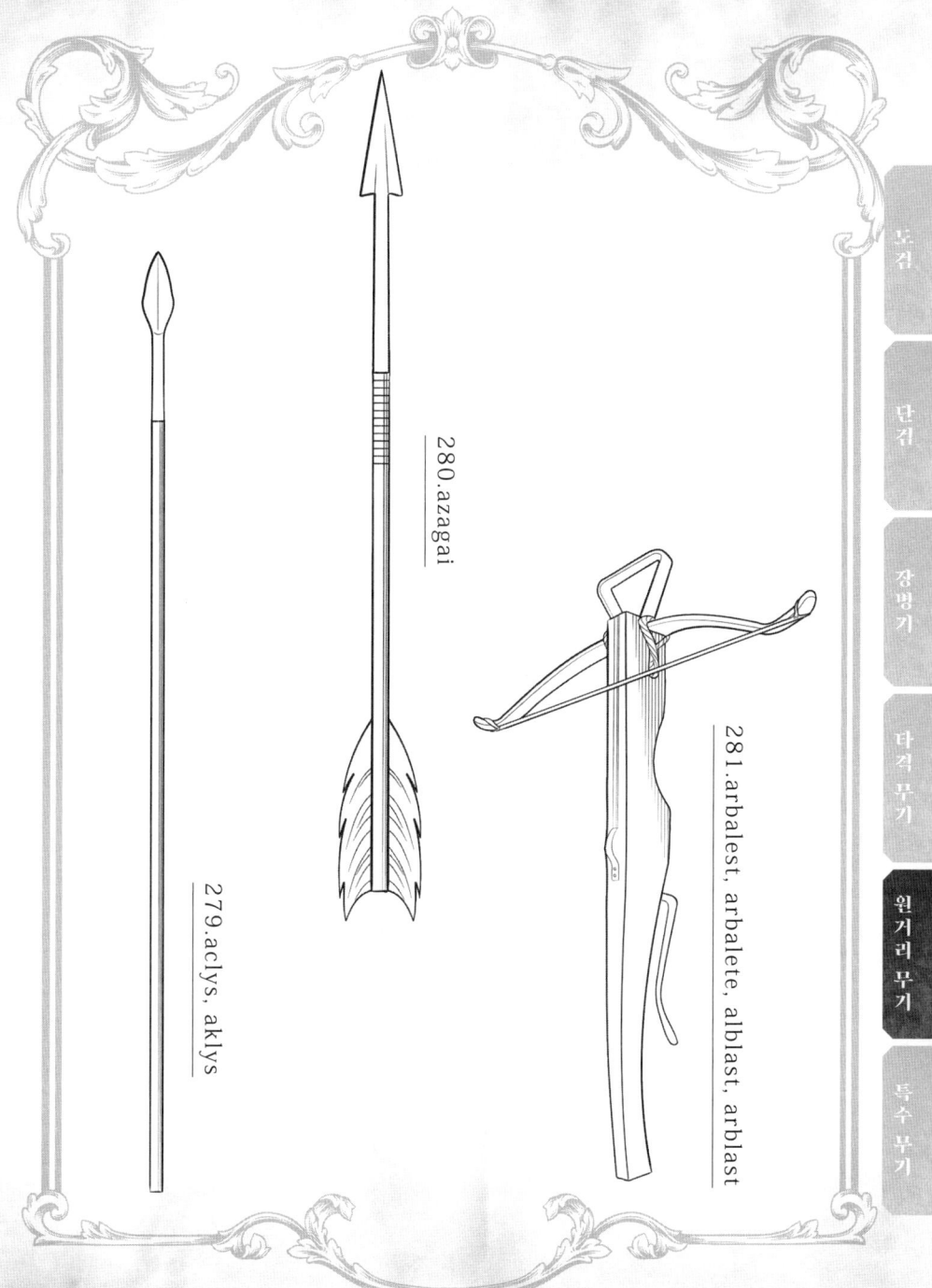

282 앵곤
angon

- 길이: 150~210cm
- 중량: 1.0~1.8kg
- 시대: 4~5세기
- 지역: 서유럽

앵곤은 고대 로마 시대에 프랑크족이 사용했던 투척용 무기다. 자루 상단 3분의 1 정도가 금속으로, 무거워서 사거리가 짧다. 창촉은 끼워 넣는 방식이며, 날에 홈이 파여 있어 꽂히면 빼내기 어렵다. 프랑크족은 방패를 든 상대에게 앵곤을 던져 방패를 맞추고 앵곤의 무게로 방패가 내려앉는 순간을 노려 돌격했다.

283 이시줄라
isijula

- 길이: 120~140cm
- 중량: 0.7~1.0kg
- 시대: 고대~20세기
- 지역: 아프리카 남부

이시줄라는 남아프리카의 줄루족이 사용하던 무기다. 백병전에서 방패와 함께 무장해 상대를 찌르거나, 상대에게 던지기 위해 사용했다. 모양은 창촉이 넓고 긴 날을 가진 것, 창촉이 작고 목이 긴 것 등이 있다. 스톰버그(Stormberg) 산맥에 남아 있는 태고의 벽화에도 비슷한 창을 든 사람의 모습이 있는 것으로 보아 매우 오래 전부터 사용된 무기로 추정된다.

284 윈들래스 크로스보우
windlass crossbow

- 길이: 80~120cm (폭)80~120cm
- 중량: 8.0~15.0kg
- 시대: 13~18세기
- 지역: 유럽

윈들래스 크로스보우는 13세기경 유럽에서 고안된 무기다. 크로스보우(214p)의 일종으로, 몸통에 윈들래스가 달려 있어 양손으로 핸들을 돌려 시위를 비교적 쉽게 당길 수 있었다. 구조가 복잡하고 상당히 무거웠다. 위력은 강력했지만 장전 속도가 매우 느려 주로 공성전 등에서 사용되었다.

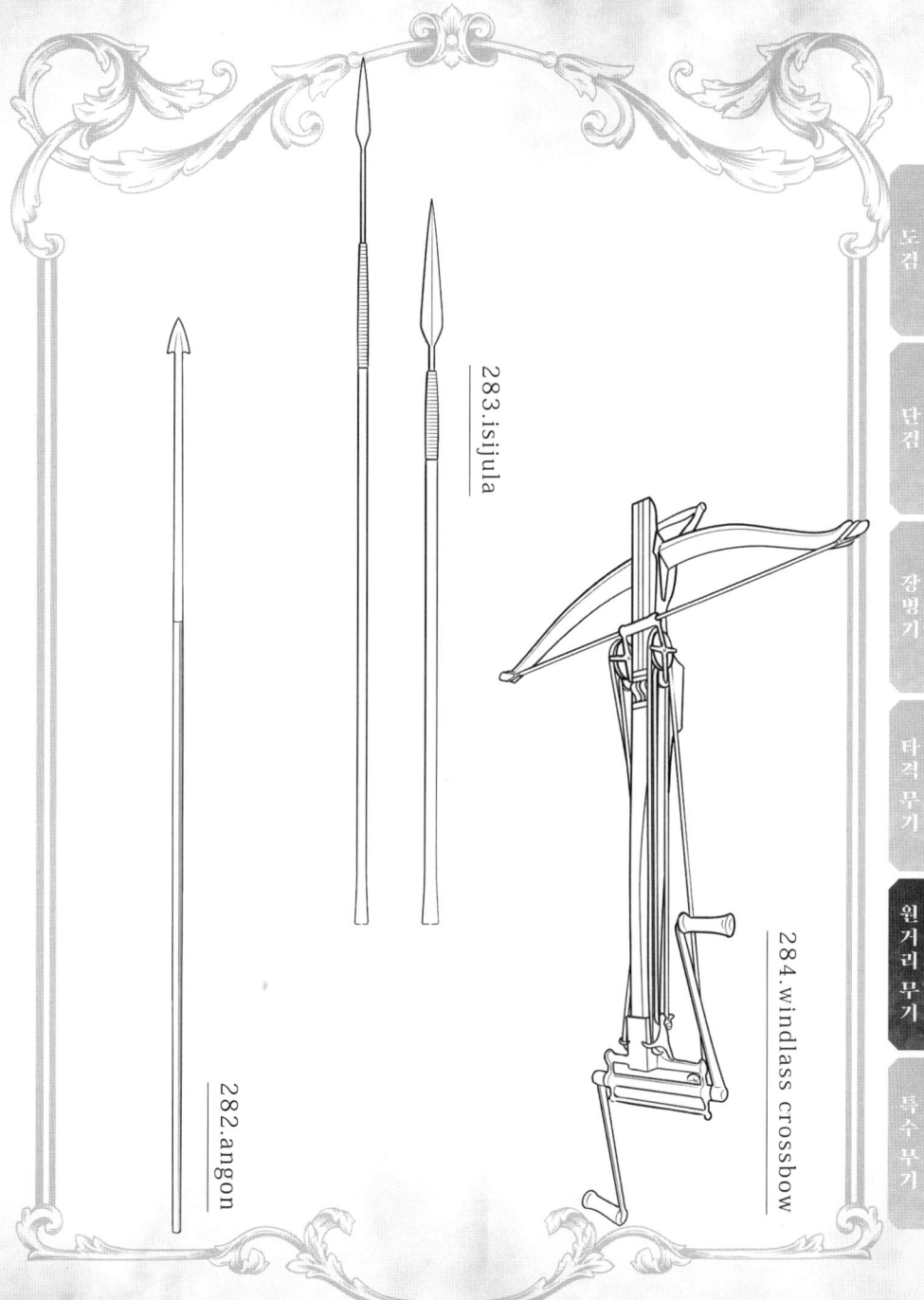

283.isijula

282.angon

284.windlass crossbow

5장 | 원거리 무기

285 베루툼

verutum, vericulum

- 길이: 30~40cm
- 중량: 0.1~0.2kg
- 시대: 4~5세기
- 지역: 유럽

베루툼은 고대 로마 제국 말기에 병사들이 사용하던 무기다. 작지만 화살 중간에 금속 등으로 무게추를 달아 위력을 높였다. 사람이 직접 던지기 때문에 유효 사거리가 짧아 5~20미터까지만 날릴 수 있었다. 방패의 뒷면에 5개 정도를 장착하고, 상대에게 접근해 일제히 던져 상대가 움찔하는 틈을 타 돌격하는 전법이 효과적이었다.

286 우타

uta

- 길이: 90~100cm
- 중량: 0.5~0.8kg
- 시대: 16~19세기
- 지역: 아프리카

우타는 아프리카 케냐 중부에 사는 캄바족이 사용하던 무기다. 나무로 만들어진 단일 궁으로, 아름답게 보이도록 구리로 만든 고리를 끼워 넣었다. 화살은 미구이(migui)라고 하는데 동물을 사냥하기 위한 화살, 새를 사냥하기 위한 화살, 그리고 금속으로 만든 대인용 화살 3종류가 있다. 대인용은 화살촉의 끝이 길어 더 깊숙이 박혔다.

287 우치네

uchine

- 길이: 33~66cm
- 중량: 0.15~0.25kg
- 시대: 아즈치모모야마~에도(16~19세기)
- 지역: 일본

우치네는 일본 무사 등이 사용하던 무기다. 화살을 굵고 짧게 만든 듯한 모양으로, 화살촉은 창처럼 넓고 길다. 자루 뒤쪽에는 깃털과 긴 끈이 달려 있다. 근접전에서는 손에 들고 찌르고, 중거리에서는 끈을 잡고 휘두르며, 원거리에서는 다트(240p)처럼 던졌다. 활이 부러졌을 때 화살을 손으로 잡고 상대를 찌른 것이 유래로 전해진다.

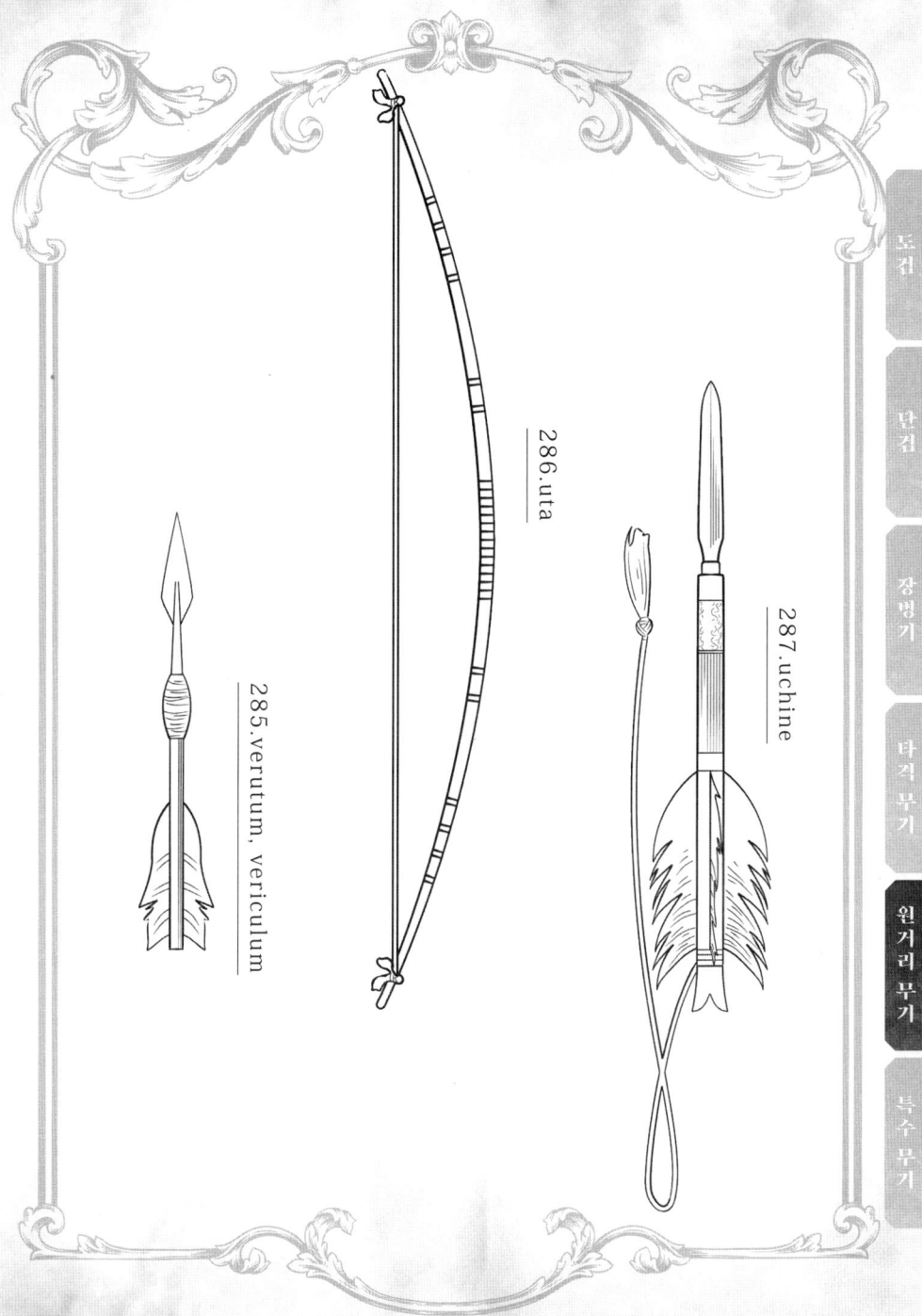

288 우치야

uchiya

- 길이: 25~30cm
- 중량: 0.1~0.15kg
- 시대: 에도(17~19세기)
- 지역: 일본

우치야는 일본 에도 시대에 사용하던 투척용 무기이다. 일반적인 화살보다 소형이며 깃털이 적고, 여러 군데를 등나무로 감았다. 가느다란 통에 넣어 아래로 휘두르며 발사하거나, 슈리켄(238p)처럼 직접 던지는 경우도 있었다. 살상력은 우치네(230p)에 비해 떨어지지만, 휴대가 간편해 호신용으로 유행했다.

289 움콘토

um konto, umkhonto

- 길이: 120~150cm
- 중량: 0.8~1.0kg
- 시대: 19세기
- 지역: 아프리카 남부

움콘토는 19세기 남아프리카 줄루 왕국과 그 동맹국이 사용하던 투척용 무기다. 가늘고 긴 형태이며, 창촉이 나뭇잎 모양이나 화살촉처럼 생긴 것이 있다. 창촉이 무겁고 끝부분이 길어 던질 때 관통력이 높다. 자루는 아세가이(Assegai)라는 키가 큰 대나무처럼 생긴 나무로 만들어졌다. 유럽에서는 움콘토를 아세가이라고 부른다.

290 오유미

oyumi

- 길이: 75cm, (폭)100cm
- 중량: 7.0kg(추정)
- 시대: 나라~헤이안(8~12세기)
- 지역: 일본

오유미는 나라 시대에 중국에서 일본으로 넘어온 무기다. 크로스보우(214p)의 일종으로, 위력이나 사거리에서 일반적인 일본의 활보다 뛰어나 일본에 처음 수입됐을 때는 첨단 무기로 취급했다. 하지만 명중률과 연사력이 낮아 소규모 게릴라전이 주를 이루던 당시 일본의 전투 형태에는 적합하지 않았고, 가격도 매우 비쌌기 때문에 점차 사라지게 되었다.

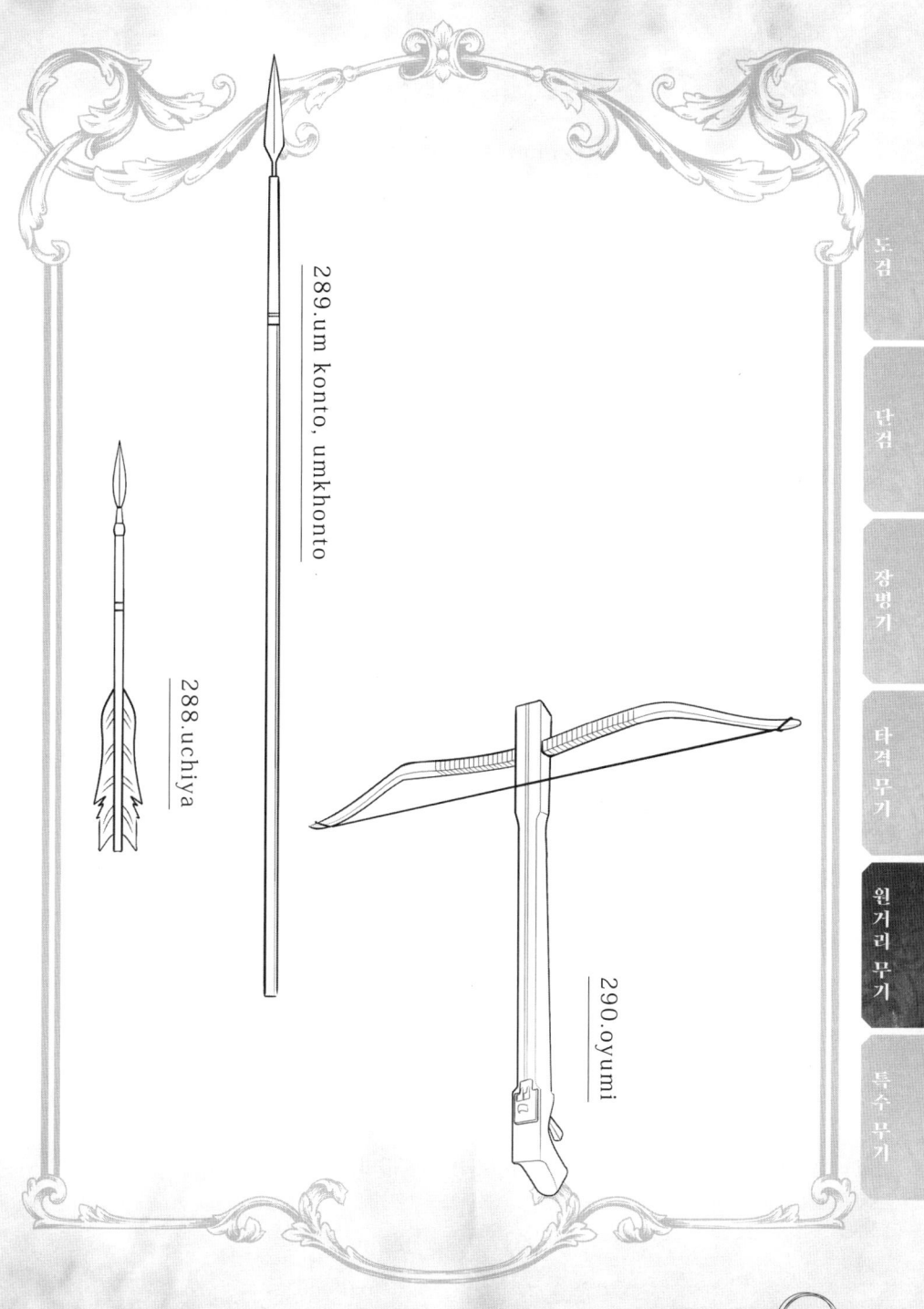

291 가스트라페테스
gastraphetes, gastrapheten

- 길이: 130cm 정도
- 중량: 8.0kg
- 시대: BC 5~BC 4세기
- 지역: 고대 그리스

가스트라페테스는 기원전 고대 그리스에서 만들어진 세계에서 가장 오래된 크로스보우(214p) 형태의 무기다. 개머리판쪽 'U' 자형의 보조기구는 시위를 당길 때 배를 대는 곳으로, 이를 이용해 등 근육의 힘으로 활을 당겼다. 가스트라페테스라는 이름도 '배를 대는 기구'라는 뜻이다. 몸통에 톱니 모양의 홈은 홈에 시위를 걸어 위력을 조절하거나, 힘이 약한 사람도 차근차근 줄을 당길 수 있도록 고안된 것이다.

292 카타리야
katariya

- 길이: 35~45cm
- 중량: 0.3~0.8kg
- 시대: 9~18세기
- 지역: 북서 인도

카타리야는 인도 구자라트에서 벵골 고원에 걸쳐 분포하는 콜족이 사용하던 무기다. 부메랑(220p)의 일종으로 뼈나 금속으로 만들어졌으며, 사냥이나 짐승으로부터 가축을 보호할 때 사용했다. 얇은 초승달 모양으로, 한쪽 끝에 손잡이를 겸한 구형 추가 달려 있다. 추로 인해 타격력이 강하고, 숙련된 사람이 던지면 비거리 100m가 넘는 강력한 무기였다.

293 쿠제룽
kujerung, kallak

- 길이: 60~80cm
- 중량: 0.8~1.0kg
- 시대: 18~20세기
- 지역: 호주

쿠제룽은 호주 북서부에 사는 쿠르나이족이 사용하던 투척용 무기다. 자루 끝이 두껍고, 가시 모양의 홈이 파인 것도 있다. 근접전에서 단순히 때리는 것만으로도 상당한 위력이 있다. 끝이 뾰족한 것과 둥근 것이 있는데, 뾰족한 것은 던지면 항상 뾰족한 부위가 먼저 닿도록 설계되어 있다. 사거리는 15~30미터 정도다.

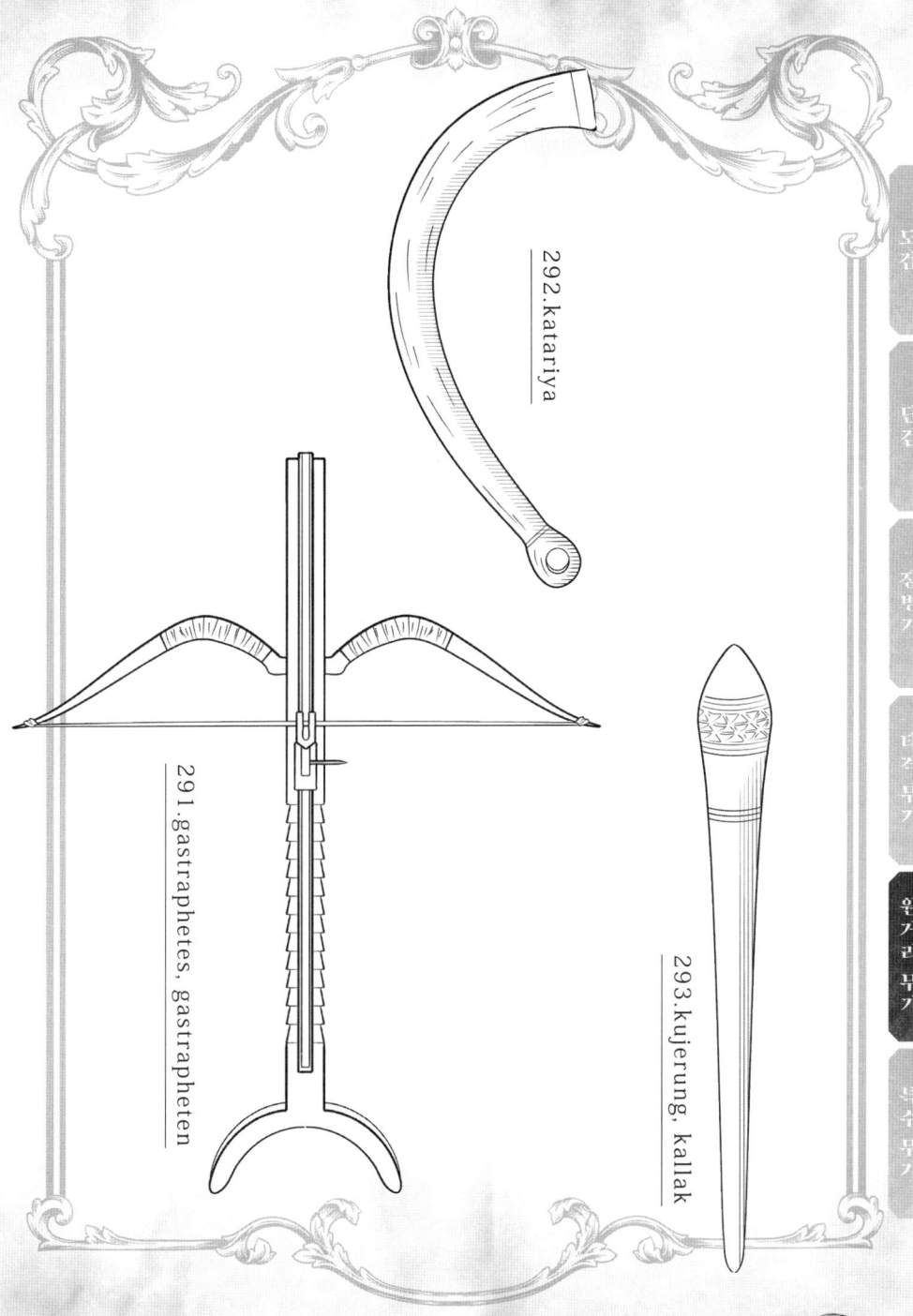

294 케리

kerrie, knobkerrie, tyindugo

- 길이: 40~80cm
- 중량: 0.5~1.0kg
- 시대: 연대 불명~20세기
- 지역: 아프리카 남부

케리는 아프리카 남부의 누리스탄이라고 불리는 비이슬람계 집단이 사용하던 무기다. 가늘고 긴 자루 끝에 둥근 타격부가 있고, 밑단은 날카롭고 뾰족하다. 타격부는 뼈나 돌 등의 자연물을 사용했고, 그중에서도 코뿔소의 뿔을 최고로 여겼다. 상황에 따라 둥근 타격부나 뾰족한 자루를 상대를 향해 던졌다.

295 컴포지트 보우

composite bow

- 길이: 60~150cm
- 중량: 0.2~0.5kg
- 시대: 연대 불명~현재
- 지역: 전 세계

컴포지트 보우는 '합성궁'이라는 뜻으로 여러 가지 재료를 이어 붙여 만든 활의 총칭이다. 탄성이 있는 소재와 단단한 소재를 결합하였기 때문에 강도와 탄성을 모두 겸비해 작은 크기에도 강력한 힘을 발휘했다. 하지만 그만큼 장력이 강해져 궁수가 시위를 당기는 부담이 커졌다. 유럽에서는 시위를 당기는 부담을 줄이기 위해 몸통에 도르래를 붙인 컴파운드 보우(compound bow)도 개발되었다.

296 시게토유미

shigetouyumi

- 길이: 170~180cm
- 중량: 0.2~0.3kg
- 시대: 무로마치~에도(14~19세기)
- 지역: 일본

시게토유미는 무로마치 시대 무렵부터 일본에서 사용하던 무기다. 원래는 나무나 대나무 등을 겹쳐 만든 활에 등나무를 감아 결합해 만든 것이 시작이었다. 검은 옻칠을 한 활대에 흰색 등나무를 감은 시게토유미는 그 아름다움 때문에 상급 무사와 무장이 선호하는 고급품이었다. 등나무를 감는 부분은 윗부분이 36개, 아랫부분이 28개로, 점성술에서 말하는 36금, 28수의 개념에 해당한다.

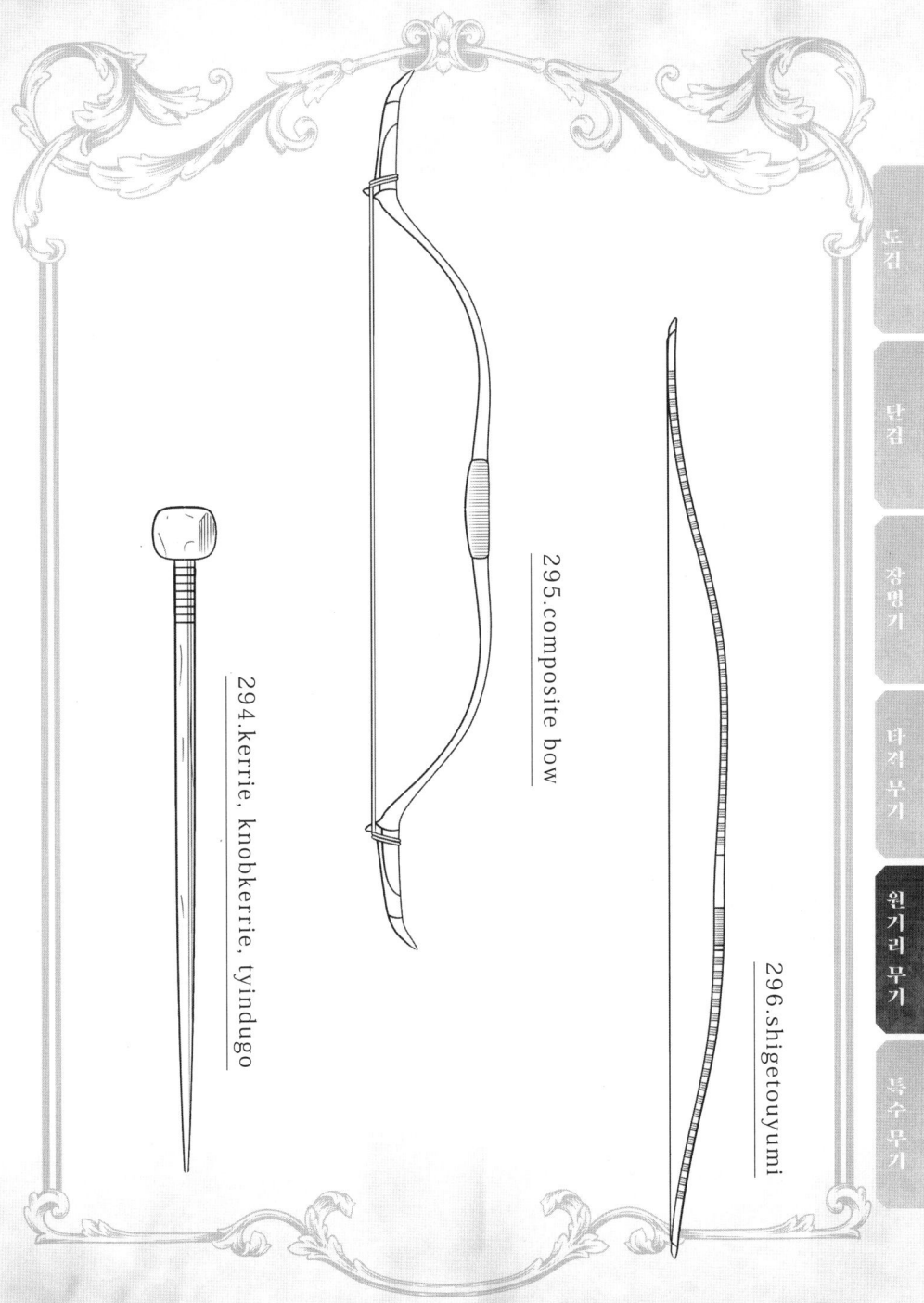

295.composite bow

294.kerrie, knobkerrie, tyindugo

296.shigetouyumi

5장 | 원거리 무기

297 젠다와
gendawa

- 길이: 110~120cm
- 중량: 0.7kg
- 시대: 연대 불명~17세기
- 지역: 동남아시아

젠다와는 인도네시아 자바섬에서 오래전부터 사용한 무기다. 나무로 만든 단일궁의 일종으로, 'V' 자 모양이다. 줌통 부분만 통통하고 굵다. 양쪽 끝은 동물의 뿔을 가공해 두 갈래로 만든 것이 붙어 있고, 거기에 시위를 건다. 자바에는 아직도 전통 궁술이 남아 있으며 앉아서 활을 쏘는 기법이 전승되고 있다.

298 슈리켄
shuriken

- 길이: 10~15cm
- 중량: 0.1kg 정도
- 시대: 전국시대~에도(15~19세기)
- 지역: 일본

수리검(手裏劍)이라고 알려진 슈리켄은 일본에서 닌자나 무사가 사용하던 투척용 무기다. 슈리켄의 형태에는 길고 무거운 못 모양의 막대형과 사방으로 얇은 날이 달린 차륜형, '만자(卍)'형, '십자(十)' 형 등이 있었다. 던지는 것 외에도 이름 그대로 손바닥(手裏)에 숨겨서 접근해 찌르기도 했다. 특히 막대형 슈리켄은 위력이 크지만, 던질 때 회전이 걸리기 때문에 거리에 따라 회전수를 조절해야 해 익히기 어려운 무기였다.

299 스태프 슬링
staff sling

- 길이: 100~110cm
- 중량: 0.3~0.5kg
- 시대: BC 4~근세
- 지역: 전 세계

스태프 슬링은 기원전부터 전 세계에서 사용하던 투척용 무기다. 슬링(216p)을 개량한 것으로, 막대 끝에 바구니를 달고 거기에 돌을 넣어 휘둘러 던졌다. 한 손으로 다루는 슬링에 비해 양손으로 다뤄 원심력이 커지고 위력과 비거리가 늘어났다. 공화정 로마에서는 이를 응용해 공성용 대형 투석기 캐터펄트(catapult)를 개발했다.

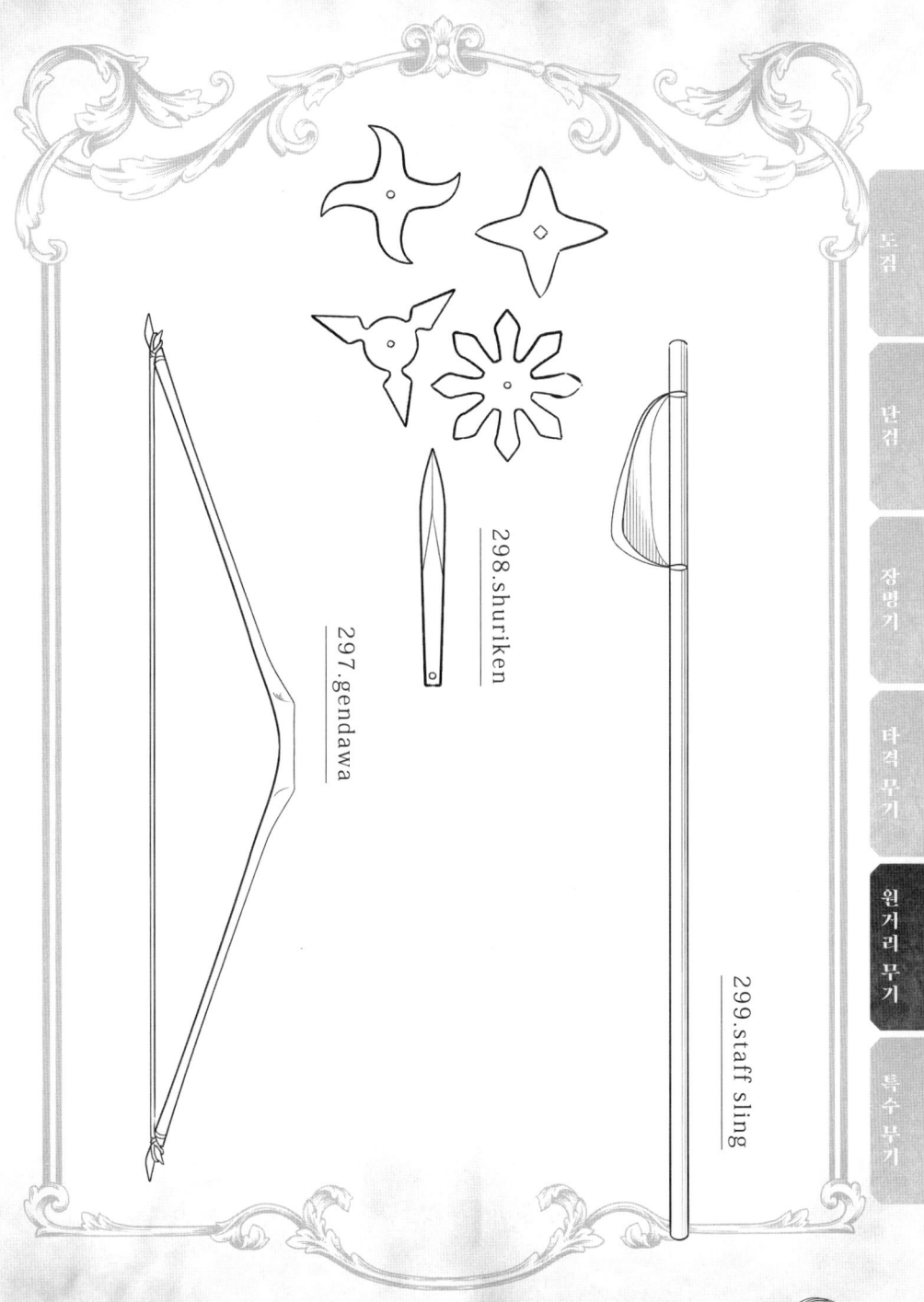

300 주핀스

zupins, zupain, zubin

- 길이: 140~180cm
- 중량: 1.4~1.8kg
- 시대: 14~17세기
- 지역: 중동/인도

주핀스는 남페르시아 카스피해 연안에 사는 다일람족이 사용하던 투척용 무기다. 14세기경 다일람족의 용병에 의해 중동에 전파되어 유행했다. 2갈래로 나누어진 날카로운 창두가 특징이며, 작살을 원형으로 하고 있다. 사스마타(152p)와 비슷하지만, 주핀스는 사스마타와 달리 방어용이라기보다 창촉을 늘려 명중률을 높이기 위한 목적이라는 점에서 차이가 있다.

301 다트

dart

- 길이: 30cm 정도
- 중량: 0.3kg 정도
- 시대: 15~17세기
- 지역: 유럽/중동

다트는 사냥 등에 사용하던 투척용 무기다. 자루 끝에 뾰족한 촉이 달린 형태, 화살처럼 균형을 잡기 위한 날개가 달린 형태 등이 있다. 위력은 낮지만 가볍고 휴대가 간편한 점이 장점이다. 원형은 구석기 시대로 거슬러 올라가지만, 유럽에서 무기로서 명확하게 인식된 것은 15세기 이후다. 현재는 전 세계에서 남녀노소 즐기는 인기 스포츠로 자리 잡았다.

302 탈수표(脫手鏢)

dasshuhyo, tuoshoubiao

- 길이: 8~14cm
- 중량: 0.15~0.3kg
- 시대: 북송~청(10~20세기)
- 지역: 중국

탈수표는 중국 북송 시대부터 사용하던 투척용 무기다. 이국의 승려에게서 전래되었다는 이야기가 있다. 철로 만들었으며, 짧은 자루와 날이 일체화되어 있다. 막대형의 슈리켄(240p)과 비슷하다. 앞쪽 끝은 화살촉 모양이나 마름모꼴 등이 있다. 뒤쪽 끝부분에 고리가 있는 것도 있는데, 여기에 천을 달아 던질 때 궤도를 안정적으로 유지하도록 만들었다. 사람이나 화물을 호위하는 경호원들이 주로 익혔는데, 이들을 표사(鏢師)라고 불렀다.

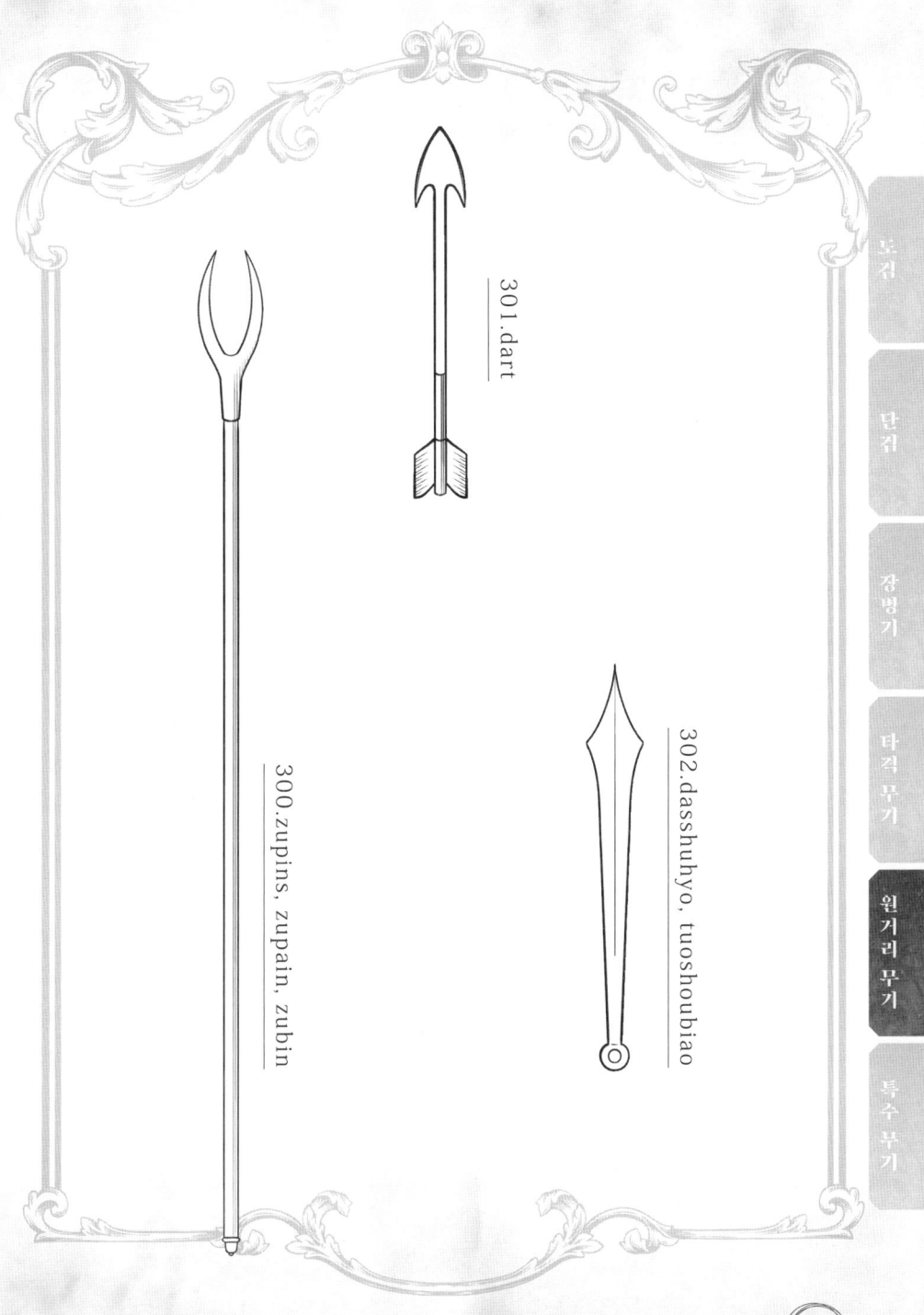

303 타미

thami

- ◆ 길이: 120~150cm (폭) 120cm
- ◆ 중량: 4.0~5.0kg
- ◆ 시대: 17~20세기
- ◆ 지역: 동남아시아

타미는 동남아시아 중부의 샨족이 사냥에 사용하던 무기로, 크로스보우(214p)의 일종이다. 몸통에 활대를 끼워 넣는 조립식으로 되어 있어 분해하여 휴대할 수 있었다. 화살은 작았지만 호랑이를 단번에 죽일 수 있는 위력을 지녔고, 독을 바르면 100m 거리에서 코끼리나 코뿔소 등 대형 동물도 죽일 수 있었다. 물고기를 잡을 때도 사용했다.

304 척전(擲箭)

tekisen, zhijian

- ◆ 길이: 23~30cm
- ◆ 중량: 0.07~0.4kg
- ◆ 시대: 주~청(7~20세기)
- ◆ 지역: 중국

척전은 중국 주나라 시대에 탄생한 투척용 무기다. 다트(240p)와 같이 자루 끝에 화살촉 모양의 촉이 달려 있다. 자루 끝부분이 굵고 무거워 위력이 높다. 전장에 나갈 때는 12개를 하나의 세트로 가지고 나갔다. 원래는 항아리에 화살을 던져 넣는 놀이가 소림사 승려들에 의해 무기로 발전한 것으로 알려져 있으며, 무기가 놀이가 된 다트와 반대의 역사를 지니고 있다.

305 툴루스

thuluth

- ◆ 길이: 30~50cm
- ◆ 중량: 0.5~0.8kg
- ◆ 시대: 19세기
- ◆ 지역: 아프리카

툴루스는 19세기 수단의 마흐디파 병사들이 사용하던 투척용 무기다. 자루에 3방향으로 뻗은 날이 달려 있으며, 툴루스는 아랍어로 '3'을 뜻한다. 3개의 날은 초승달 모양이나 갈고리 모양으로 되어 있어 던지면 어느 쪽이든 맞을 수 있도록 만들어져 있다. 남자이르의 반투족이 사용하는 오쉬레(oshele)라는 무기 역시 비슷한 모양이다.

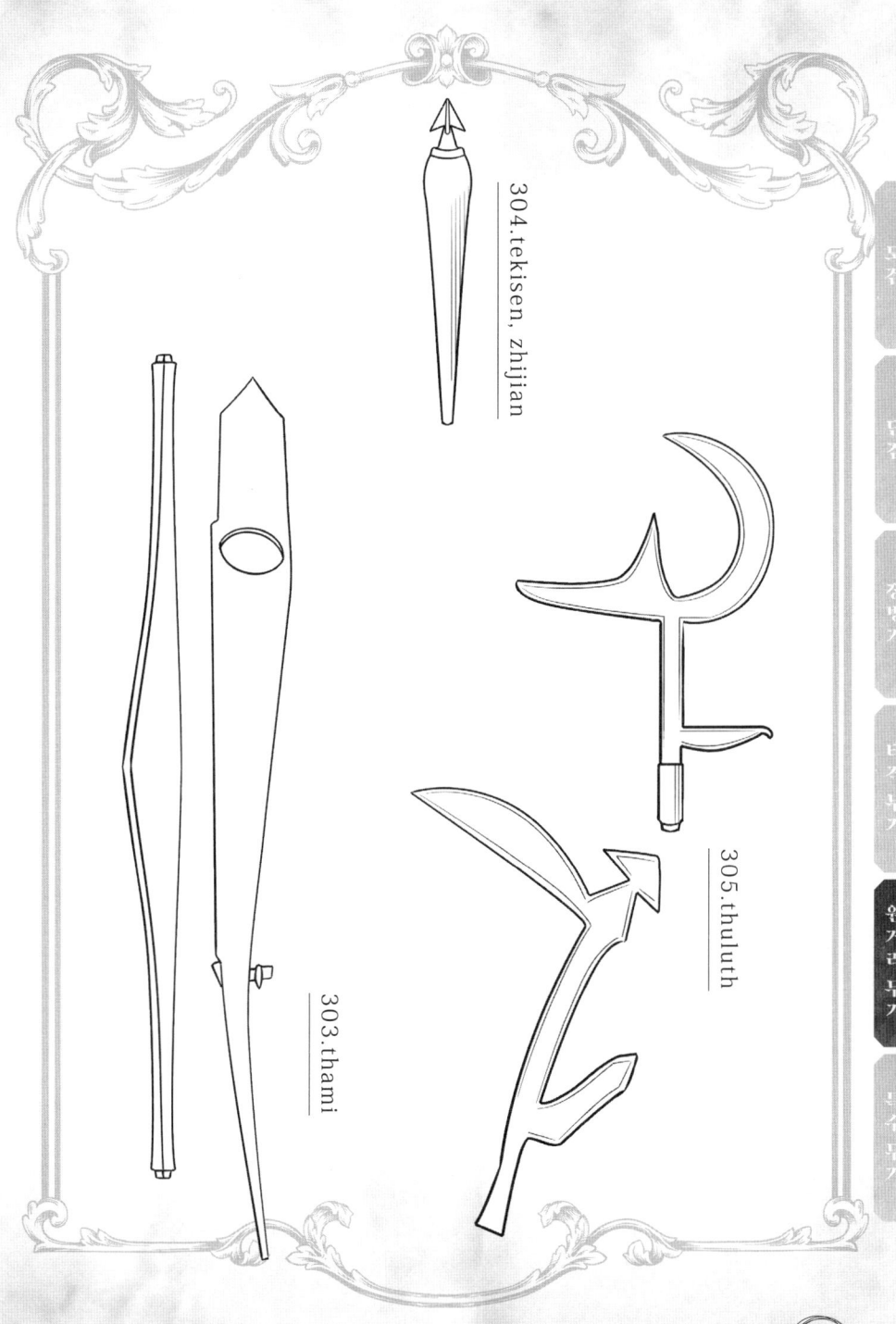

306 노(弩)

nu

- 길이: 50~80cm (폭)120cm
- 중량: 8.0~10.0kg
- 시대: 춘추전국~명 초기(BC 5~AD 15세기)
- 지역: 중국

노는 중국의 무기로 크로스보우(214p)의 일종이다. 기원전부터 사용되었으며, 화기가 등장하기 전까지 군대의 주력 무기였다. 몸통에 권총과 같은 손잡이가 달린 것도 만들어졌다. 유사한 많은 무기들과 마찬가지로 연사할 수 없다는 단점이 있었다. 이를 극복하기 위해 3열 대형으로 서로 번갈아 가며 쏘거나 일반 활과 결합하는 전술 등을 개발해 널리 활용되었다.

307 파치코후

patshkohu

- 길이: 50~70cm
- 중량: 0.3~0.4kg
- 시대: 16~19세기
- 지역: 아메리카

파치코후는 아메리카 원주민 호피족이 사용하던 투척용 무기이다. 토끼를 사냥할 때 사용했기 때문에 래빗 스틱(rabbit stick)이라고도 불린다. 나무로 만들었다. 모양은 부족에 따라 조금씩 다르지만 'ㅅ' 자 모양으로 구부러진 것이 표준이며, 한쪽 끝에는 둥근 자루가 달려 있다. 근접전에서는 손에 들고 타격할 수도 있었다.

308 비차(飛叉)

hisa, feicha

- 길이: 20~30cm
- 중량: 0.5~1.0kg
- 시대: 명~청(14~20세기)
- 지역: 중국

비차는 중국 명나라 시대에 투척용 무기이다. 금속으로 만들어졌으며, 끝이 2~5갈래로 나뉘어 있다. 가장 일반적인 것은 중앙부 끝만 화살촉 모양으로 된 3갈래형이다. 원래는 어부들이 사용하는 작살이었다고 한다. 사용자에 따라 사거리가 100m가 넘는 강력한 무기가 되기도 했다. 《수호전》의 정득손(丁得孫)이 사용한 주무기가 바로 이 비차이다.

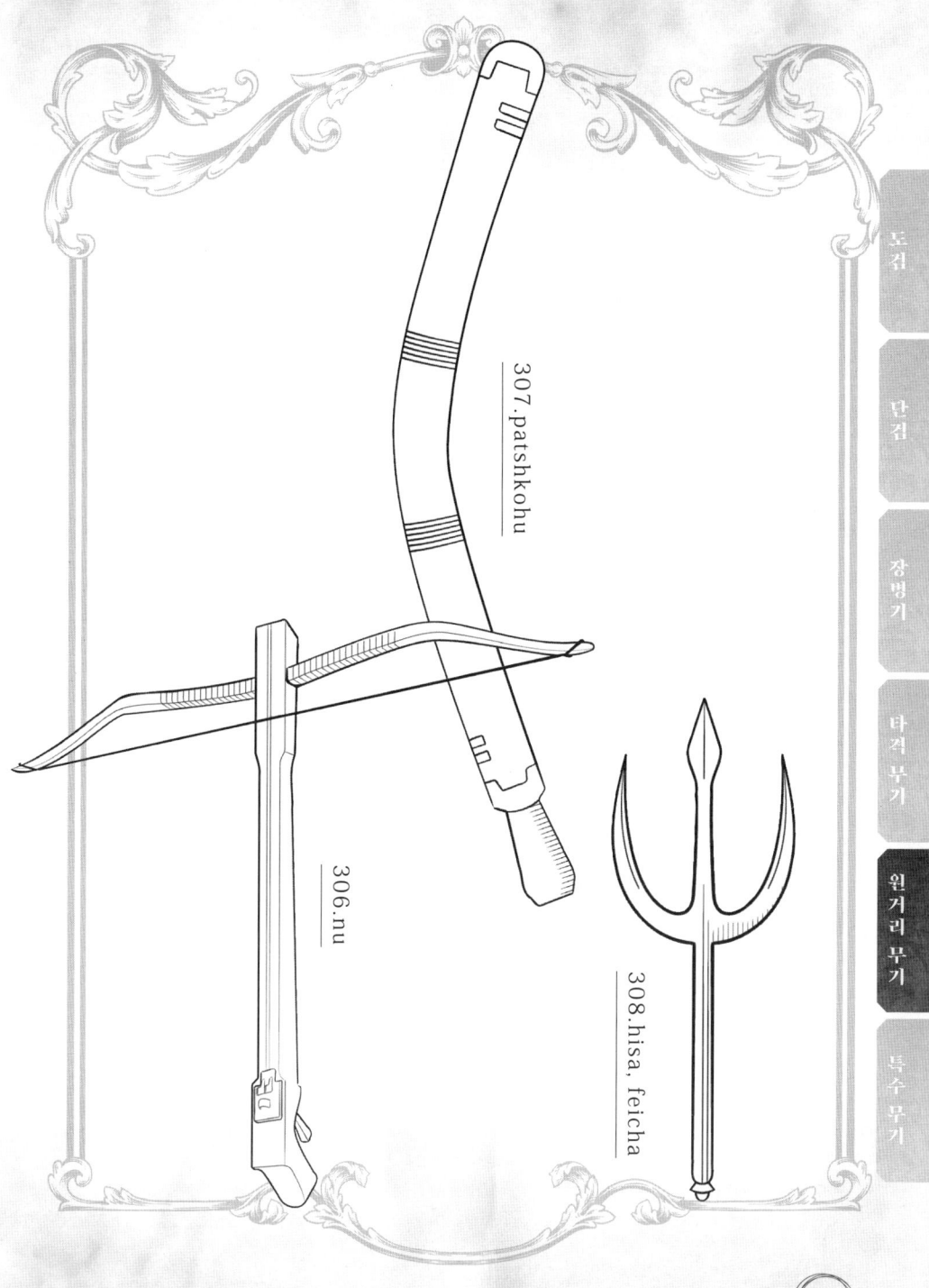

309 표창(標槍)

hyousou, biaoqiang

- 길이: 100~300cm
- 중량: 0.8~2.5kg
- 시대: 북송~청(10~20세기)
- 지역: 중국

표창은 중국에서 투창을 일컫는 총칭이다. 중국에서는 고대부터 노(244p) 등이 보급되어 있었기 때문에 창을 손으로 던지는 것은 그다지 일반적이지 않았으나, 몽골족 등 기마민족이 능숙하게 사용하면서 점차 널리 퍼졌다. 하지만 더 뛰어난 원거리 무기에 밀려 그다지 사용되지 않은 것으로 보인다.

310 필룸

pilum

- 길이: 150~200cm
- 중량: 1.5~2.5kg
- 시대: BC 4~AD 3세기
- 지역: 고대 로마

필룸은 고대 로마 병사들이 사용하던 투척용 무기이다. 나무로 된 자루와 금속으로 된 창두로 구성되어 있다. 창두의 금속 부분이 길어 방패를 관통할 수 있었다. 상대가 투척한 필룸을 주워 다시 던지지 못하게 하기 위해, 땅에 떨어지면 쉽게 휘어지도록 무겁고 가늘게 만들었다.

311 블로 파이프

blowpipe

- 길이: 30~200cm
- 중량: 0.1~1.0kg
- 시대: 10~20세기
- 지역: 주로 밀림지대

블로 파이프는 동남아시아나 아메리카의 밀림지대 원주민 등이 사용하는 무기다. 길쭉한 관에 입으로 공기를 불어넣어 바늘을 날린다. 바늘은 곧게 날아갈 수 있도록 깃털이나 털이 달려 있다. 사냥이나 전장에서 사용하였으나, 정면에서 싸우기보다는 들키지 않게 접근해 숨어서 사용했다. 바늘에는 근육 이완, 마비, 호흡 부전을 일으키는 독이 묻어 있다.

5장 | 원거리 무기　247

312 무더

_____ muder

- 길이: 70~85cm
- 중량: 0.8~1.0kg
- 시대: 16~19세기
- 지역: 아프리카

무더는 16세기경부터 아프리카에서 사용하던 대표적인 투척용 무기다. 양날이며, 도신은 알파벳 'F'자 모양으로 날이 갈라져 있다. 무더는 '전갈'을 의미하며, 칼끝이 전갈의 꼬리처럼 뾰족하다고 해서 붙여진 이름이다. 비슷한 모양의 투척 나이프가 많다.

313 유엽비도(柳葉飛刀)

_____ ryuyouhitou, liuyefeidao

- 길이: 20~25cm
- 중량: 0.25~0.35kg
- 시대: 전한~청(BC 3~AD 20세기)
- 지역: 중국

유엽비도는 기원전부터 중국에서 사용한 투척용 무기다. 전체가 금속이고, 버드나무 잎을 닮은 가늘고 긴 날에 자루가 달려 있다. 밑단에는 궤도를 안정시키기 위한 천이 달려 있다. 연습하는 데 10년이 걸린다는 어려운 무기지만, 숙달된 사람은 200m까지 던질 수 있었다고 한다.

314 루니

_____ luny

- 길이: 60~70cm
- 중량: 0.5~0.8kg
- 시대: 12~20세기
- 지역: 아프리카

루니는 수단 동부의 청나일주에 사는 인게사나족이 사용하는 나무로 된 투척용 무기다. 모양은 종족마다 다르지만, 대표적인 모양은 끝의 3분의 1 부근이 직각에 가깝게 꺾인 곡선형 부메랑으로 타격부가 크다. 사냥에도 쓰여서 하이에나나 까마귀 등 경계심이 강한 동물을 사냥할 수 있다.

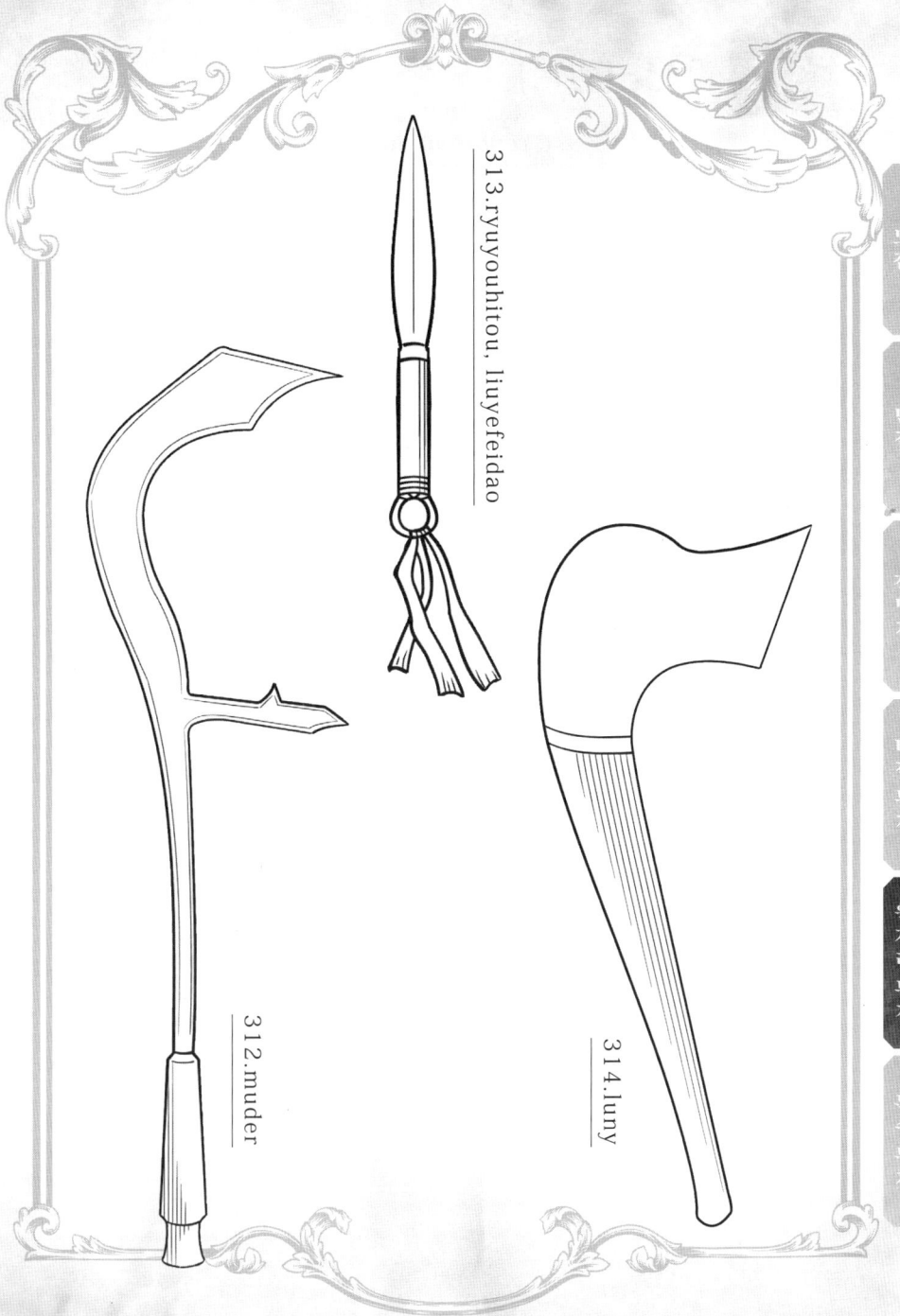

313.ryuyouhitou, liuyefeidao

312.muder

314.luny

5장 | 원거리 무기　249

315 연노(連弩)

rendo, liannu

- 길이: 75~100cm (폭)80~140cm
- 중량: 1.0~4.0kg
- 시대: 전국~청(BC 5~AD 20세기)
- 지역: 중국

연노는 중노(244p)의 일종으로, 연사가 가능한 무기다. 받침대나 수레에 고정한 대형 무기로 만들어졌으며, 이후 소형화한 개인용도 개발되었다. 제갈공명이 개발하였다고도 전해지지만 이는 사실이 아니다. 제갈공명이 발명한 것은 한 번에 여러 발을 발사하는 '원융노(元戎弩)'였다고 역사적으로 여러 가지 연노가 개발되었지만 위력이 약해 실전에 사용할 수 있는 성능의 연노는 거의 없었던 것으로 보인다.

316 와틸리크리

watilikri, watilikiri

- 길이: 75~85cm
- 중량: 0.8~1.2kg
- 시대: 18~20세기
- 지역: 호주

와틸리크리는 호주의 와라문가족이 사용하는 무기로, 나무로 만든 부메랑(220p)의 일종이다. 몸통은 완만하게 휘어져 있고, 끝은 갈고리 모양으로 구부러져 있다. 끝부분이 부리처럼 생겼다고 해서 부리형 부메랑이라고도 불린다. 던지면 끝부분이 회전하면서 상대에게 피해를 입히고, 속도에 따라서는 절단도 가능하다.

317 은기구에

ngeegue

- 길이: 45~60cm
- 중량: 0.4~0.7kg
- 시대: 17~20세기
- 지역: 아프리카

은기구에는 17세기경부터 아프리카 사라족이 사용하던 투척용 무기다. 금속으로 만들어졌고, 둥그스름하게 휜 갈고리 모양이며 막대기가 크게 꺾이는 부분에 작은 가시가 하나 달려 있다. 양 끝은 고리처럼 말려 있다. 여성만 소지할 수 있으며, 남성은 한 뼘 정도 더 큰 은가틸(nga-til)이라는 것을 사용했다.

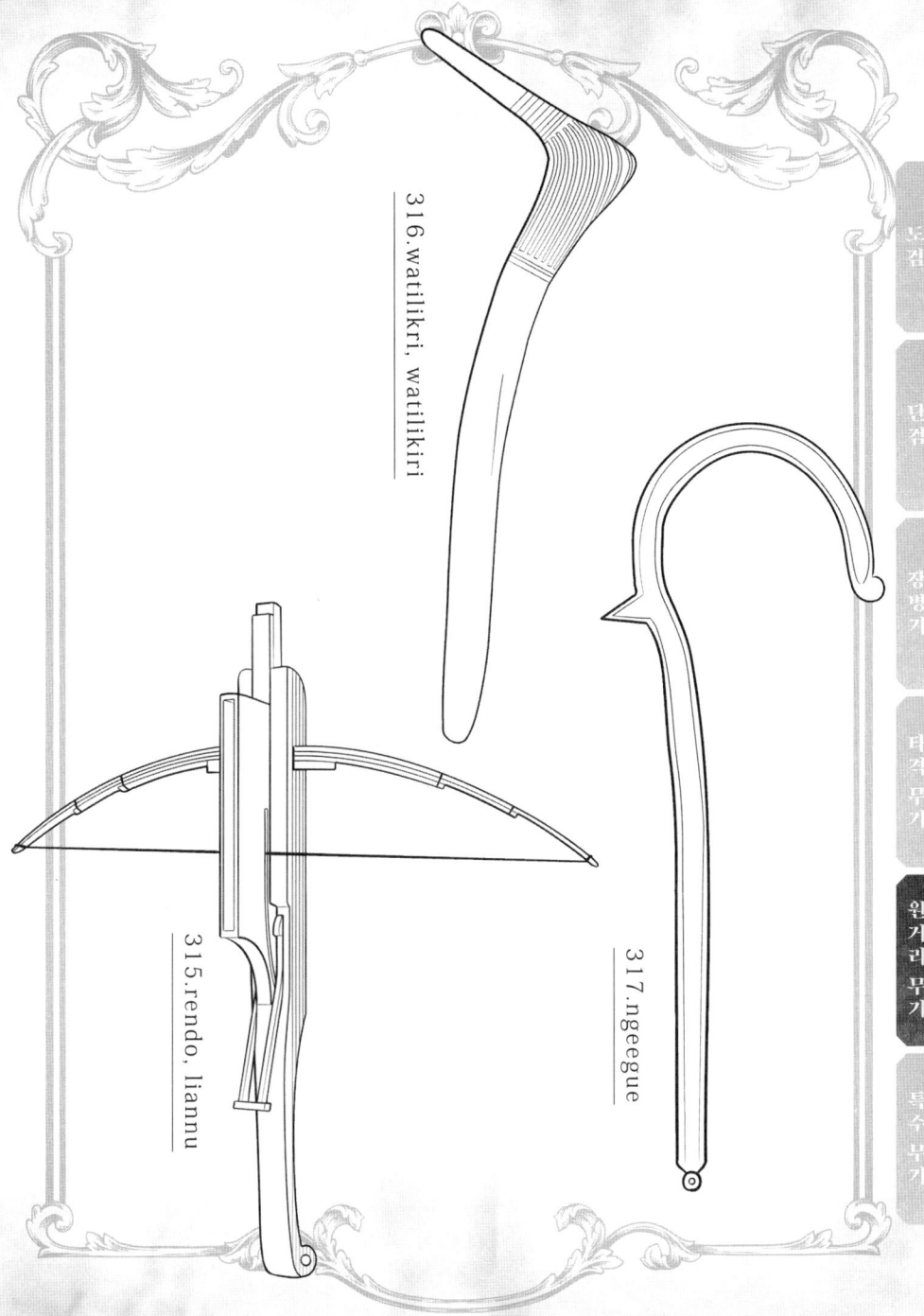

316. watilikri, watilikiri

317. ngeegue

315. rendo, liannu

5장 | 원거리 무기　251

원거리 무기 도해

활
bow

1. 줌통
2. 윗장
3. 아랫장
4. 활등
5. 뿔앞
6. 오금
7. 아귀
8. 대림끝
9. 양냥고자(상부)
10. 양냥고자(하부)
11. 시위
12. 절피
13. 활몸

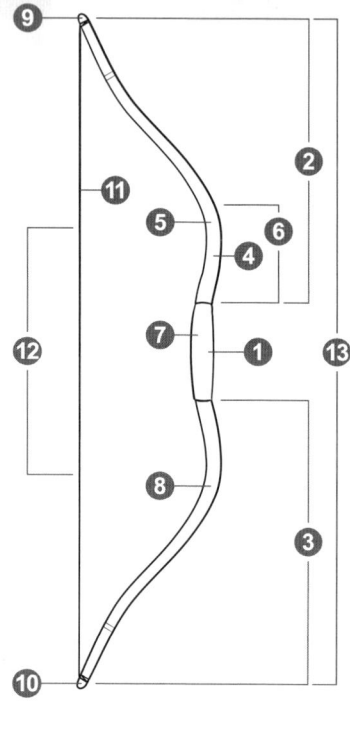

크로스보우
crossbow

A. 손잡이 | 틸러(tiller)
B. 안전핀 | 러그(lugs), 스탑(stops)
C. 걸쇠 | 너트(nut)
D. 활 | 보우(bow)
E. 개머리 | 버트(butt)
F. 방아쇠 | 트리거(trigger)
G. 연결부 | 타이(ties)
H. 시위 | 스트링(string)
I. 등자 | 스티럽(stirrups)

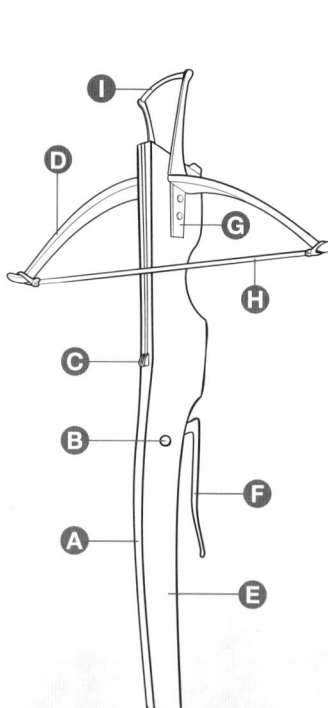

6장
특수 무기

318 아다가

adaga, adarga, adargue

- 길이: 69~110cm
- 중량: 1.5~2.0kg
- 시대: 14~16세기
- 지역: 유럽

아다가는 모로코 중북부의 도시인 페스에서 탄생한 방패와 창, 단검을 결합한 무기다. 영양의 가죽을 덧댄 방패의 앞면에 양날 단검을 붙이고, 그 아래쪽 끝에는 작은 창촉, 위쪽 끝에는 큰 창촉을 결합했다. 한 손으로 들고 공격과 방어를 할 수 있어 말을 타고 사용하기에 적합했다. 스페인 기병대가 정식 장비로 채택하면서 유럽 전역으로 퍼져 나갔다. 유럽에는 양손으로 다루는 소드 실드(sword shield), 중앙에서 총알을 발사하는 아이언 실드 피스톨(iron shield pistol) 등 공방 일체형 무기가 자주 만들어졌다.

319 채찍

whip

- 길이: 1~8m
- 중량: 0.4~0.6kg
- 시대: 연대 불명~20세기
- 지역: 유럽

채찍은 가죽끈이나 사슬 등에 자루를 붙인 무기다. 가시가 박힌 것이나 끝이 여러 갈래로 갈라진 것도 있다. 휘둘러서 때리면 상대에게 극심한 고통을 줄 수 있고, 휘두를 때 날카롭고 위협적인 소리가 난다. 원래는 가축을 다루기 위한 것이었지만, 사람을 상대로 고문이나 형벌 등에 사용했다. 사람을 때릴 때는 통증의 강도가 비교적 적은 등이나 엉덩이를 때렸지만, 그럼에도 통증이 심해 쇼크사하기도 했다. 채찍을 이용한 형벌은 백성들에게 공포심을 심어주기 위해 공공장소에서 행해지는 경우가 많았다.

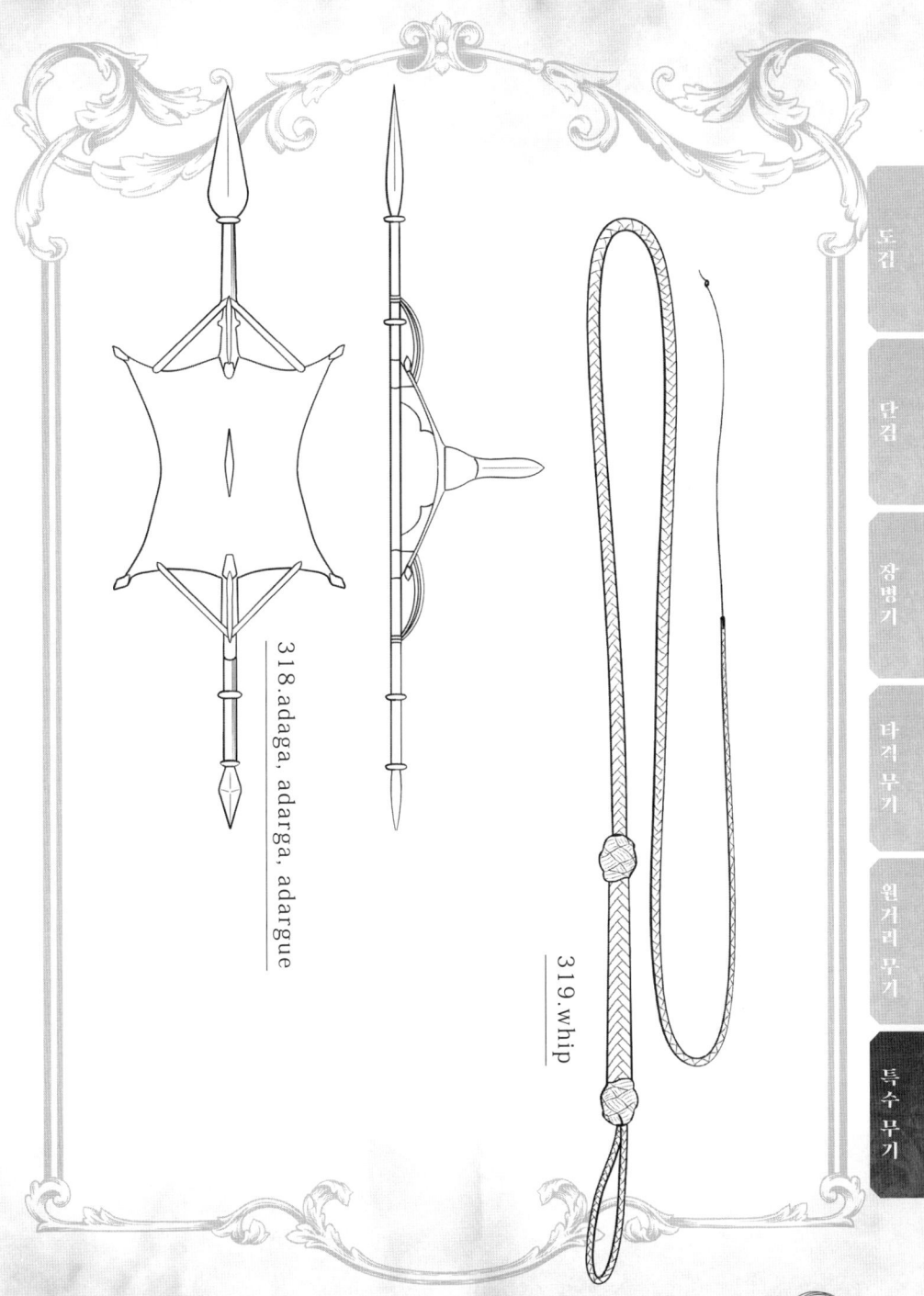

320 우치코미

uchikomi

- 길이: 200~250cm
- 중량: 2.0~2.2kg
- 시대: 에도(17~19세기)
- 지역: 일본

우치코미는 일본 에도 시대에 상대를 포박하기 위해 사용한 무기다. 이름은 따로 없으며 단순히 '쇠고리'라는 뜻의 가나와(鉄輪)로 불렸다. 긴 참나무 막대 끝에 철사를 꼬아 만든 지름 30~40cm 정도의 고리가 달려 있다. 범죄자의 목에 걸어 포획하거나, 연행하기 위한 것이지만, 위력이 너무 세서 실신하거나 질식사하는 경우도 있었다. 이런 사고를 방지하기 위해 고리에 짚이나 천 등을 감은 것도 있다. 사용이 까다롭고 다른 무기에 비해 범용성이 떨어져 그다지 사용되지 않은 것으로 보인다.

321 구사리가마

kusarigama

- 길이: (낫)50~60cm (사슬)250~400cm
- 중량: 2.0~3.0kg
- 시대: 무로마치 말기~에도(16~19세기)
- 지역: 일본

구사리가마는 무로마치 시대에 고안된 무기다. 구사리가마는 '쇠사슬과 낫'을 의미하는데, 그 이름대로 쇠사슬(鎖)에 낫(鎌)이 연결되어 있다. 쇠사슬을 낫의 자루 부분에 연결한 것과 날에 구멍을 뚫고 거기에 직접 연결한 것, 또한 낫 부분에 창과 같은 창촉이 달린 것도 있었다. 쇠사슬로 때리거나 낫으로 베는 것 외에도 쇠사슬을 상대의 팔다리나 몸에 감아 못 움직이게 하고 낫으로 공격하는 등 복합적인 공격도 가능했다. 사용이 까다로워 낫을 잘못 던지면 사용자도 위험할 수 있었다.

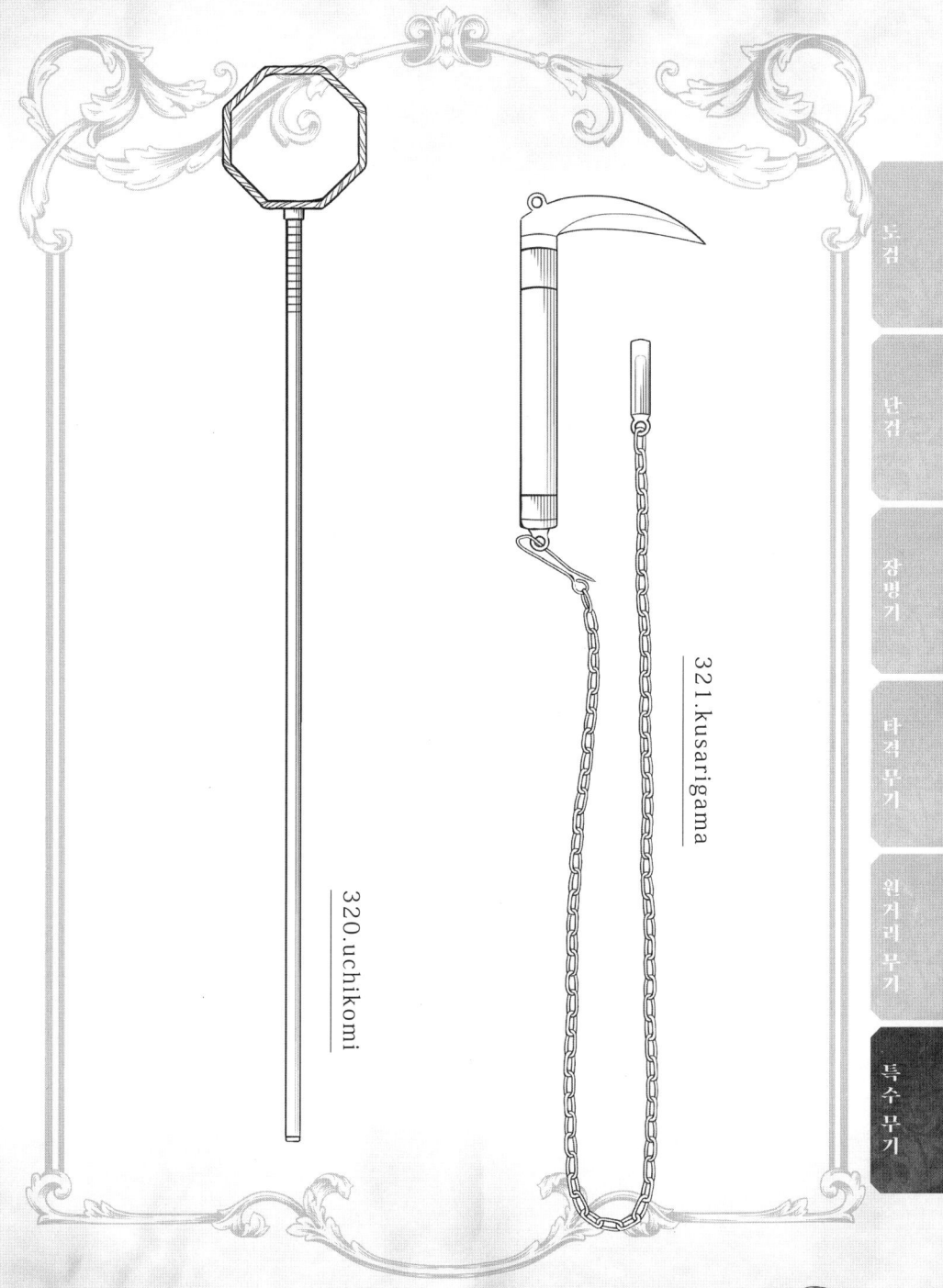

320. uchikomi

321. kusarigama

6장 | 특수 무기　257

322 권(圈)

ken, quan

- 길이: 24~30cm(지름)
- 중량: 0.4~0.6kg
- 시대: 명~청(14~20세기)
- 지역: 중국

권은 중국 명나라 시대에 고안된 반지 모양의 무기다. 원래는 중국 무용 도구였다고 한다. 금속으로 만든 고리에 손잡이를 달아 타격에 사용했다. 고리 바깥쪽에 날이 달린 건곤권(乾坤圈), 방사형으로 가시가 달린 금강권(金剛圈) 등이 있다. 이들은 찌르기, 베기, 던지기 등 다양한 공격이 가능했다. 방어력도 뛰어나 고리 안쪽에 날을 달아, 이 고리로 상대 무기를 절단할 수 있었다.

323 호수구(護手鉤)

goshukou, hushougou

- 길이: 80~100cm
- 중량: 0.8~1.2kg
- 시대: 전국~청(BC 5~AD 20세기)
- 지역: 중국

호수구는 중국에서 전한 시대부터 사용하기 시작한 무기다. 그 원형은 전국시대 갱도(坑道) 전투에 사용하던 막대 모양의 갈고리다. 손잡이에 월아가 달려 있고, 자루 끝은 뾰족하다. 양손에 하나씩 들고 싸웠다. 금속 갈고리는 주로 적을 걸어서 쓰러뜨리거나 상대의 무기를 얽어매는 데 사용했다. 갈고리 안쪽에 날이 달린 것으로 말의 고삐를 자르기도 했다. 근접전에서는 월아 부분으로 때리거나, 자루 머리로 찌르는 등 다양한 공격이 가능한 무기였다.

322. ken, quan

323. goshukou, hushougou

324 난반보

nanbanbou

- 길이: 2.0~2.4m
- 중량: 2.2~2.5kg
- 시대: 에도(17~19세기)
- 지역: 일본

난반보는 일본 에도 시대에 상대를 포박하기 위해 사용한 무기다. 덫과 비슷한 구조로 긴 자루 끝에 톱날이 달린 금속 집게가 달려 있으며, 물건을 끼우면 스프링에 의해 닫히도록 만들어져 있다. 또한, 손 쪽의 통을 밀고 당겨서 수동으로 집게를 여닫는 매직 핸드 같은 형태도 있었다. 원형은 아즈치모모야마 시대에 수군이 사용하던 무기로 상대를 잡은 채로 물에 빠뜨리기 위해 사용했던 것으로 보인다. 반면 난반보는 살상이 목적이기 때문에 날이 날카롭다.

325 닌자토

ninjatou

- 길이: 40~60cm
- 중량: 0.3~0.8kg
- 시대: 무로마치~에도(14~19세기)
- 지역: 일본

닌자토는 일본의 닌자가 사용했다고 전해지는 무기다. 크기는 우치가타나(8p)와 와키자시(84p)의 중간 정도로 휘두르기 편하며, 도신은 직검이다. 네모난 날밑은 비교적 크게 만들어져 있다. 칼집은 밤에 행동할 때도 눈에 띄지 않도록 무광이며, 칼집 끝부분은 캡 형식으로 탈부착이 가능하다. 이러한 디자인은 칼을 벽에 세워 놓고 날밑을 밟고 벽을 오르거나 칼집을 스노클처럼 활용해 잠수하는 등 닌자에게 딱 맞는 무기였다.

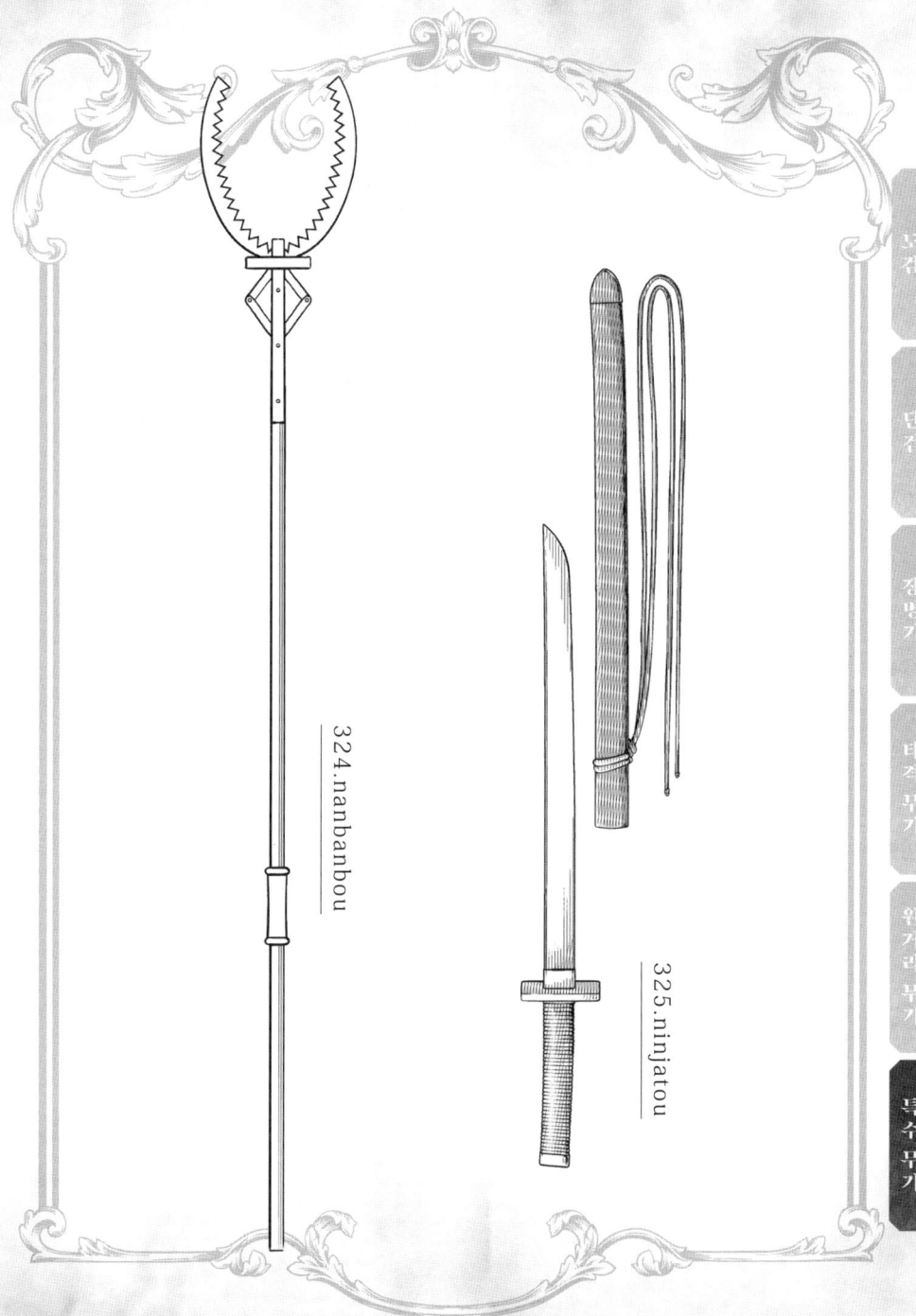

326 하즈야리

hazuyari

- 길이: 15cm(창 부분)
- 중량: 0.1kg(창 부분)
- 시대: 아즈치모모야마~에도(16~19세기)
- 지역: 일본

하즈야리는 일본 전국시대에 최하급 궁병들이 비상시에 사용하던 무기다. 활의 시위가 끊어져 활을 사용할 수 없을 때나 난투극이 벌어졌을 때 사용하였다. 하즈야리를 활 끝에 끼워 간이식 창을 만들었다. 하즈야리를 끼운 활은 호코유미(鉾弓)라 불린다. 총검과 비슷하며 궁병들은 활과 검, 하즈야리를 휴대하고 다녔다. 하지만 성능은 형편없어 일반 장창을 상대할 수 있는 수준은 아니었다. 적을 쓰러뜨리기 위한 무기라기보다는 비상시 생존율을 높이기 위한 무기라고 할 수 있다.

327 비조(飛爪)

hisou, feizhao

- 길이: 6.0m
- 중량: 2.0kg 정도
- 시대: 명~청(14~20세기)
- 지역: 중국

비조는 중국 명나라 때 고안된 무기다. 밧줄의 양 끝에 금속 갈고리가 달려 있다. 동물의 발톱이나 사람의 손 모양의 갈고리를 휘두르거나 던져서 공격한다. 직접적인 살상력은 없지만, 상대를 휘감아 몸을 찢어 버릴 정도의 위력을 가지고 있다. 밧줄의 길이는 6m 정도이며, 중간을 잡으면 양쪽 갈고리를 모두 사용할 수 있고, 한쪽 끝을 잡으면 먼 거리까지 공격할 수 있었다. 갈고리 모양의 특징을 살려 벽을 오르기 위한 용도로도 사용한 것으로 보인다.

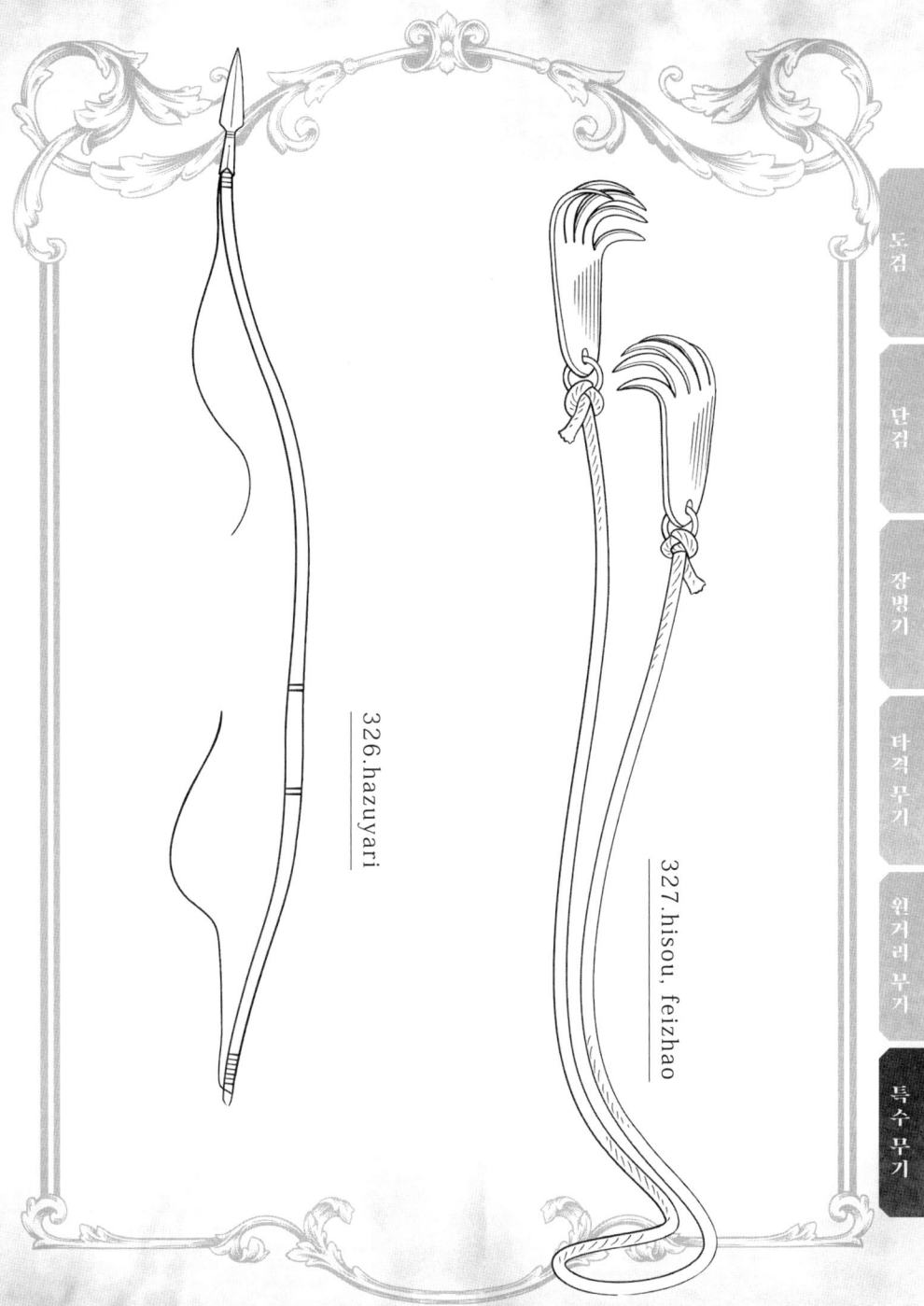

326. hazuyari

327. hisou, feizhao

6장 | 특수 무기

328 마루

maru, madu, maduvu, singauta

- 길이: 75cm~3.0m
- 중량: 0.8~4.0kg
- 시대: 17~19세기
- 지역: 인도

마루는 17세기에 마라타족 병사들이 사용하던 공방 일체형 무기다. '죽이다'라는 뜻의 신가우타라고도 한다. 방패 뒷면에 2개의 염소 뿔이 좌우로 길게 뻗은 형태이다. 뿔 끝을 금속으로 덮어 강화한 것도 있으며, 방패 없이 뿔만 결합된 파키르 호른(fakir horns)이라는 무기도 있다. 건틀릿과 검이 일체화된 파타(20p), 피랑기(70p) 등 마라타족의 무기는 독특한 형태가 많다.

329 맨 캐처

man catcher

- 길이: 1.2m~3.0m
- 중량: 1.0~2.2kg
- 시대: 16~19세기
- 지역: 유럽

맨 캐처는 16세기경부터 주로 감옥에서 상대를 진압, 구속하기 위해 사용한 무기다. 긴 자루 끝에는 한쪽이 뚫린 금속 고리가 달려 있고, 뚫린 부분에는 스프링이 달린 '덫'이 달려 있다. 이를 상대의 목에 가져다 대면 목이 고리 안에 들어가 빠져나오기 어렵게 된다. 고리 안쪽에는 가시가 있어 반항하는 상대에게 상처와 고통을 줄 수 있었다.

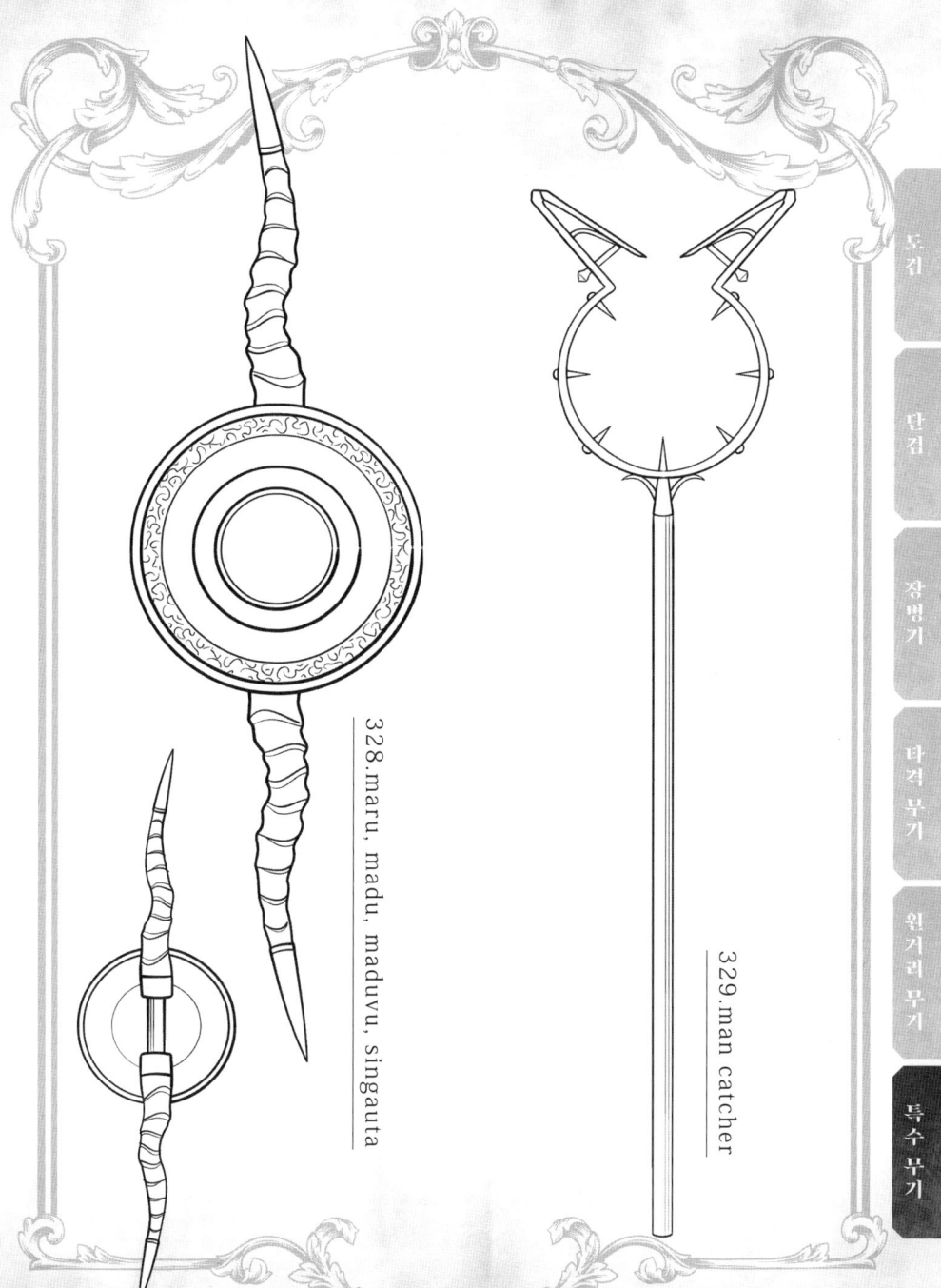

328.maru, madu, maduvu, singauta

329.man catcher

330 가쿠테
kakute

- 길이: 2~10cm
- 중량: 0.1kg 이하
- 시대: 에도(17~19세기)
- 지역: 일본

가쿠테는 에도 시대 일본에서 사용하던 무기다. 범죄자를 제압하거나 호신용으로 사용되었다. 금속 고리에 2~3개의 가시가 달려 있으며 손가락에 끼워 사용한다. 가시가 바깥쪽을 향해 있는 것, 안쪽을 향해 있는 것이 있다. 가시가 바깥쪽을 향해 있으면 주먹으로 칠 때 파괴력이 강해지고, 가시가 안쪽을 향해 있으면 상대를 잡아 공격하는 경우가 많았다. 상대를 잡는 경우가 많은 유도에서 가쿠테를 끼고 팔이나 손목을 잡는 것만으로도 극심한 통증을 주어 상대를 제압할 수 있었다.

331 가나무치
kanamuchi

- 길이: 85~110cm
- 중량: 0.3~0.5kg
- 시대: 헤이안~메이지(8~20세기)
- 지역: 일본

가나무치는 몽둥이와 비슷한 철제 무기다. 일본 헤이안 시대에 만들어져 메이지 시대까지 오랫동안 사용되었다. 손잡이 부분에 미끄럼 방지용 마디가 들어간 단순한 형태이다. 원래는 신분이 낮은 사람이 소지하곤 했으나, 귀족 경호에 사용하며 에도 시대에는 고급 무사가 사용하게 되었다.

332 아미자(峨嵋刺)
gabisi, emeici

- 길이: 30cm 정도
- 중량: 0.3kg 정도
- 시대: 청(17~20세기)
- 지역: 중국

아미자는 중국 청나라 시대에 개발된 무기다. 양 끝이 뾰족하고 짧은 금속 막대로, 중앙에 달린 고리에 가운뎃손가락을 끼워 사용한다. 공격 방법은 휘두르기, 찌르기, 두드리기, 던지기 등 다양하다. 휴대성이 높아 호신용이나 암살용으로 사용되었다. 비슷한 무기로는 반지와 막대의 연결부가 회전하는 점혈침(点穴針) 등이 있다.

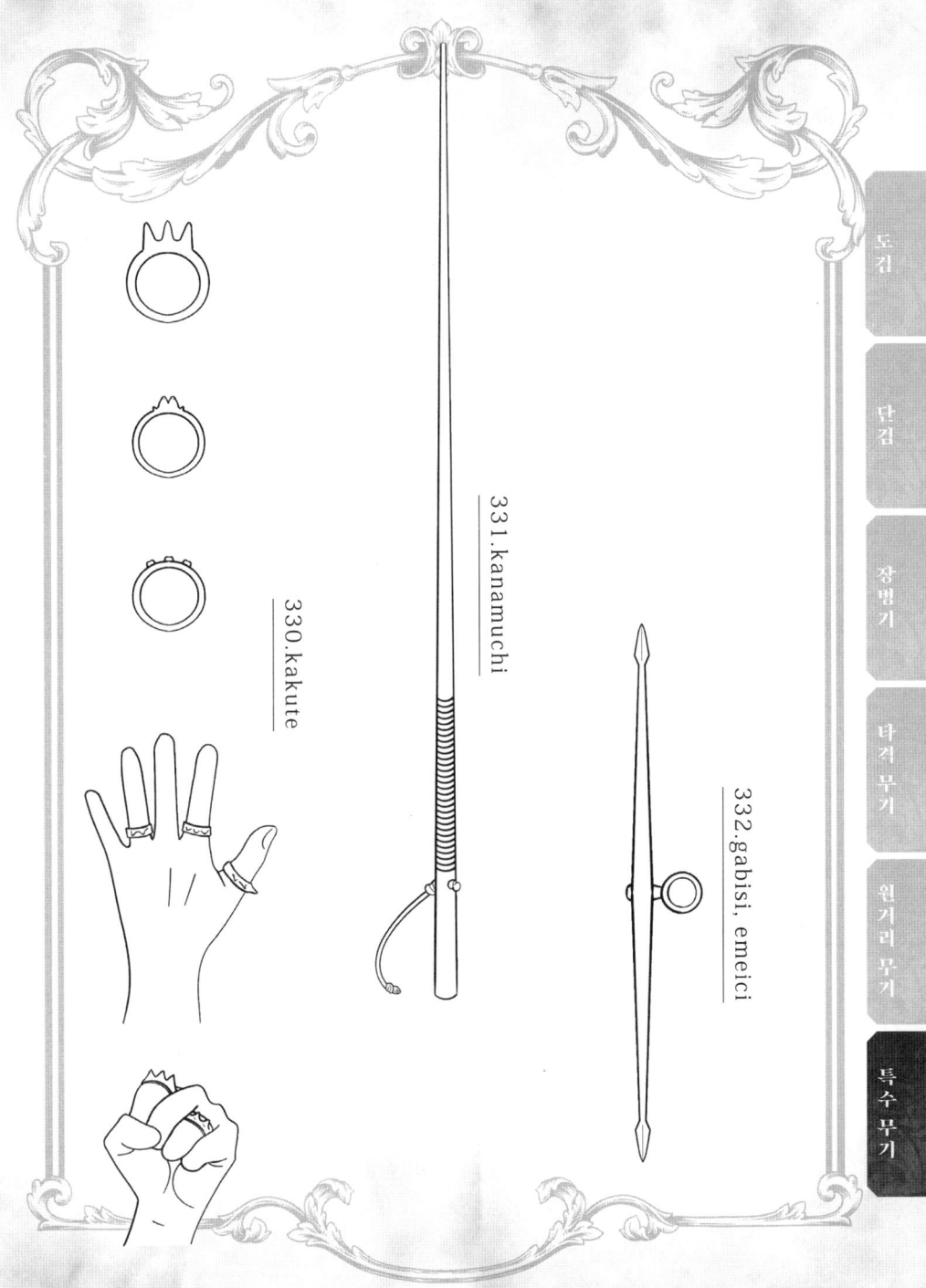

333 콰이르

quayre

- 길이: 80~100cm
- 중량: 0.7~1.2kg
- 시대: 17~20세기
- 지역: 아프리카

콰이르는 수단 남부에 거주하는 딩카족이 사용하는 무기다. 나무 막대기 중간에 주먹을 보호하는 타원형의 방패가 있고, 그 안쪽에 자루를 잡도록 손잡이가 만들어져 있다. 이 때문에 공격을 받을 때 날이나 막대가 미끄러져 손가락에 닿는 곤봉의 약점을 극복했다. 복잡한 구조이지만 일체 성형(one-piece molding)으로 만들어진 것이다.

334 구사리류타

kusariryuta

- 길이: 150~250cm
- 중량: 1.0~1.2kg
- 시대: 에도(17~19세기)
- 지역: 일본

구사리류타는 일본 에도 시대에 상대를 포박하기 위해 사용한 무기다. 사슬 끝에 4개의 발톱 모양 갈고리가 달려 있으며, 반대쪽 끝에는 추가 달려 있다. 옷이나 발에 휘둘러 상대를 제압했다. 원형이라 할 수 있는 중국의 용타(龍吒)는 원래 막대기 끝에 발톱 모양의 갈고리가 달린 무기이지만, 구사리류타는 막대기 대신에 사슬을 연결하여 포박용으로 변형한 것이다.

335 사인티

sainti

- 길이: 60~80cm
- 중량: 1.2~1.8kg
- 시대: 16~19세기
- 지역: 남아시아

사인티는 아다가(254p)를 원형으로 만들어졌다고 전해지는 공방 일체형 무기다. 막대 중앙 손잡이에 주먹을 덮는 커버가 있다. 커버에 창처럼 생긴 창촉이 튀어나와 있다. 막대기로 때릴 수도 있고, 창촉으로 찌를 수도 있지만, 기본적으로는 검과 함께 들고 방어에 사용하는 보조 무기였다. 매우 다루기 어려워 숙련된 사람만이 다룰 수 있었다.

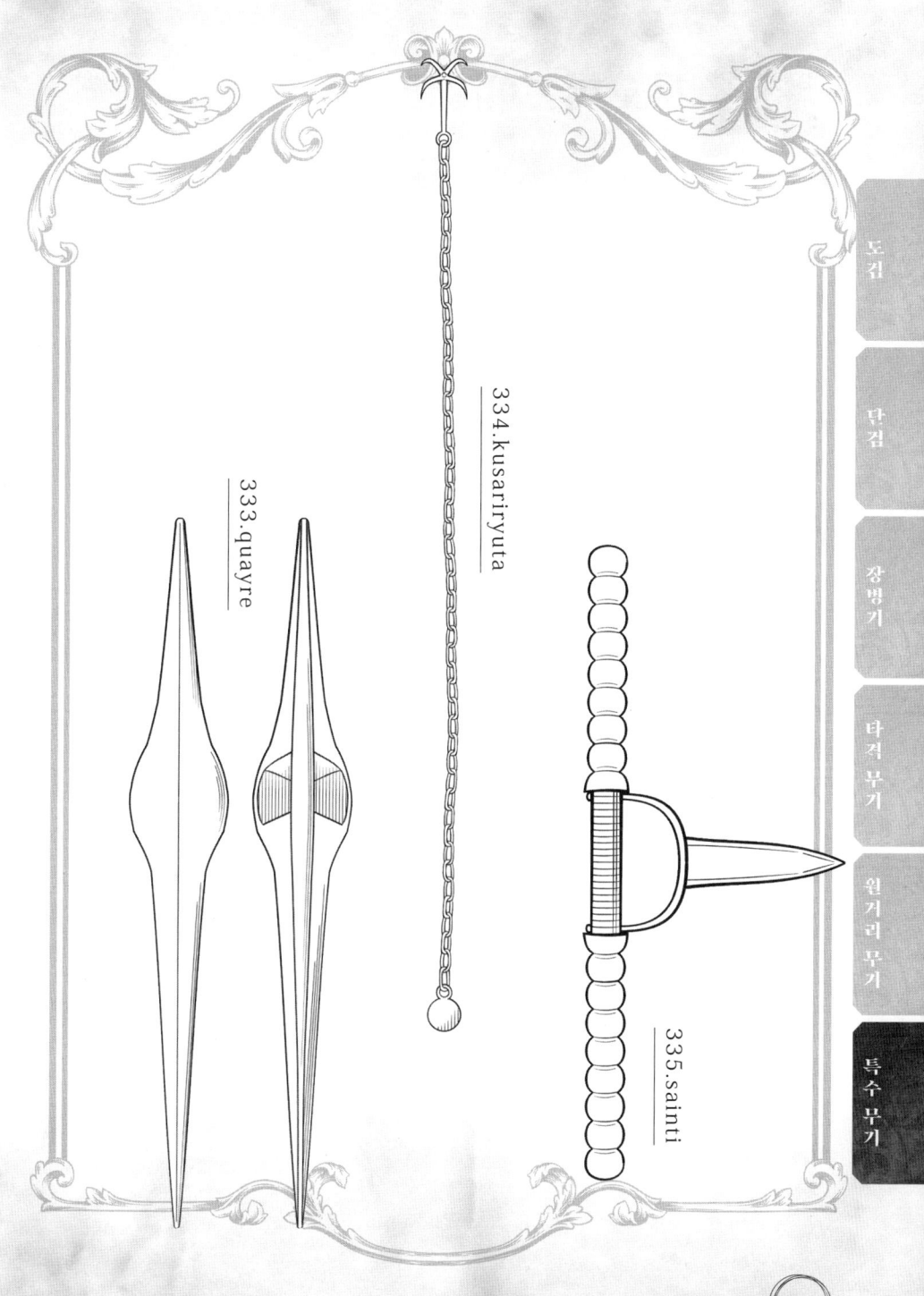

336 시코미즈에

sikomizue

- 길이: 50~70cm
- 중량: 0.8~1.0kg
- 시대: 에도~근대(17~20세기)
- 지역: 일본

시코미즈에는 일본 에도 시대부터 메이지 시대까지 사용하던 지팡이로 위장한 무기다. 메이지 이후의 것은 지팡이처럼 생긴 칼집 안에 도신을 넣은 것이 많으며, 칼집 모양에 맞추기 위해 양날 직검이 많았다. 주로 메이지 유신 때 민간인이 칼을 차고 다니는 것을 금지한 폐도령(廃刀令) 이후 호신용이나 암살용으로 사용했다. 시코미즈에와 같은 위장 무기에는 쇠로 된 부채, 담뱃대 등이 있었다.

337 자모원앙월(子母鴛鴦鉞)

siboenouetu, zimuyuanyangyue

- 길이: 40~50cm
- 중량: 1.0~1.2kg
- 시대: 명~청(14~20세기)
- 지역: 중국

자모원앙월은 중국 명나라 때 발명된 무기다. 양손에 쥐어 사용했다. 월아를 2개 겹쳐서 결합한 형태이며, 한쪽 월아에 손잡이가 달려 있다. 거의 비슷한 시기에 탄생한 권(258p)과 매우 유사하지만, 자모원앙월은 타격보다 베기가 주요 공격 방법이었다. 자모원앙월을 양손에 들면 맨손 체술의 위력을 높일 수 있어 팔괘문, 소림문 등 무술가들이 즐겨 사용했다.

338 주르

jur

- 길이: 20cm
- 중량: 0.1kg 정도
- 시대: 15~19세기
- 지역: 아프리카 남부

주르는 나일강 상류 지역에서 사용하던 무기다. 반원형 손잡이에 금속으로 만든 물소 뿔 형태의 가시가 달린 것으로, 주먹에 끼워 사용했다. 칼날은 없는 것으로 보아 찌르기에 특화된 무기로 여겨진다. 작고 휴대가 편리해 암살용으로 사용됐다. 중동에서는 주르 외에도 독특한 격투용 무기가 다양하게 만들어졌다.

337.siboenouetu, zimuyuanyangyue

336.sikomizue

338.jur

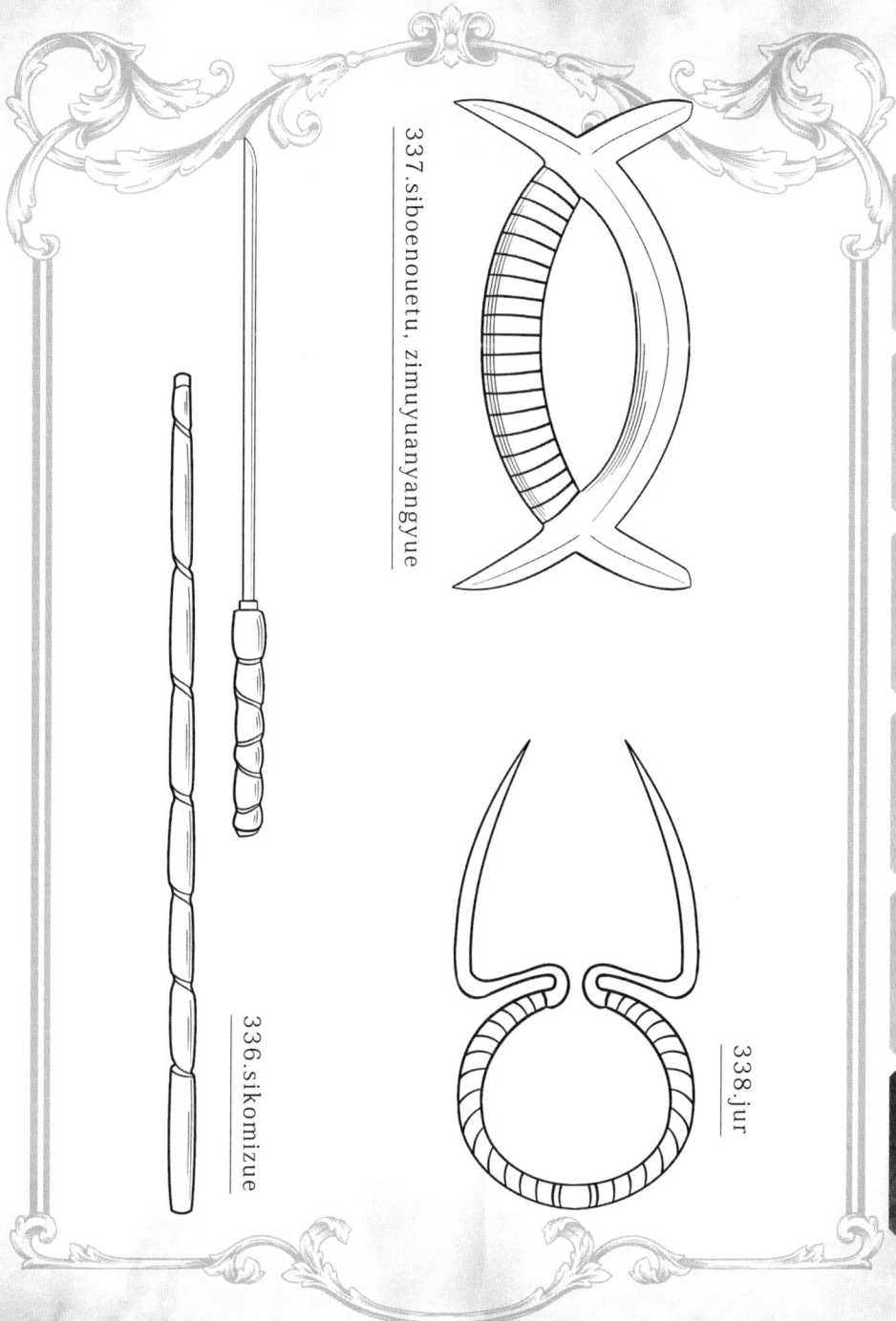

6장 | 특수 무기　271

339 승표(繩鏢)

jouhyou, shengbiao

- 길이: 3~10m
- 중량: 0.2~0.4kg
- 시대: 명~청(14~20세기)
- 지역: 중국

승표는 중국 명나라 때 만들어진 무기로, 밧줄 끝에 창촉처럼 생긴 날이 달린 무기다. 밧줄은 허리에 묶어 두었는데, 특수한 방법으로 묶어 놓아서 가볍게 당겨 쉽게 풀 수 있었다. 공중에 휘두르다가 적당한 시점에 밧줄을 놓으면 날이 일직선으로 날아가서 공격한다. 다양한 기술을 구사할 수 있는데, 숙련자는 밧줄을 발에 감은 후, 발로 차서 날리거나 뒤쪽으로도 공격할 수 있었다.

340 다절편(多節鞭)

tasetsuben, duojiebian

- 길이: 150~300cm
- 중량: 2.0~5.0kg
- 시대: 송~청(10~20세기)
- 지역: 중국

다절편은 중국 송나라 때 만들어진 여러 개의 금속 막대를 고리로 연결한 무기다. 끝이 뾰족하거나 날이 달려 있다. 공격을 방어한 상대를 휘감으며 반격하는 효과가 있었다. 마디가 많은 것은 36마디까지 있는데, 이런 것은 승표(272p)와 비슷한 방식으로 사용했다. 위력은 마디가 적은 것일수록 높다.

341 지기리키

chigiriki

- 길이: (봉)120~130cm (사슬)90cm
- 중량: 2.5kg 정도
- 시대: 에도(17~19세기)
- 지역: 일본

지기리키는 에도 시대에 만들어진 무기로, 보(208p)의 일종이다. 땅에 세웠을 때 대략 가슴 높이에 오는 막대기는 기본적으로 전부 지기리키라고 불렀다. 하지만 이 항목의 지기리키는 끝에 쇠사슬 추를 단 무기를 가리킨다. 추 대신 갈고리가 달린 것이나, 흔들면 추가 튀어나오는 것이 있다.

340. tasetsuben, duojiebian

339. jouhyou, shengbiao

341. chigiriki

6장 | 특수 무기

342 수전(袖箭)

chusen, xiujian

- 길이: 20~30cm
- 중량: 0.1~0.2kg
- 시대: 삼국~명(3~17세기)
- 지역: 중국

수전은 통 안에 금속으로 만든 화살을 넣고 용수철의 힘으로 날아가는 무기다. 유효 사거리가 100m 정도에 이르고 위력도 강력했다. 수전(袖箭)은 '소매 속 화살'이라는 뜻으로, 소매 속에 숨길 수 있었다. 몸에 지니고 다닐 때 소리가 나지 않고 쏘는 동작이 눈에 띄지 않아 암살용으로 사용되었다. 명나라 시대에는 연발식이나 한 번에 여러 발을 발사할 수 있는 것도 만들어졌다. 제갈공명이 발명했다는 설도 있다.

343 뎃코카기

tekkoukagi

- 길이: 20~30cm
- 중량: 0.2kg 정도
- 시대: 에도(17~19세기)
- 지역: 일본

뎃코카기는 일본의 닌자나 무술가 등이 사용하던 무기다. 고리 모양의 철제 손잡이에 갈고리가 4개 달려 있으며, 갈고리를 손등 쪽에 붙이는 것과 안쪽 방향에 붙여 손가락 사이에 끼워 사용하는 2종류가 있다. 뎃코카기에 의한 상처는 여러 군데에 평행하게 생겨 치료하기 어려웠고, 심하면 사망에 이르는 경우도 있었다. 나무나 돌담을 오르는 도구로도 사용되었다.

344 너클 더스터

knuckle duster

- 길이: 10cm
- 중량: 0.05kg 정도
- 시대: BC 10~현재
- 지역: 전 세계

너클 더스터는 주먹에 끼워 펀치력을 강화하는 무기의 총칭이다. 고대의 검투사들은 가죽끈 등을 손에 감아 주먹을 보호했다. 이를 통해 손목이 흔들리지 않고 골절 우려 없이 주먹을 휘두를 수 있어 위력이 비약적으로 향상되었다. 현대에는 금속으로 만들어진 것을 사용하지만, 너무 딱딱한 것을 사용하면 자신의 주먹이 다칠 수도 있다.

343.tekkoukagi

342.chusen, xiujian

344.knuckle duster

6장 | 특수 무기   275

345 바그 나흐
bagh nakh, bag'hnak

- 길이: 10cm
- 중량: 0.05kg 정도
- 시대: 16~18세기
- 지역: 인도

바그 나흐는 16세기경 인도에서 주로 도적이나 암살자가 사용하던 무기다. 바그 나흐는 '호랑이 발톱'이라는 뜻이다. 금속으로 만든 손잡이에 4, 5개의 갈고리가 늘어선 빗과 같은 모양이며, 손잡이 양 끝에는 고리가 달려 있다. 갈고리 사이에 손을 넣어 상대를 찌를 수 있었고, 엄지손가락과 새끼손가락을 고리에 끼워 손바닥을 벌린 상태에서 날로 상대를 긁어내 듯 공격할 수도 있었다.

346 후키바리
fukibari

- 길이: 5cm 정도
- 중량: 0.05kg 정도
- 시대: 에도(17~19세기)
- 지역: 일본

후키바리는 중국에서 일본으로 전해진 바늘을 이용한 무기다. 피리처럼 생긴 작은 통 안에 여러 개의 가느다란 바늘을 넣어 두었다가 공격할 때 통을 입에 물고 상대의 얼굴을 향해 바늘을 불어 쏘았다. 눈을 손상시키는 것을 목적으로 한 무기로, 살상력은 없지만 근접전이 벌어졌을 때를 대비한 비장의 무기였다. 평소에는 끈을 달아 목에 걸고 다녔다.

347 마쿠라야리
makurayari

- 길이: 100~135cm
- 중량: 0.8~1.2kg
- 시대: 에도 중기(18세기)
- 지역: 일본

마쿠라야리는 에도 시대에 사용하던 무기다. 마쿠라야리(枕槍)는 '베개와 창'을 뜻하며 베개 밑에 숨겨 사용해서 이런 이름이 붙었다. 모양은 보통의 창과 거의 비슷하지만 약간 짧다. 야밤에 습격을 당하는 비상 상황이나 창을 휘두를 수 있을 만큼 넓은 침실을 보유한 상황으로 미루어 볼 때, 상당히 중요한 직책에 있는 무사만이 가질 수 있었던 것으로 보인다.

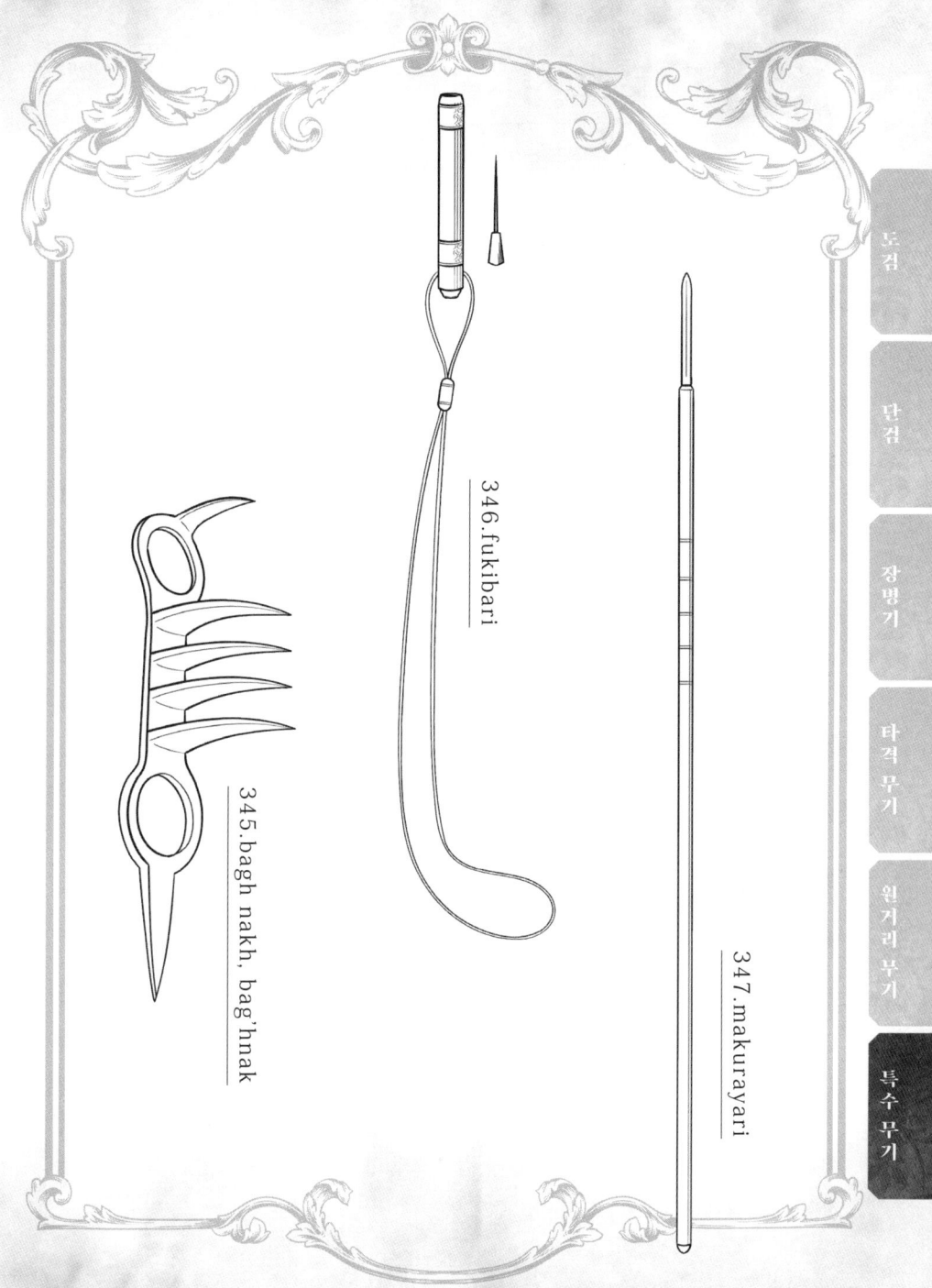

345. bagh nakh, bag'hnak
346. fukibari
347. makurayari

6장 | 특수 무기

348 마로호시
marohoshi

- 길이: (휴대 시)12cm, (사용 시)25cm
- 중량: 0.2kg 정도
- 시대: 에도(17~19세기)
- 지역: 일본

마로호시는 에도 시대의 고위 관리들이 사용하던 무기로, 접이식 짓테(196p)이다. 조립하면 창처럼 창촉이 생기고, 방어용 날밑이 좌우로 뻗은 짓테가 된다. 여러 짓테가 사용되었지만 접을 수 있는 것은 마로호시뿐이다. 현존하는 수는 극히 적다.

349 만리키구사리
manrikigusari

- 길이: 60~120cm
- 중량: 0.8kg~1.5kg
- 시대: 에도(17~19세기)
- 지역: 일본

만리키구사리는 쇠사슬 양 끝에 추를 연결한 일본의 무기다. 쇄분동(鎖分銅)이라고도 한다. 호신용이나 포박용으로 사용되었다. 만리키구사리 중에서 한 덩어리의 철을 깎아 일체 성형으로 만드는 만리키구사리는 고급품으로 여겨졌는데, 쇠사슬과 추 사이에 이음새가 없어 끊어질 일이 없었다.

350 미진
mijin

- 길이: 20cm(1개당)
- 중량: 0.2kg 정도
- 시대: 에도(17~19세기)
- 지역: 일본

미진은 일본 에도 시대에 발명된 무기로, 철제 고리를 중심으로 추가 달린 쇠사슬을 3개 연결해 사용했다. 미진은 '작은 먼지(微塵)'라는 뜻인데, 맞으면 뼈를 산산조각 낼 수 있을 정도의 위력을 지녔다고 해서 붙여진 이름이다. 고리 안에 손가락을 끼워 회전력을 이용해 던지거나, 추의 한쪽 끝을 잡고 휘둘러 타격하는 등 다양한 공격이 가능하다. 상대의 발이나 무기를 얽어맬 수도 있었다.

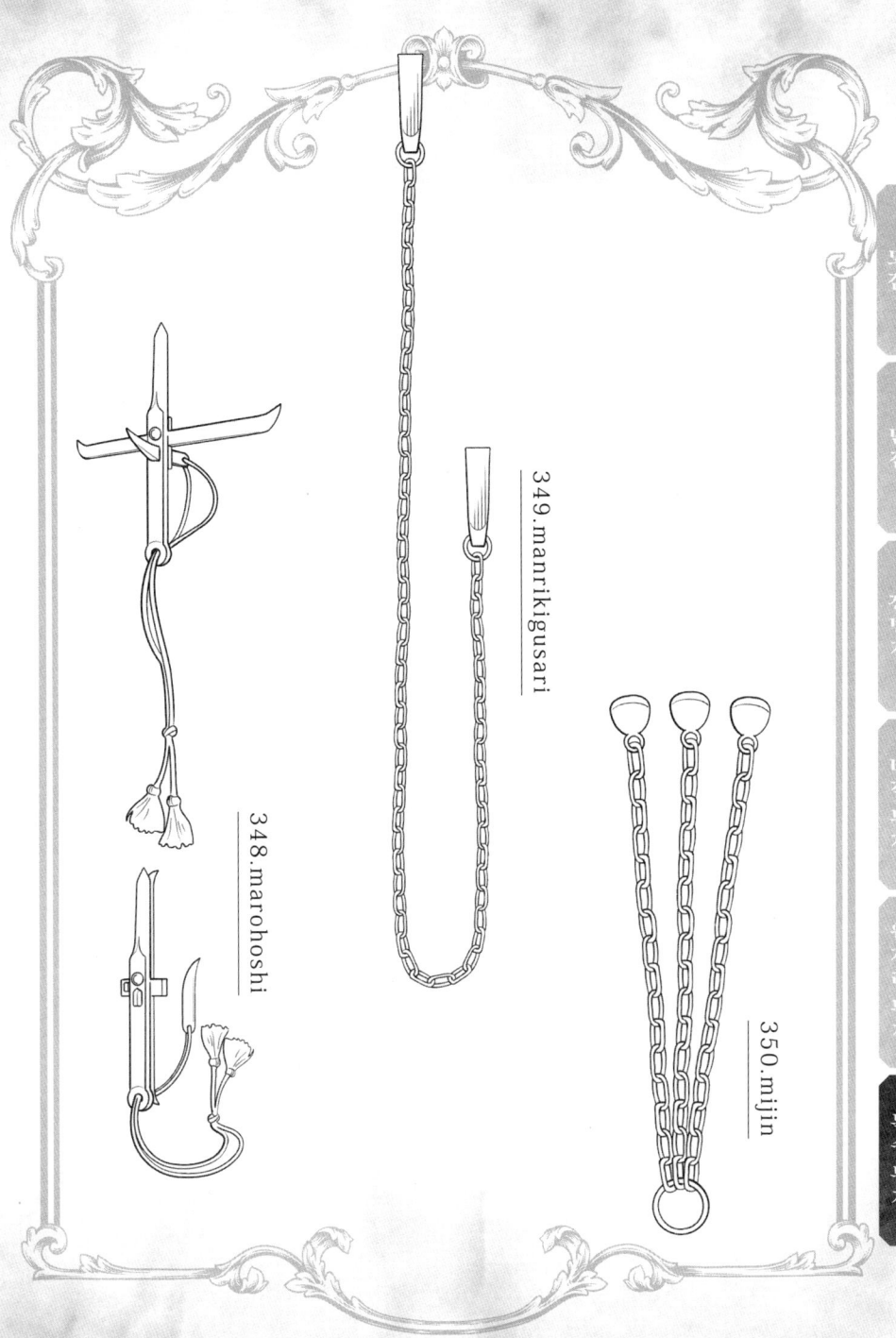

참고문헌

《도설 서양 갑주 무기 사전(図説 西洋甲冑武器事典)》 미우라 시게토시(三浦權利), 가시와쇼보(柏書房)

《도설 일본의 갑주 무기 사전(図説 日本の甲冑武器事典)》 사사마 요시히코(笹間良彦), 가시와쇼보(柏書房)

《도설 일본 무기 집성-결정판(図説 日本武器集成—決定版)》 갓켄(学研)

《무기사전》 이치카와 사다하루(市川定春), 들녘

《무기와 방어구 서양편》 이치카와 사다하루(市川定春), 들녘

《무기와 방어구 일본편》 도다 도세이(戸田藤成), 들녘

《무기와 방어구 중국편》 시노다 고이치(篠田耕一), 들녘

《도설 무기인걸(図説 武器だもの)》 무기닷컴(武器ドットコム), 겐토샤(幻冬舎)

《도설 중세 유럽 무기, 방어구, 전술 백과(図説 中世ヨーロッパ武器・防具・戦術百科)》 마틴 도허티(Martin Dougherty), 하라쇼보(原書房)

《The book of the sword》 리처드 프랜시스 버턴(Richard Francis Burton)

《An illustrated history of arms and armour》 아우구스테 데민(Auguste Demmin)

진솔한 서평을 올려 주세요!

이 책 또는 이미 읽은 제이펍의 책이 있다면, 장단점을 잘 보여 주는 솔직한 서평을 올려 주세요.
매월 최대 5건의 우수 서평을 선별하여 원하는 제이펍 도서를 1권씩 드립니다!

- **서평 이벤트 참여 방법**
  ❶ 제이펍 책을 읽고 자신의 블로그나 SNS, 각 인터넷 서점 리뷰란에 서평을 올린다.
  ❷ 서평이 작성된 URL과 함께 review@jpub.kr로 메일을 보내 응모한다.
- **서평 당선자 발표**
  매월 첫째 주 제이펍 홈페이지(www.jpub.kr)에 공지하고, 해당 당선자에게는 메일로 연락을 드립니다.
  단, 서평단에 선정되어 작성된 서평은 응모 대상에서 제외합니다.

독자 여러분의 응원과 채찍질을 받아 더 나은 책을 만들 수 있도록 도와주시기 바랍니다.

찾아보기

ㄱ

가기야리 144
가나무치 266
가나사이보 176
가마야리 144
가사다치 30
가스트라페테스 234
가케야 174
가쿠테 266
건스톡 워클럽 176
검 40
게누키가타 다치 14 84
고가라스 40
고다치 14
고덴닥 178
곤 194 200
구겸창 150
구다야리 148
구로즈쿠리노타치 38
구르즈 192
구마데 128 134
구바사 38
구사리가마 256
구사리류타 268
권 258
극 138 148 158
글라디우스 12
글레이브 146 148
기쿠치야리 132 146

ㄴ

나가마키 162
나기나타 134 158 162 166
나에시 202
나이가마 162
난반보 260
낭선 170
낭아봉 188
너클 더스터 274
노 244 246
노다치 18 162
노바쿨라 114
닌자토 260
닐 리 202

ㄷ

다 54
다오(나가) 54
다오(아삼) 54
다절곤 200
다절편 272
다치 11 18
다케야리 158
다트 230 240 242
단토 110
대거 94 100
대부 200 206
더크 110
덴코카키 274
도 산가 160
동권 160
두사크 62

드레스 소드 62

ㄹ

람다오 82
랜스 140 168
런들 대거 124
레이피어 24 52 72 96
롱 소드(전기) 82 50
롱 소드(후기) 82 50
롱 스피어 140
롱보우 224
루니 248
링 대거 124

ㅁ

마노플 80
마로호시 278
마루 34 264
마카나 210
마카이라 76
마쿠라야리 276
마쿠아우이틀 78 200
만다야 나이프 122
만다우 80 122
만리키구사리 278
맘벨리 78
망고슈 24 92 96 100
맨 캐처 264
메이스 184 186 188 192 196 198
메일 브레이커 100 206
멜 푸타 베모 80

찾아보기

모 138
모닝스타 184 188
무더 248
미세리코르데 124
미진 278
미첨도 166

ㅂ
바고로 204
바그 나흐 276
바데바데 116
바들레르 66
바디시 166
바롱 36 68
바스타드 소드 20
바이킹 소드 8
바타도 114
박도 76
발록 나이프 104 122
방천극 138
방크 118
배틀 훅 164
배틀액스 184
베루툼 230
베이다나 74
베카트와 76
보 208
볼라 222
부 206
부르도나스 168
부메랑 220 234
불로바 208

브로드 소드 24 50
블로 파이프 246
비수 98
비조 262
비차 244
비추와 98 118
비츠와 98 118
빌 166

ㅅ
사리사 154
사스마타 134 152 182 240
사이드 152
사이프 44
사인티 96 268
사파라 42 46
삭 152
산 154
산두골타 154
살라와 46
색스 22 50 108
샙 194
샤스크 48
샤시부르 196
샴쉬르 16 36 56
세미 52
세이버 16 66
소데가라미 134
소드 브레이커 56 92 96 100
소순 파타 52
쇼카 198
쇼텔 48

쇼트 소드 50
쇼트 스피어 140 156
수전 274
슈리켄 238 240
스몰 소드 52
스야리 132 144
스콜피온 156
스콜피온 테일 198
스크라마색스 50
스키아보나 50
스태프 슬링 238
스틸레토 92
스파이크 클럽 200
슬링 216 238
승표 272
시게토유미 236
시카 108
시코미즈에 270
쓰루기 58
쓰쿠보 134 158
쓰쿠시 나기나타 158

ㅇ
아다 26 268
아다가 254
아미자 266
아바레스트 226
아자 카티 26
아자가이 226
아쿠 190
아크리스 226
안테니 대거 102 124

알라흐 142
알슈피스 142
앵곤 228
언월도 76 128
에스톡 10
에페 28
엑시큐셔너즈 소드 28
엔토 다치 28
연노 250
오구 40
오노 178 190
오미야리 144
오유미 232
올 알렘 30
올 파이크 142
와라비테토 84
와키자시 14 84 260
와틸리크리 220 250
왈룬 소드 84
우치가타나 8 14 18 84 134 260
우치네 230 232
우치야 232
우치코미 256
우타 230
움콘토 232
워피크 178 190
워해머 174
웨둥 104
윈들래스 크로스보우 228
유엽비도 248
은기구에 250

음봄밤 78
응고딥 64
이랑도 130
이시줄라 228
이어드 대거 102
이쿨 26 102
일룬 26

ㅈ

자그날 178
자다그나 196
자마다르 20 90
자모원앙월 270
자파르 타키에 46
잠비야 108
재블린 214
제드버러 액스 156
젠다와 238
주르 270
주핀스 240
지기리키 272
지라흐 보크 110
직도 14 58
짓테 182 196 202 278

ㅊ

차 150
차쿠 56 204
차크람 218
창 132
채찍 254
척전 242

철편 180
초퍼 112
추 188 198
추라 112
츠바이헨더 54 58
친퀘디아 94
칠라눔 112
칠지도 48

ㅋ

카라벨라 34
카르 이 마히 204
카마 106
카스카라 30
카스타네 32
카스발거 10
카타르 88
카타리야 234
카프스 텅 소드 34
칸다 34
칸자르 106
캄필란 36
캔들 스틱 146
커틀러스 32
컴포지트 보우 236
케리 236
코라 42
코람비 106
코르세스카 148 150
코티아테 194
코페시 42
코피스 42 52 70

찾아보기

콜리슈마르드 44
콰다라 32
콰이르 268
쿠디 트란창 36
쿠제 146
쿠제룽 234
쿠크리 88
쿼터스태프 192
크레센트 액스 130
크로스보우 214 224 226 228 232 234 242 244
크리스 90
크시포스 44 88
클럽 192 200
클레왕 38
클레이모어 12
키드니 대거 104 122
킨드자르 32 104 106
킬리지 36

ㅌ

타미 242
타바르 180
타바르진 202
탄궁 216
탈리본 56
탈수표 240
탈와르 56
테그하 60
테붓제 60
테와테와 182
테포스토필리 160
텔레크 114
토마호크 218
톤파 182
투 핸디드 소드 58 60
투핸드 펜싱 소드 62
툴루스 242
트라이던트 162

ㅍ

파 204
파나바스 116
파냐드 대거 122
파르티잔 136
파이크 140 164 166
파치코후 244
파카윤 64
파타 20 34 80 90 264
파티사 66
팔라쉬 66
팔리타이 118
팔카타 70 76
팔크스 70
패링 대거 96 100
펄션 22 148
페시 카브즈 120
포사르 72
폴액스 170
표창 246
푸기오 120
푸르바 116
풀와르 74
풋맨즈 액스 168
풋맨즈 플레일 178 184 186 208
프랑키스카 222
플람베르크 22 72
플랑베르주 22 72
플뢰레 74
플리사 72
피랑기 34 70 264
피찬가티 120
필가차 206
필로 소드 68
필룸 246
필룸 무랄리스 168

ㅎ

하나네지 206
하르페 68
하즈야리 262
하프 파이크 136 164
할라디 96
핼버드 136 148 156 168
호수구 256
호스맨즈 플레일 186 198
호스맨즈 해머 210
호에로아 210
호코 170
활 224
후키바리 276
흐위 64
히고유미 220
히터 184

284 찾아보기